Hilkert Weddige

Mittelhochdeutsch

Eine Einführung

Verlag C.H.Beck München

Mit 10 Abbildungen im Text

Erste Auflage. 1996
Zweite, überarbeitete Auflage. 1998
Dritte, neu überarbeitete Auflage. 1999
Vierte, durchgesehene Auflage. 2001
Fünfte, durchgesehene Auflage. 2003
Sechste, durchgesehene Auflage. 2004
Siebte, durchgesehene Auflage. 2007
Achte, durchgesehene Auflage. 2010

Unveränderter Nachdruck
Neunte, durchgesehene Auflage. 2015

Umschlagentwurf: Bruno Schachtner, Dachau
Satz: C.H.Beck.Media.Solutions, Nördlingen
Druck und Bindung: Beltz GmbH, Bad Langensalza
Printed in Germany
ISBN 978 3 406 68438 8

www.chbeck.de

Inhalt

*amîs/amîe – angest – arbeit – arm – art – âventiure – beschei-
den – biderbe – bilde -bîspel – bœse – brût – bûhurt – buoze –
burc – degen – diemuot/diemüete – dienest/dienestman – diet/
tiu(t)sch – dörper/dörperlîch/dörperheit – ê, êwe – edel(e) –
ellende – êre – gast – dinc/gedinge – gelücke – gemach – gemeit – genâde – genôz – geselle – gesinde/ingesinde – guot –
hêrre – herze – hôch(ge)zît – hövesch – holt/hulde – huote –
juncvrouwe – kebese – kiusche – kleine – kneht – kranc – künne – kunst – leit – liep/liebe – lîp – list – liut/liute – mære –
maget – mâc – man – mâze – milte – minne – muot/hôher
muot – orden – rât – recke – rîche – ritter – riuwe – sælde –
sene/senedære – sin – stæte – süeze – swære – tiure/tiuren –*

Übungstexte

Anhang

Vorbemerkung

Diese Einführung in das Mittelhochdeutsche ergänzt meine ‹Einführung in die germanistische Mediävistik›. Sie soll die sprachgeschichtlichen Kenntnisse vermitteln, die zum Verstehen und Übersetzen mittelhochdeutscher Literatur nötig sind.

Die Auswahl stützt sich in Teilen auf die Darstellungen von H. Krahe/W. Meid, H. de Boor/R. Wisniewski und U. Gerdes/G. Spellerberg, in der Hauptsache aber auf die ‹Mittelhochdeutsche Grammatik› von Hermann Paul. Dieser hatte 1881 sein Lehrbuch «für den praktischen Zweck» noch knapp gehalten und nur auf die Abweichungen vom Neuhochdeutschen Wert gelegt. Die späteren Bearbeitungen haben das Buch immer mehr anschwellen lassen, mit zahlreichen Anmerkungen zu Besonderheiten überfrachtet, aber auch um einen grundlegenden Teil zur Syntax erweitert: Aus dem Lehrbuch ist ein unentbehrliches Nachschlagewerk (von insgesamt 645 Seiten) geworden. Dank Peter Wiehl und Siegfried Grosse hat die Neubearbeitung von 1989 nun auch wesentlich an Klarheit und Übersichtlichkeit gewonnen.

Ein solches Generationenwerk bleibt unersetzlich. Meine Darstellung ist pragmatisch auf die Bedürfnisse des Unterrichts zugeschnitten. Sie zielt auf einen knappen und dennoch umfassenden Überblick. Sie beschreibt das Mittelhochdeutsche systematisch unter den Aspekten der Lautgeschichte, Morphologie, Syntax und Semantik und zugleich historisch nach seiner Stellung innerhalb der Geschichte der deutschen Sprache. Sie konzentriert sich auf die regulären Entwicklungen. Ihr Beschreibungsinstrumentarium ist das traditionelle der Historischen Grammatik.

Das Sprachstudium innerhalb der germanistischen Mediävistik ist jedoch heute auf das Literaturstudium bezogen. Das macht Abstriche erforderlich: Auf eine systematische Darstellung der Phonologie wird verzichtet. Der Abriß zur historischen Einzelwort-Semantik genügt sicherlich nicht allen linguistischen Postulaten. Aus der mittelhochdeutschen Syntax werden nicht die vielen graduellen, sondern nur die wenigen essentiellen Abweichungen gegenüber dem Neuhochdeutschen vorgestellt. Das Althochdeutsche wird dort herangezogen, wo es zum Verständnis des Mittelhochdeutschen unerläßlich ist, doch mehr betont werden die Gemeinsamkeiten und Unterschiede im Vergleich zum Neuhochdeutschen. Das Mittelhochdeutsche ist keine Fremdsprache, sondern eine uns fremd gewordene Sprachstufe des Deutschen. Schon die Kenntnis weniger Regeln des lautlichen und grammatischen Wandels eröffnet einen Zugang vom Neuhochdeutschen her.

Um so schwerer sind die Bedeutungsdifferenzen zwischen dem Mittel- und dem Neuhochdeutschen zu fassen. Besonderer Wert wird darum auf die Worterläuterungen gelegt. Dazu gehört die Anschauung am konkreten Text; man braucht nun einmal die Erfahrung beim Übersetzen. Deshalb sind der Darstellung kommentierte Übungstexte beigegeben. Um dabei von vornherein eine Brücke zur Literaturgeschichte zu schlagen, werden zum Teil Beispiele aus der ‹Einführung in die germanistische Mediävistik› wieder aufgegriffen.

Diese Einführung möchte Mut machen zum Lernen und auf die selbständige Lektüre auch umfangreicherer Quellen vorbereiten: Wer über die «essentials» des Mittelhochdeutschen frei verfügt, nämlich in seinem Gedächtnis, braucht nicht mehr ständig im Wörterbuch und in der Grammatik nachzuschlagen.

Zur zweiten Auflage (1997)

Erfreulich rasch kommt es zu einer Neuauflage. Bei dieser Gelegenheit konnte noch einiges korrigiert, verbessert und ergänzt werden; wesentliche Änderungen habe ich jedoch nicht vorgenommen. Wertvolle Anregungen verdanke ich Ursula Schulze, Helmut Graser und Lambertus Okken.

Zur dritten Auflage (1999)

Die lebhafte Nachfrage ermöglicht bereits eine weitere Auflage. Neben kleineren Berichtigungen werden ‹Die böse Adelheid› und Walthers «Elegie» jetzt nach den neuen Editionen von Klaus Grubmüller und Christoph Cormeau zitiert.

Über Auswahl und Kommentierung der Übungstexte läßt sich gewiß streiten; im Unterricht wird man ohnehin eigene Akzente setzen. Gleichwohl hoffe ich, daß die Textproben, von denen einige im Faksimile und in diplomatischer Transkription wiedergegeben werden, doch einen ersten Eindruck von der Vielfalt jener Überlieferungsrealität vermitteln können, die in einer Darstellung des «Normalmittelhochdeutschen» notwendig zu kurz kommt.

Zur neunten Auflage

Die Darstellung wurde in einigen Details modifiziert und aktualisiert; sie bleibt jedoch im wesentlichen unverändert.

München, im April 2015   H.W.

1. Einleitung

1.1 Indoeuropäisch – Germanisch – Deutsch

1.1.1 Die indoeuropäischen (oder indogermanischen) Sprachen

Das Deutsche gehört mit dem Englischen und den skandinavischen Sprachen zu den germanischen Sprachen, die ihrerseits wiederum zur indoeuropäischen Sprachenfamilie zählen. *Indoeuropäisch* (Ie.) oder *Indogermanisch* (Idg.) heißt eine große Gruppe miteinander verwandter Sprachen im europäischen und asiatischen Raum, die seit dem 3. Jahrtausend v.Chr. historisch bezeugt ist. Als deren wesentliches Kennzeichen gilt unter morphologischem Aspekt seit Wilhelm von Humboldt (1836) der flektierende Sprachbau mit der Tendenz zur Fusion: Benachbarte → Morpheme beeinflussen einander; syntaktische Beziehungen werden durch stammverändernde Elemente wie → Affixe, → Ablaut und → Umlaut ausgedrückt. Als gemeinsamer Nenner überlieferter Einzelsprachen ist «das» Indoeuropäische zunächst eine Abstraktion, eine hypothetische Ausgangsbasis. Gleichwohl bleibt sie für die historisch-vergleichende Sprachwissenschaft eine unentbehrliche Hilfskonstruktion für → etymologische Zwecke.

Indoeuropäisch (Indogermanisch)

u.a.
Hethitisch	Indo-iranische Sprachen (bes. Sanskrit)
Griechisch	Armenisch
Italisch > Lateinisch	Albanisch
u. romanische Nachfolgesprachen	
Keltisch	Balto-slawische Sprachen
Germanisch	

Die geographische Verbreitung der ca. 140 ie. Einzelsprachen mit ca. 2000 Mio. Sprechern, wie sie sich heute darstellt, ist hauptsächlich das Ergebnis von Wanderungen; sie erlaubt keine sicheren Rückschlüsse auf die Entstehung und Entwicklung jener Sprachverwandtschaft. Die Annahme einer idg. «Ursprache» vor mehr als 6000 Jahren, welche sich später in Tochtersprachen aufspaltete, entspricht einem Denkschema, das sich am Bilde des *Stammbaums* orientiert. Sie liegt nahe, ist aber

ebensowenig zwingend wie die Annahme eines idg. «Urvolkes» mit einer «Urheimat» (etwa in Ost-Anatolien oder nördlich des Schwarzen
Meeres). Gemeinsamkeiten können sich unter ähnlichen Bedingungen
auch im nachhinein bei ursprünglicher Verschiedenheit ergeben haben.[1]

Im Wortschatz zeichnen sich Umrisse einer gemeinindogermani-
schen Kultur ab: Es gibt nicht nur gemeinsame Bezeichnungen für
«Mensch, Mann», «Mutter», «Erde» und «Wasser», sondern auch spe-
ziellere Übereinstimmungen von Gewässer-, Pflanzen- und Tiernamen.
Das Wort für «Korn» verrät Ackerbau; Rind und Pferd waren dome-
stiziert; technische Fertigkeiten und Geräte wie Rad, Wagen, Joch und
Pflug waren vorhanden. Vorherrschend war das Dezimalsystem. Die
Benennung für «100» (idg. *$\hat{k}m̥tóm$) beginnt teils mit einem /k/ > germ.
/h/ (lat. *centum*, griech. *he-katón*, altir. *cēt*, got. *hund*, ahd. *hunt*), teils
mit einem Zischlaut (altind. *śatám*, altiran. *śatəm*, aslaw. *suto*, lit.
šim̃tas).

Nach Lautung und Formenbau gilt heute das Hethitische als älteste
bekannte Abzweigung des Idg. Die Sprache der Hethiter, deren Reich
von etwa 2000 bis 717 v.Chr. bestand, ist überliefert auf Tonscherben in
babylonischer Keilschrift, die um 1905 in Anatolien gefunden wurden.

Die Begründung der vergleichenden Sprachwissenschaft zu Beginn
des 19. Jahrhunderts ist eng verknüpft mit der Wiederentdeckung des
altindischen Sanskrit (u.a. durch Friedrich von Schlegel und Franz
Bopp), das die älteste Stufe des indoiranischen Zweigs repräsentiert. Die
‹Veda›-Überlieferung der Brahmanen-Kaste reicht z.T. bis etwa 1500
v.Chr. zurück; in klassischem Sanskrit sind religiöse Prosatexte, eine
Grammatik und die Epen ‹Mahābhārata› und ‹Rāmāyana› gehalten. Aus
der mündlichen Umgangssprache, dem Prakrit, haben sich die heutigen
indischen Hauptsprachen entwickelt.

Baltische Sprachen sind das Litauische, das Lettische und das (aus-
gestorbene) Altpreußische. Zur Südgruppe der slawischen Sprachen
rechnet das Bulgarische mit dem Altkirchenslawischen der Apostel Ky-
rillus und Methodius. Großrussisch, Ukrainisch und Weißrussisch bilden die slawische Ostgruppe; Polnisch, Tschechisch, Slowakisch und das
Sorbische in der Lausitz die Westgruppe.

Das seit dem 8. Jh. v.Chr. bezeugte Griechische wurde mit dem Io-
nisch-Attischen durch die Eroberungen Alexanders d. Gr. (336–323

---

[1] Der *historisch-genetische* Vergleich betrachtet übereinstimmende Erscheinungen
als Ergebnis ihrer genetischen Verwandtschaft und der im weiteren Verlauf sich erge-
benden historisch bedingten Divergenzen. Dagegen erklärt der *historisch-typologische*
Vergleich die Übereinstimmung zwischen genetisch nicht miteinander in Beziehung
stehenden Erscheinungen aus gleichartigen Bedingungen der gesellschaftlichen Entwicklung (V. Schirmunski, Vergleichende Epenforschung I, Berlin 1961, S. 8).

v.Chr.) zur Gemeinsprache (Koiné) im östlichen Mittelmeerraum. Unter den italischen Sprachen erlangte der latinische Zweig die größte Verbreitung; die Sprache Latiums und Roms wurde seit Augustus (30 v. – 14 n.Chr.) Verkehrssprache im westlichen Teil des Römerreiches. Aus dem umgangssprachlichen Vulgärlatein entwickelten sich die romanischen Sprachen, also Italienisch, Portugiesisch, Kastilisch, Katalanisch, Französisch, Provenzalisch, Rumänisch sowie Rätoromanisch.

Das im letzten Jahrtausend v.Chr. weitverbreitete Keltische ist auf dem Kontinent, von Relikten in der Bretagne abgesehen, ausgestorben, während sich das Inselkeltische in Irland und z.T. in Schottland und Wales erhalten hat. Zu den idg. Sprachen rechnen schließlich die germanischen.

Nicht zum ie. Sprachstamm gehören in Europa das Baskische, das Türkische und – aus der uralischen Sprachenfamilie – das Finnische mit dem Estnischen und das Ungarische.

1.1.2 Die germanischen Sprachen

Spätestens in der Mitte des letzten vorchristlichen Jahrtausends vollzog sich im Germanischen eine Sonderentwicklung. Die germ. Sprachen unterscheiden sich seither von den übrigen idg. Sprachen v.a. durch die Festlegung des idg. freien Wortakzents auf den Wortanfang, durch die erste Lautverschiebung bestimmter Konsonantengruppen, durch die Bildung des schwachen Präteritums mit Hilfe eines Dentalsuffixes (nhd. *-te*) und durch die systematische Verwendung des idg. Ablautsystems beim starken Verbum sowie durch die Bildung eines Sproßvokals /u/ vor den Sonanten $l̥, r̥, m̥, n̥$.

«Urgermanisch» gilt als Sprache eines germ. Urvolkes, das sich im Laufe der jüngeren Bronzezeit in einzelne Stämme aufspaltete, denen die überlieferten germ. Sprachen zugeordnet werden. Historisch treten die Germanen gegenüber den Römern nicht mehr als Einheit, sondern in einer Vielheit von Stämmen in Erscheinung. Die Hypothesen zur Entwicklung und Gliederung der germ. Stammessprachen sind problematisch; denn was ist ein «Stamm»? Während der sog. Völkerwanderungszeit wechseln die germ. Stämme ja nicht nur ihre Siedlungsräume, sondern es kommt auch ständig zur Auflösung alter und zur Bildung neuer Verbände.

Ein Stamm[2] wie die Goten ist keine natürlich («organisch») gewachsene, sondern eine historisch gewordene Einheit. Gerade solch eine eigentlich heterogene

---

[2] Zu den germ. Stämmen: Reallexikon der Germanischen Altertumskunde. 2. neu bearb. Aufl. v. H. Beck u.a., Berlin/New York 1973 ff.; R. Wenskus, Stammesbildung und Verfassung. Das Werden der frühmittelalterlichen gentes. Köln/Graz 1961;

Gruppe bedarf eines Stammesbewußtseins, der Erinnerung an die großen Anfänge des Stammes, wie sie sich z.B. in der got. Stammessage des Jordanes manifestiert. Eine ethnische Einheit kann ohne Traditionsbewußtsein nicht existieren, und dafür genügt nicht allein die Erfahrung einer gemeinsamen Sprache. Sprachliche Befunde und Zeugnisse der historischen Ethnographie werden zudem oft vorschnell mit den Fundgruppen der Archäologie zu Deutungen vereint, die auf Zirkelschlüssen beruhen können. Deshalb sind die Entwürfe zur Einteilung der german. Sprachen mit Vorbehalt zu nehmen.

Traditionelle Ausgangsbasis ist die Dreiteilung in nord-, west- und ostgermanische Sprachen. Th. Frings und F. Maurer haben versucht, das Westgermanische weiter zu modifizieren. Jener unterscheidet nach den vorwanderzeitlichen germ. Kultverbänden, die Tacitus in der ‹Germania› erwähnt, zwischen *Ingwäonisch* (Altenglisch, Altfriesisch, Altsächsisch), Istwäonisch und Hermionisch; dieser teilt ein in Nordseegermanisch, Rhein-Weser-Germanisch und Elbgermanisch:

Als ostgermanisch gilt das *Gotische,* das nach Struktur, Alter und Überlieferung den klassischen germ. Sprachtyp repräsentiert. Es ist v.a. bekannt durch die Bibelübersetzung des westgot. Bischofs Wulfila (311–382 n.Chr.), die im Codex argenteus überliefert ist, einer wohl im Umkreis des ostgot. Königs Theoderich d.Gr. (493–526) entstandenen Prachthandschrift aus purpurfarbenem Pergament mit silbernen Lettern.
    Nordgermanisch sind die skandinavischen Sprachen. Das Urnordische (ca. 200 – ca. 700 n.Chr.) wird v.a. aus Runeninschriften rekonstruiert.

H. Wolfram, Die Goten. Von den Anfängen bis zur Mitte des 6. Jahrhunderts. Entwurf einer historischen Ethnographie, München [5]2009.- Zu den germ. Sprachen: H. Krahe, Germanische Sprachwissenschaft, Bd. 1: Lautlehre; Bd. 2: Formenlehre, Berlin [7]1969; Bd. 3: W. Meid, Wortbildungslehre, Berlin 1967.

Das *Altnordische* (700 – ca. 1250) teilt sich allmählich in einen westnordischen (Norwegisch, Isländisch, Färöisch) und in einen ostnordischen Zweig (Schwedisch, Dänisch). Die altnord. Überlieferung mit den Götter- und Heldenliedern der ‹Edda› (im Codex Regius um 1270), mit den Prosa-Sagas und den Preisliedern der Skalden vermittelt am ehesten eine Vorstellung von der altgermanisch-mündlichen Literatur[3] vor der Berührung mit Antike und Christentum, obgleich die Verschriftlichung erst mit der Christianisierung einsetzte. Im abgelegenen Island wurde nach der Bekehrung im Jahre 1000 durch Gelehrte wie Snorri Sturluson (1178–1241) unbefangen Heidnisches aufgezeichnet.

Zur westgermanischen Gruppe[4] gehören das Altenglische, das Altfriesische, das Altniederfränkische, das Altsächsische und das Althochdeutsche. Als *Altenglisch* oder Angelsächsisch bezeichnet man die insularen Dialekte der Angeln, Sachsen, Jüten und Friesen von der Mitte des 5. Jahrhunderts, als diese germ. Stämme vom Kontinent her die Kelten unterwarfen, bis um 1100, nämlich bis zur normannischen Eroberung Britanniens (1066). Die Überlieferung der ae. Sprache und Literatur beginnt nach der Christianisierung in der zweiten Hälfte des 7. Jahrhunderts. Das bekannnteste ae. Literaturdenkmal ist ein Heldenepos, der ‹Beowulf›. Für das kontinentale Altsächsische stehen die ‹altsächsische Genesis› und der ‹Heliand›, zwei Bibeldichtungen um 830 in Stabreimversen.

Die *Etymologie* (< griech. *étymos* wahr; *lógos* Wort), die Wissenschaft von der Herkunft, Grundbedeutung und Entwicklung sprachlicher Zeichen und ihrer wortbildungsmäßigen Zusammengehörigkeit, findet in den idg. und germ. Sprachen also *Vor-* und *Vergleichsstufen* des Deutschen. Eine strikt diachronische Betrachtung ginge vom Neuhochdeutschen über das Mittel- und Althochdeutsche zurück zum Urgermanischen und von dort weiter zum Urindogermanischen.

Etymologische Rekonstruktionen sind allererst Gegenstand der indogermanischen und germanischen Sprachwissenschaft. Die neuere Etymologie fußt auf der historischen Lautlehre, aber sie erreicht nicht deren Sicherheit. Die Beschreibung des Mhd. begnügt sich mit dem sicheren Gerüst der Lautgeschichte. Oft reicht schon die Kenntnis des Lautwandels, um die Stellung eines Wortes innerhalb der deutschen Sprache und seine Zuordnung zu verwandten Wörtern im Lat., Frz.,

---

[3] Ein Großteil der altnord. Dichtung ist zugänglich in den Übersetzungen der Sammlung Thule. Dazu: A. Heusler, Die altgermanische Dichtung, Potsdam ²1941.

[4] Die verschiedenen Systematisierungsentwürfe kombiniert S. Sonderegger, Althochdeutsche Sprache und Literatur, Berlin/New York ³2003, Gliederungsbild 1. Unter den Stammessprachen, aus denen das Dt. hervorging, nimmt das Fränkische eine Sonderstellung ein, weil die verschiedenen Teilstämme der Franken mit ihren Dialekten sowohl an der Entwicklung des Andd. und Andld. als auch an derjenigen des Ahd. beteiligt sind. Das Westfränk. in Nordfrankreich ist im 9., das Langobard. in Oberitalien im 9./10. Jh. erloschen.

Engl. usw. zu verdeutlichen. Der Sprachvergleich hat z.B. folgenden Lautwandel
als Regel erwiesen:

idg. t	>	germ. Þ	>	ahd./ mhd./ nhd. d
vgl. lat. *trēs*		vgl. got. *Þreis*		ahd. mhd. *drî* / nhd. *drei*
frz. *trois*		engl. *three*		

Das /t/ in lat. *trēs* und in frz. *trois* repräsentiert den idg. Lautstand, während das
got. /Þ / (germ. Runenzeichen *thorn* für stimmlose Dentalspirans) und das engl.
/th/ schon die germ. Sonderentwicklung der ersten Lautverschiebung vollzogen
haben. Von dieser germ. Basis hat sich das hd. /d/ im Zuge der zweiten Lautverschiebung noch einen Schritt weiter entfernt. Man abstrahiert also aus den erhal-
tenen Sprachen eine Lautentwicklung: idg. t > germ. Þ > hd. d. [Etymologisch ist
dabei engl. *three* nicht etwa direkt von lat. *trēs* abhängig; denn dann handelte es
sich um ein Lehnwort! Engl. *three*, got. *Þreis* und dt. *drei* liegt vielmehr urgerm.
*Þrijiz zugrunde, das sich seinerseits mit lat. *trēs*, griech. *treı͂s*, russ. *tri*, lit. *trỹs*
etc. von idg. **tréi̯-* / **tri-* herleitet.]

1.1.3 Zur zeitlichen und räumlichen Gliederung des Deutschen

Die Geschichte der deutschen Sprache wird faßbar mit dem Beginn der
schriftlichen Überlieferung in der Volkssprache während des 8. Jahrhunderts im ostfränkischen Teil des karolingischen Reiches. Die Entstehung des deutschen Reiches[5] beruht nicht auf einem einzigen Grün-
dungsakt, sondern sie vollzieht sich in Stufen zwischen dem Teilungs-
vertrag von Verdun 843 und der Krönung Ottos I. 936, mit der sich das
Prinzip der Unteilbarkeit des deutschen Reiches endgültig durchsetzt.
Die Entstehung der deutschen Schreibsprache ist zugleich und schon
vorher eng verknüpft mit dem Missions- und Bildungsauftrag der Kirche z.Zt. Karls d. Gr. (768–814). Auf den äußeren Akt der Bekehrung
der germ. Stämme zum Christentum folgte ein langer Prozeß der inneren Aneignung der christlichen Lehre. Latein war die Sprache der Kirche, aber die Laien mußte sie in der Volkssprache ansprechen. Im Grunde ist jeder deutsche Schrifttext des Mittelalters schon vom Schreiben
her «ein Vermittlungsprodukt zwischen mündlich volkssprachlicher
Laienkultur und schriftlich lateinischer Klerikerkultur» (Hugo Kuhn).[6]
Den Übersetzungen von Vaterunser und Taufgelöbnis gehen erste Ver-
suche, deutsch zu schreiben, in Glossen und Wörterbüchern voraus. Am
Anfang steht der ‹Abrogans› (765/70), eine spätlateinisch-althoch-
deutsche Synonymensammlung aus Freising.

---

[5] Die Entstehung des deutschen Reiches (Deutschland um 900). Ausgew. Auf-
sätze aus den Jahren 1928–1954 mit einem Vorw. v. H. Kämpf, Darmstadt 1956.
[6] H. Kuhn, Aspekte des 13. Jahrhunderts in der deutschen Literatur. In: SB. d. Bayer. AkdW., phil.-hist. Kl. 1967, H. 5, S. 6f.

Die zum Deutschen gerechneten Dialekte haben sich aus den Stammessprachen spätgermanischer Großstämme (Alemannen, Franken, Bayern, Sachsen, Thüringer) entwickelt. Dabei stehen die niederdeutschen Dialekte in der Laut- und Formenbildung dem Englischen z.T. näher als den hochdeutschen Dialekten (vgl. z.b. die «ingwäonische» Verwandtschaft zwischen engl. *he* und nd. *hē* vs. hd. *er*). Bes. mit der zweiten Lautverschiebung (S. 19 ff.) entfernt sich das Hochdeutsche vom Westgermanischen und damit auch vom Niederdeutschen. Kennzeichnend für das Deutsche wird dessen Zweiteilung in *Hochdeutsch* und *Niederdeutsch.*

Die zeitliche und räumliche Binnengliederung der deutschen Sprache ist nicht zuletzt davon abhängig, welchem Teilaspekt – Laute, Formen, Wortschatz, Syntax – man den Vorzug zubilligt. Vor der neuhochdeutschen Schriftsprache unterscheidet man drei Sprachperioden, wobei *Alt-, Mittel-* und *Neu-* die zeitliche, *-hoch-* und *-nieder-* die räumliche und *-deutsch* die sprachliche Komponente meinen:

Alt-hoch-deutsch 750–1050	Alt-nieder-deutsch 800–1150/1200 bes. Altsächsisch
Mittel-hoch-deutsch 1050–1350 Frühmittelhochdeutsch 1050–1170	
Klass. Mittelhochdeutsch 1170–1250 Spätmittelhochdeutsch 1250–1350	Mittel-nieder-deutsch 1200–1650 Frühmittelniederdeutsch ca. 1200–1370
Früh-neu-hoch-deutsch 1350–1650 (Grenze zwischen dem Spätmittel- und dem Frühneuhochdeutschen fließend)	Mittelniederdeutsch als Schriftsprache lübischer Prägung ca. 1370–1530 Spätmittelniederdeutsch 1530–1650 (Übergang zur hd. Schriftsprache)

Wie die zeitliche Periodisierung, so ist auch die räumliche Gliederung des Altdeutschen schwierig: «Das» Althochdeutsche ist nur punktuell überliefert. Die ahd. Texte repräsentieren zunächst die Schreibsprachen einzelner Klöster wie Fulda, Weißenburg, St. Gallen, Reichenau, Freising, Regensburg, Salzburg, wo sich bestimmte Schreibtraditionen bildeten, die jedoch nicht immer die Mundart ihrer Umgebung spiegeln.

Auch «das» Mittelhochdeutsche ist noch keine überregionale Einheitssprache, sondern ein Sammelbegriff für eine Vielfalt geschriebener Dialekte. Das normalisierte Mhd., wie es in Grammatiken und Editionen präsentiert wird, wird der ungleich differenzierteren Sprachrealität nicht gerecht. Die gesprochenen Mundarten sind uns nicht zugänglich, auch nicht die Umgangssprachen der adeligen Führungsschicht. Das «klassische» Mhd. zeigt zwar eine Tendenz zur überlandschaftlichen Einheitssprache, aber seine Breitenwirkung ist begrenzt; es ist primär eine Literatursprache, nämlich die *Kunstsprache* der höfischen Dichter. Von den neueren deutschen Mundarten (s. Abb. 2) führt kein direkter Weg zu den frühmittelalterlichen Dialekten. Für die heutige Binnengliederung des Deutschen in Sprachlandschaften sind vor allem die Verkehrsgemeinschaften konstitutiv geworden, die sich im Spätmittelalter herausgebildet haben. Erst die Grenzen spätmittelalterlicher Territorien haben die heutigen Dialektgrenzen geprägt. Das Beispiel des «Rheinischen Fächers» (s. Abb. 3) zeigt, wie sich die Grenzen des Ripuarischen, Moselfränkischen und Rheinfränkischen mit denjenigen der geistlichen Kurfürstentümer von Köln, Mainz und Trier decken.

Die großen Sprachlandschaften[7] im deutschsprachigen Raum sind das *Oberdeutsche*, das *Mitteldeutsche* und das *Niederdeutsche*:

I. Oberdeutsch

Bairisch
(Südbairisch in Tirol, Kärnten, Steiermark; Mittelbairisch in Ober- und Niederbayern, in Ober- und Niederösterreich; Nordbairisch in der Oberpfalz.)

Alemannisch
(Hoch- oder Südalemannisch in Südbaden und der Schweiz; Niederalemannisch im Elsaß, im südlichen Württemberg und in Vorarlberg; Nordalemannisch oder Schwäbisch zwischen Schwarzwald und Lech.)

Ostfränkisch
(Das Ostfränkische am oberen Main zählt in mhd. Zeit wie das Südrheinfränkische zum Oberdeutschen und stimmt im wesentlichen zum Niederalemannischen.)

II. Mitteldeutsch
Mitteldeutsch ist eine breite Übergangszone zwischen dem nieder- und dem oberdeutschen Sprachraum. Vgl. Abb. 3 die unterschiedlichen Anteile der md. Dialekte an der zweiten Lautverschiebung.

Westmitteldeutsch
Mittelfränkisch (Ripuarisch um Köln, Moselfränkisch um Trier)
Rheinfränkisch (um Mainz, Speyer; einschließlich des Hessischen)

Ostmitteldeutsch
Thüringisch, Obersächsisch-Nordböhmisch, Schlesisch;
Ostmd. ist auch die Sprache des Deutschen Ordens in Preußen.

---

[7] Zu den Unterschieden der mal. Landschaftssprachen vgl. H. Paul, Mhd. Grammatik, 23. Aufl. neu bearb. v. P. Wiehl u. S. Grosse, Tübingen 1989, §§ 157–170.- Zu den neueren Dialekten: W. Besch u.a. (Hrsg.): Dialektologie. Ein Handbuch zur deutschen und allgemeinen Dialektforschung. 2. Hbd. Berlin 1983, bes. Karte 47.4 (HSK 1.2); W. König, dtv-Atlas zur deutschen Sprache. Tafeln und Texte, 16. Aufl. München 2007.

(Im 10. Jh. werden die slawischen Gebiete östlich der Elbe und Saale besiedelt und die Marken Lausitz und Meißen gegründet; größere Breitenwirkung erreicht jedoch die Ostkolonisation erst im 12. und 13. Jh. Im Osten treffen Siedlerströme aus verschiedenen Sprachlandschaften des Altreiches zusammen, neue Ausgleichs- und Mischmundarten entstehen.)
[Auch das Jiddische, die Sprache der nach Osteuropa ausgewanderten Juden, beruht zum größeren Teil auf mhd. (ostmd. und bair.) Dialekten des 13. und 14. Jhs., zum geringeren Teil auf hebräisch-aramäischen, slawischen und romanischen Elementen. In hebräischer Schrift wurde 1382 z.B. der ‹Dukus Horant› aufgezeichnet.]

III. Niederdeutsch

Das Niederdeutsche hat nicht teil an der zweiten oder hochdeutschen Lautverschiebung der Konsonanten (vgl. auf Abb. 3 die sog. Benrather Linie).

Mittelniederländisch (hervorgegangen aus dem Altniederfränkischen, entwickelt sich seit dem 13. Jh. zu einer eigenständigen Literatur- und Schriftsprache auf der Grundlage der Dialekte von Flandern und Brabant).

Mittelniederdeutsch (mit dem Westfälischen, Ostfälischen und Nordniedersächsischen aus dem Altsächsischen hervorgegangen, weitet sich durch die Ostkolonisation des 12.–14. Jhs. erheblich nach Osten aus. Zeitlich und sprachsoziologisch steht das Mnd. dem Frnhd. näher als dem Mhd. Mnd. sind der ‹Sachsenspiegel›, die Stadtrechte von Lübeck und Magdeburg und v.a. die lübische Verkehrssprache des Hansischen Städtebundes).

Das Niederdeutsche hat sich nicht als Schriftsprache neben dem Hochdeutschen behaupten können. In ihrer neueren Periode nähert sich die deutsche Sprache immer mehr der Gleichsetzung von *Deutsch* und *Hochdeutsch*. Dabei stellt sich die Frage nach der *Entstehung* der *neuhochdeutschen Schriftsprache*:

Theodor Frings[8] argumentiert von einem dialektgeographischen Ansatz her. Er führt die Entstehung der nhd. Schriftsprache auf die ostmitteldeutschen Siedlermundarten zurück; denn im obersächsischen Siedlungsraum um Saale, Elbe und Oder habe sich am ehesten eine *koloniale Durchschnitts- und Ausgleichssprache* herausbilden können. Hier trafen und vermischten sich z.T. drei Siedlungsströme: 1. eine niederdeutsche Bewegung der Linie Magdeburg – Leipzig, 2. eine mitteldeutsche der Linie Erfurt – Leipzig – Breslau und 3. eine oberdeutsch-mainfränkische der Linie Bamberg – Meißen – Dresden. Der Weg zur nhd. Schriftsprache gehe von der Mundartebene der Siedler in die darüber liegenden Schichten der Schriftlichkeit, also «nicht von oben nach unten, sondern von unten nach oben.» Damit wendet sich Frings gegen die Überschätzung der Rolle der Kanzleisprachen, bes. durch Konrad Burdach im Falle der Prager Kanzlei Kaiser Karls IV. (1346–1378).

---

[8] Th. Frings, Grundlegung einer Geschichte der deutschen Sprache, Halle ²1950.

Werner Besch[9] modifiziert die These von den Kanzleisprachen, geht
aber gleichfalls von den spätmittelhochdeutschen Schreibdialekten und
von den Ausgleichsvorgängen auf schreibsprachlicher Ebene aus: «Unter
Kaiser Friedrich III. und dann unter Kaiser Maximilian wächst die
donauländische Schreibsprache, zeitgenössisch das *gemeine teutsch* genannt, zu einer Verkehrs- und Gemeinsprache von weiter Geltung her-
an.» Hinzu komme dann die *Katalysatorrolle Martin Luthers.* Dieser
«bedient sich der schreibsprachlichen Großfläche des Südostens, wo
immer er kann. Ist er gezwungen auszuwählen, so trifft er seine Wahl
sehr oft im Blick auf diese Einheit.» Kraft Luthers Autorität setzt sich
eine *ostmitteldeutsch-ostoberdeutsche Allianz* auf dem Wege zur nhd.
Schriftsprache durch. Während die Mundarten sich weiter spalten, gleichen sich die Schreibdialekte immer mehr einander an. Luther selbst hat
sich nicht auf die Mundarten, sondern auf die damals gültige Form der
Schriftlichkeit berufen:

*Ich habe keine gewisse, sonderliche, eigene Sprache im Deutschen, sondern brau-
che der gemeinen deutschen Sprache, daß mich beide Ober- und Niederländer
verstehen mögen. Ich rede nach der sächsischen Canzeley, welcher nachfolgen alle
Fürsten und Könige in Deutschland; alle Reichsstädte, Fürsten-Höfe schreiben
nach der sächsischen und unsers Fürsten Canzeley, darum ists auch die gemeinste
deutsche Sprache. Kaiser Maximilian und Kurf. Friedrich, H. zu Sachsen ec. haben im römischen Reich die deutschen Sprachen also in eine gewisse Sprache gezogen* (M. Luther, WA, Tischreden, Bd. 1, S. 524, Nr. 1040).

1.2 Schreibung und Aussprache des Mittelhochdeutschen

1.2.1 Zur Schreibweise in mittelhochdeutschen Handschriften

Im Alt- und Mittelhochdeutschen gibt es keine normativ geregelte Orthographie. Die Übernahme des lateinischen Alphabets für Aufzeich-
nungen in der Volkssprache führte zu einer großen Vielfalt, auch Will-
kür der Schreibweisen; denn es war nicht ohne weiteres möglich, mit
den fremden Schriftzeichen (Graphemen) die Laute (Phoneme) der
deutschen Dialekte adäquat wiederzugeben (z.B. die Affrikaten, Vokal-
kürze und -länge, Umlaute und bestimmte Diphthonge). Die mhd.
Handschriften zeigen v.a. folgende Schreibgewohnheiten:
1. Interpunktionszeichen gibt es kaum oder überhaupt nicht. Der Punkt
   bezeichnet in gebundener Rede das Versende.

---

[9] W. Besch, Sprachlandschaften und Sprachausgleich im 15. Jahrhundert. Studien
zur Erforschung der spätmittelhochdeutschen Schreibdialekte und zur Entstehung der
neuhochdeutschen Schriftsprache, München 1967, S. 329 ff.

Im 14./15. Jh. dienen Punkt und Virgel (/) noch weitgehend der optischen Kennzeichnung von Lesepausen. Seit dem 15. Jh. markiert der Punkt wie der Strichpunkt (Periodus) zunehmend das Satzende , während die Virgel seit dem 16. Jh. wie das Komma Teilsätze gliedert.

2. Die Worttrennung und -zusammenschreibung sowie die Groß- und Kleinschreibung sind nicht konsequent geregelt.

3. Zwischen Länge und Kürze eines Vokals wird nicht unterschieden.

4. Diphthonge und Umlaute werden häufig durch übergesetzte Buchstaben (diakritische Zeichen) kenntlich gemacht, z.B. *o̊* für *ou*, *ů* für *uo*, *ů* für *üe*.

5. Abkürzungen und Kürzel werden verwandt, z.B. ein Strich für die Nasale *n* oder *m* (*vō* für *von*); ein hochgestelltes *s* für *er* (*h*^s*ze* für *herze*), ein *a* für *ra* (*sp*^a*ch* für *sprach*); *dc* für *daz*, *wc* für *waz*, *vñ* für *vnt*, *vnde*.

6. Die lautliche Realisierung der Grapheme <u, f, v, w> ist vom Kontext abhängig. Man erkennt jedoch meistens im Vergleich mit dem Nhd., ob z.B. das <v> für ein /u/ oder für ein /f/ bzw. /v/ steht. Auch die Grapheme <i> und <j> können wechselseitig sowohl ein /i/ als auch ein /j/ repräsentieren.

1.2.2 Zur Regelung der Schreibweise in Editionen mittelhochdeutscher Texte

Um der besseren Lesbarkeit willen verändern und regeln die Herausgeber in Editionen die Schreibung gegenüber der Handschrift:

1. Der Text wird durch die Einführung der Interpunktion gegliedert. So verfahren auch die Herausgeber von diplomatischen Textabdrucken.

2. Das Verhältnis von Groß- und Kleinschreibung wird so geregelt, daß ein großer Anfangsbuchstabe nur bei Eigennamen und am Satz- bzw. Versanfang steht. Die Zusammen- und Getrenntschreibung orientiert sich weitgehend an neuhochdeutschen Gepflogenheiten.

3. Lange Vokale werden mit einem Zirkumflex ^ versehen.

4. Umlautzeichen werden dort gesetzt, wo sie lautgeschichtlich am Platze sind. Kurzen Umlaut bezeichnen <ä> bzw. <e>, <ö>, <ü>, langen Umlaut <æ> [ä:], <œ> [ö:] und <iu> [y:].

5. Abkürzungen und Kürzel werden aufgelöst.

6. Die Schreibung von <u> und <v>, von <i> und <j> wird so geregelt, daß <u> und <i> für den Vokal, <v> und <j> für den Konsonanten stehen.

7. Der phonetisch und semantisch irrelevante Wechsel zwischen rundem <s>und langem <ʃ> wird zugunsten des <s> beseitigt.
<k> wird im Anlaut gewöhnlich mit <k>, im Auslaut mit <c> wiedergegeben.

Zum Vergleich der unterschiedlichen Schreibweisen in Handschrift und Edition das Falkenlied des Kürenbergers (MF 8, 33):

I. Aus der Großen Heidelberger oder Manesseschen Liederhandschrift

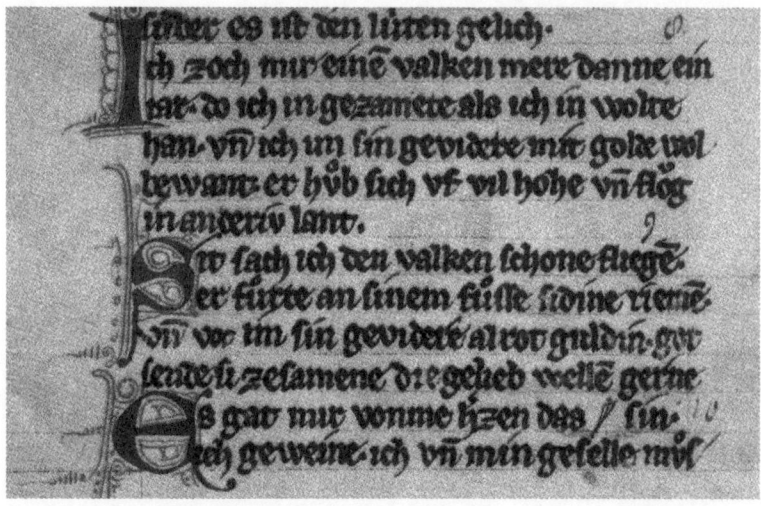

Abb. 1: Das Falkenlied des Kürenbergers, Cod. Pal. Germ. 848, fol. 63va

II. Buchstabengetreue Abschrift (diplomatische Transkription)

[...]
I ch zoch mir einē valken mere danne ein |
  iar· do ich in gezamete als ich in wolte |
  han· vñ ich im ſin gevidere mit golde wol |
  bewant· er hv̊b ſich vf vil hohe vñ flo̊g |
  in anderiv lant·|
S it ſach ich den valken ſchone fliege· |
  er fv̊rte an ſinem fv̊ſſe ſidine riemē·|
  vñ wc im ſin gevidere al rot guldin· got |
  ſende ſi zeſamene die gelieb wellē gerne |
[...]   / ſin· |

III. Aus der historisch-kritischen Edition von *Des Minnesangs Frühling*

6 ›Ich zôch mir einen valken   mêre danne ein jâr.   8, 33 – *8* C, 8 Bu
   dô ich in gezamete,   als ich in wolte hân,
     und ich im sîn gevidere   mit golde wol bewant,   9, 1
     er huop sich ûf vil hôhe   und vlouc in anderiu lant.

7 Sît sach ich den valken   schône vliegen,   9, 5 – *9* C, 9 Bu
     er vuorte an sînem vuoze   sîdîne riemen,
     und was im sîn gevidere   alrôt guldîn.
     got sende sî zesamene,   die gelieb wellen gerne sîn!‹

1.2.3 Zur Aussprache und Betonung des Mittelhochdeutschen

---

1. Vokale, die in normalisierten Textausgaben einen Zirkumflex ^
tragen, sind lang zu sprechen, alle übrigen kurz.

   Lange Monophthonge sind auch die Umlaute <æ>, <œ> und <iu> [y:].

---

2. Die Diphthonge <ei, ou, ie, uo> und die Umlaute <öu/eu/öi> (für
/öu/) und <üe> sind auch als Zwielaute zu sprechen, und zwar wie
im Bairischen mit fallender Betonung, z.B. *líe-be, gúo-te, brüe-der*.

   Nur das <iu> ist also im Mhd. ein langer Monophthong [y:], z.B. *triuwe*.

---

3. <z> ist im Wortanlaut und nach Konsonanten – wie das <tz> in
sitzen zwischen Vokalen – als dentale Affrikata [ts] zu sprechen,
z. B. *zît «Zeit», herze*.

   In den übrigen Fällen wird das <z> meist als stimmlose Spirans
/s/ artikuliert, z.B. *ûz, daz, wazzer*.

   Im Unterschied zur Affrikata <z> schreibt man in Grammatiken und
Handbüchern die Spirans oft als geschwänztes <ʒ>.

---

4. <h> ist im Wort- und Silbenanlaut Zeichen für den Hauchlaut
(z.B. *hûs, ge-se-hen*). Im Auslaut und in den Verbindungen <lh,
rh, hs, ht> ist das oft auch <ch> geschriebene /h/ dagegen ein
Reibelaut [x], z.B. *sah, solh, durh, naht, iht, vuhs*.

5. In den mhd. Konsonantenverbindungen <st, sp, sl, sm, sn, sw>
behält das /s/ als erster Bestandteil seinen Lautwert: *s-tein*, nicht
nhd. «S(ch)tein» (als Zischlaut später zuerst im Ostalem./ Bair.).

   Die Verbindung <sk>, geschrieben auch <sc, sh, sch>, wird als [ʃ], als
/sch/, ausgesprochen, z.B. *scœne*. Ein <ph> wird wie /pf/ ausgesprochen.

Ähnlich dem nhd. Zungen- und Zäpfchen-*r* und den *Ich*- und *Ach*-Lau-
ten gab es im Mhd. bei der konkreten Realisierung von Phonemen Varianten in der Aussprache. Solche vom Sprecher frei gewählten oder stel-
lungsbedingten *Allophone* bedürfen keiner besonderen Beachtung.

Zwischen mhd. und nhd. Wort- und Satzakzent besteht kaum ein
Unterschied, sofern es sich nicht um metrisch gebundene Rede handelt.
In der Regel liegt der Akzent auf dem Wortanfang bzw. bei Vorsilben
wie ge- auf der Wurzelsilbe (z.B. *erlóuben, gesélle*).

1.2.4 Reflexe gesprochener Sprache in der Schriftlichkeit

In unbetonter Stellung können Präpositionen, Pronomina und Adverbia
abgeschwächt werden. So stehen nebeneinander: *zuo – ze, alsô – alse,
hêrre, herre – her, vrouwe – vrou*.

Ein unbetontes Wort kann seine Eigenständigkeit aufgeben und sich an das vorangehende oder folgende Wort anlehnen:

Proklise (< griech. *proklínein* vorwärts neigen) meint Anlehnung an das folgende Wort, z.B. *ich ne > ine, daz ich > deich.*

Enklise ist die Anlehnung an das vorangehende Wort, z.B. *bist du > bistu, do sî > dôs, er in > ern, er ne > ern, mohte er > mohter.*

Im Mhd. unterliegen unbetonte Vokale einem Abschwächungsprozeß (S. 40 f.), der am Ende zum Ausfall (Elision) eines Vokals führen kann. So entstehen Wortverkürzungen, die längst als solche gesprochen werden, bevor sie in der Schriftlichkeit begegnen:

Apokope (< griech. *apokopé* das Abschneiden) nennt man den Wegfall von Lauten am Wortende, z.B. *ich vare > ich var.*

Synkope (< griech. *synkoptein* zusammenschlagen) ist der Ausfall eines unbetonten Vokals im Wortinneren zwischen zwei Konsonanten, z.B. *er sihet > er siht.*

In der Aussprache kann es zur artikulatorischen Anpassung eines Lautes an einen benachbarten Laut kommen: *Assimilation.* Im Mhd. bes. *n > m, mb > mm, nt > nd, lt > ld* (z.B. *umbe > umme, solte > solde*).

Im Mhd. sind im Wortauslaut die stimmhaften Verschlußlaute zu stimmlosen Verschlußlauten verhärtet: *Auslautverhärtung.*

mhd. *b > p*   z.B. *lîbes – lîp*
　　 d > t   *leides – leit*
　　 g > k (c)   *tages – tac*

Keine Auslautverhärtung liegt vor bei den Varianten mhd. *h – ch*, z.B. mhd. *sehen – ich sach.* Im Nhd. ist die Auslautverhärtung, obgleich in der Aussprache durchaus vorhanden, in der Schreibung nicht mehr kenntlich, z.B. *Leides – Leid.*

Im Mhd. schwinden die stimmhaften Verschlußlaute *b, d, g* und der Hauchlaut *h* vielfach zwischen Vokalen, die dann zusammengezogen werden: *Kontraktion.*

mhd. /î/   < mhd. /ige/< ahd. /igi/ – ahd. *ligit >* mhd. *liget* neben *lît*
　　　　　 < mhd. /ibe/< ahd. /ibi/ – ahd. *gibit >* mhd. *gibet* neben *gît*
　　　　　 < mhd. /ide/< ahd. /idi/ – ahd. *quidit >* mhd. *quît, kît* «sagt, heißt», Infin. *queden*

mhd. /ei/   < mhd. /ege/< ahd. /egi/ – ahd. *legit >* mhd. *leget* neben *leit*
　　　　　 <mhd. /age/vor /t/, /st/ – mhd. *maget* neben *meit, gesaget* neben *geseit, klaget* neben *kleit*

Vgl. auch kontrah. Verben S. 57; Rundung, Entrundung, Senkung S. 34.

2. Lautgeschichte

2.1 Sprechen und Sprache

2.1.1 Zur Phonologie

Ferdinand de Saussure (1857–1913) versteht unter *le langage* die menschliche Rede überhaupt. Von diesem Gesamtbegriff der Sprache ausgehend unterscheidet er zwischen *la parole* und *la langue*, zwischen Sprechen und Sprache: Sprechen ist ein Akt. Wird ein Laut zum Zweck der Kundgabe von Gefühltem oder Gedachtem hervorgebracht und von einem anderen als *Zeichen* wahrgenommen und wird diese Äußerung wiederum zur Übermittlung nachgemacht, ist Sprache da. In diesem «Ebensomachen» ist eine erste Norm beschlossen. *Sprechen ist ein individueller Vollzug, Sprache ein überpersönliches Gebilde, ein System von Mitteilungs- und Erkennungszeichen.*

Dieses System entfaltet sich in der Zeit: Sprachliche Erscheinungen können einmal auf der Ebene des zeitlichen Nebeneinander, der *Synchronie*, zum anderen auf der des zeitlichen Nacheinander, der *Diachronie*, beschrieben werden. Sprachgeschichtliche Veränderungen (z.B. $C_1 \rightarrow D_1$) werden als Übergänge von einem Zustand auf der Ebene der Synchronie (z.B. $A_1 - B_1$) zu einem anderen ($A_2 - B_2$) dargestellt:

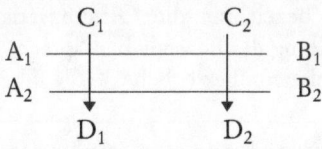

N. S. Trubetzkoy (1890–1938), Hauptvertreter des Prager Strukturalismus, nimmt die Unterscheidung von *parole* und *langue* auf und begründet die Disziplin der *Phonologie* in Abgrenzung von der *Phonetik*. Diese hat zum Gegenstand den Sprechakt und ist im Kern den Naturwissenschaften zuzurechnen, jene beschäftigt sich als geisteswissenschaftliche System- und Funktionswissenschaft mit dem Sprachgebilde.

Die Phonologie basiert auf der *distinktiven Opposition* der Sprachlaute: Damit Schalleindrücke als Zeichen verschiedener Bedeutung aufgefaßt werden können, müssen sie unterscheidbar sein. *Phonem* heißt die kleinste phonologische Einheit mit *bedeutungsunterscheidender*

Wirkung, z.B. /r/ und /h/ in *Rose* und *Hose*. Demgegenüber ist das Wort eine selbständige Sinneinheit. Im Gegensatz zu den bedeutungsunterscheidenden Phonemen heißen solche *bedeutungstragenden* Einheiten *Morpheme*.

In einer phonologischen Darstellung des Deutschen läßt sich das Mittelhochdeutsche als Sprachstufe zwischen dem Alt- und Neuhochdeutschen so beschreiben, daß die Laute in ihrem Zusammenhang im System, als Veränderungen synchroner Strukturen in der Diachronie, vorgestellt werden. Darauf wird hier aus pragmatischen Gründen verzichtet.[10]

2.1.2 Zum phonetischen Beschreibungsinstrumentarium

Für die historische Grammatik genügt eine pauschale Klassifikation der Laute nach Stimmbeteiligung, Artikulationsart und -stelle sowie nach Artikulationsdauer und -stärke.

I. Stimmbeteiligung

Der Luftstrom kann entweder als unveränderter Atemstrom oder – unter Vibration der Stimmbänder – als Stimmstrom eingesetzt werden. Mit Hilfe des Atemstroms werden *stimmlose*, mit Hilfe des Stimmstroms *stimmhafte* Laute gebildet.

II. Artikulationsart

Die Artikulationsart bezeichnet die Öffnungsgrade (Öffnung, Enge, Verschluß) in der Stellung des beweglichen Sprechorgans (Lippen, Zunge) in bezug auf ein relativ unbewegliches Gegenüber.

---

[10] Die traditionellen Grammatiken der germ. Sprachen sind der Leipziger Schule der «Junggrammatiker» verhaftet. Deren Ausgangspunkt war der «psychophysische Mechanismus des Sprechakts». Die physiologische Richtung betrachtete die Laute als das Stoffliche der Sprache und formulierte die These von der «Ausnahmslosigkeit der Lautgesetze». Die psychologische Betrachtung erklärte die gleichwohl vorhandenen Ausnahmen nach dem Prinzip der «Analogie». Auch in der Mhd. Grammatik von H. Paul (1846–1921) werden primär die Wandlungen einzelner Laute und Lautgruppen dargestellt. In der Neubearbeitung von P. Wiehl und S. Grosse wird ein Kompromiß zwischen der junggrammatisch-«atomistischen» und der phonologisch-systematischen Betrachtungsweise angestrebt: Die Veränderungen der Einzellaute werden in der herkömmlichen Weise beschrieben, der Lautgruppenwandel im Ansatz phonologisch, aber nicht so konsequent wie z. B. in der Geschichte der dt. Sprache von P. v. Polenz.

1. Sowohl bei Verschluß- als auch bei Engestellung entstehen durch Atem- oder Stimmstrom Geräuschlaute *(Obstruenten)*, und zwar

   a) bei Verschlußstellung:

   stimmlose Verschlußlaute (Explosiv-, Plosivlaute, *Tenues*): *p – t – k*,

   stimmhafte Verschlußlaute (Explosiv-, Plosivlaute, *Mediae*): *b – d – g*;

   b) bei Engestellung:

   stimmlose Reibelaute (Spiranten, Frikative), z.B. *f* (nhd. *fahren*), *s* (nhd. *heiß*),

   stimmhafte Reibelaute (Spiranten, Frikative), z.B. *w* (nhd. *waren*), *s* (nhd. *sein*).

   c) Aus der Verbindung von Verschlußlauten mit den jeweils ortsgleichen Reibelauten entstehen die für das Hochdeutsche typischen *Affrikaten*: *pf – z* [ts] – *kch* [kx].

2. Bei Öffnungsstellung entstehen geräuschlose Laute, und zwar

   a) mit Atemstrom: Hauchlaute – *h*

   In den idg. Sprachen begegnen z.T. *aspirierte* (behauchte) Explosivlaute , die durch einen Hauchlaut verstärkt werden: *b^h – d^h – g^h*, *p^h – t^h – k^h*.

   b) mit Stimmstrom: Vokale

   Vokale sind stimmhafte Öffnungslaute, zu deren Klangfarbengestaltung die Resonanz der Ansatzräume wesentlich ist, ohne Berührungsfläche am Gaumen, ohne aktive Beteiligung der Zungenspitze. Unterschieden von den einfachen Vokalen, den *Monophthongen* (< griech. *monos* einzig, *phthongos* Ton, Laut), werden die *Diphthonge*. Diese vokalischen Zwielaute sind einsilbig; sie haben die sprachliche Funktion eines einfachen Vokals, wobei artikulatorisch und klanglich einer der beiden Teile das Übergewicht haben kann. Zur Artikulation s.u. das Vokalviereck.

3. Zwischen den Geräusch- und den reinen Stimmlauten liegen

   a) die Sonorlaute (Sonanten), nämlich die Nasale *m* und *n* sowie die Liquide *l* und *r*,

   b) die Halbvokale *i* und *u*, die im Mhd. zu den Reibelauten *j* und *w* wurden.

III. Artikulationsstelle

Die Artikulationsstelle bezeichnet die Stelle in der Mund- und Rachenhöhle, an der das bewegliche Artikulationsorgan Verschluß oder Enge bildet:

Ober- u. Unterlippe → Bilabiale } Labiale   *p, b, f, w, pf, m*
Unterlippe u. Zähne → Labiodentale

obere Schneidezähne →
(Zahndamm) → (Alveolen) } Dentale   *t, d, s, tz, n*

Kehlkopf → Laryngale
Vordergaumen → Palatale } Gutturale   *k, g, ch, kch, ng*
Hintergaumen → Velare

IV. Artikulationsdauer und -stärke

Nach der Tondauer *(Quantität)* im Ablauf der Artikulation werden
nicht nur lange und kurze Vokale unterschieden, sondern auch Konsonanten; denn im Ahd. und Mhd. kann die Geminata noch Konsonanten-
dehnung bezeichnen.

In partieller Kongruenz zur Stimmgebung wird nach der Intensität
des Luftdrucks zwischen *Fortis* («stark») und *Lenis* («sanft») unterschieden. Verschlußfortes sind *p, t, k*, Verschlußlenes *b, d, g*.

Schematische Darstellung der mhd. Konsonanten:

Artikulationsstelle Stimmgebung → Artikulationsart ↓	Labiale stl.	sth.	Dentale stl.	sth.	Gutturale stl.	sth.
Verschlußlaute	p	b	t	d	k	g
Reibelaute	f	v	s,ʒ,sch	s	ch, h	j
Affrikaten	pf		tz/z		kch [kx]	
Sonanten – Nasale		m		n		ng
– Liquide				l, r		

Die mhd. Vokale werden v.a. nach drei Kriterien unterschieden:

1. nach der Quantität:	lang – kurz,
2. nach der Qualität:	hell – dunkel,
3. nach dem Öffnungsgrad:	offen – geschlossen

Eine große Schwankungsbreite im Öffnungsgrad gibt es bei den 5 mhd.
e – Lauten. Das aus idg. /i/ oder /e/ entstandene kurze, offene /e/ wird
in den Grammatiken meist mit einem Trema versehen: <ë>. Das <ę> mit
untergesetztem Punkt bezeichnet ein aus germ. /a/ durch Umlaut ent-
standenes geschlossenes /e/.

Darstellung der Vokale nach der Beteiligung von Kiefer, Zunge und Lippen im Vokalviereck:

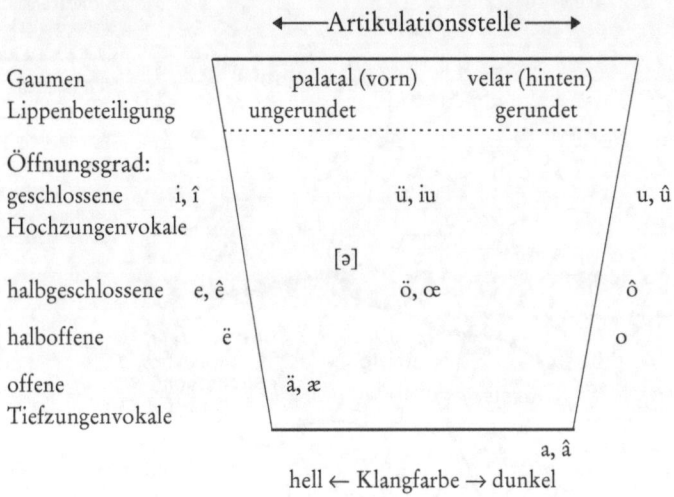

←——Artikulationsstelle——→

	palatal (vorn)	velar (hinten)
Gaumen		
Lippenbeteiligung	ungerundet	gerundet

Öffnungsgrad:
geschlossene   i, î   ü, iu   u, û
Hochzungenvokale

[ə]

halbgeschlossene   e, ê   ö, œ   ô

halboffene   ë   o

offene   ä, æ
Tiefzungenvokale

a, â

hell ← Klangfarbe → dunkel

2.2 Zum geregelten Lautwandel im Konsonantismus

2.2.1 Die erste (oder germanische) und die zweite (oder hochdeutsche) Lautverschiebung

Zu den Abb. 2 u. 3: Die Sprachgeographie untersucht sprachliche Phänomene unter dem Aspekt ihrer räumlichen Verbreitung. Der vom Marburger Forschungsinstitut für deutsche Sprache herausgegebene *Deutsche Sprachatlas* (DSA) dokumentiert die systematisch erhobenen Dialektunterschiede auf Sprach-Landkarten, der *Deutsche Wortatlas* (DWA) die lexikalischen Besonderheiten. *Isophone* heißen in der Dialektgeographie die Grenzlinien, die die geographische Ausbreitung bestimmter Laute anzeigen (z.B. *appel/apfel*), während *Isoglossen* sich auf den Wortgebrauch beziehen (z.B. *hē/er*).

Auf den Karten fällt besonders die «Benrather Linie» zwischen dem Niederdeutschen und dem Mittel- und Oberdeutschen auf. Zur Übergangszone des Mitteldeutschen mit Elementen sowohl des Nieder- als auch des Hochdeutschen siehe bes. auf Abb. 3 die Linien a) *maken/machen*, b) *dorp/dorf*, c) *dat/das*, d) *appel/apfel*, e) *pund/fund*, f) *ik/ich* und die entsprechenden Eintragungen in Karte 2. Zur Übereinstimmung von Sprach- und Territorialgrenzen vgl. bes. den «Rheinischen Fächer».

Abb. 2: Die deutschen Dialekte um 1965 (nach H. Protze u. Th. Frings. In: Die deutsche Sprache, hrsg. v. E. Agricola u.a., Bd. 1, Leipzig 1969, S. 406)

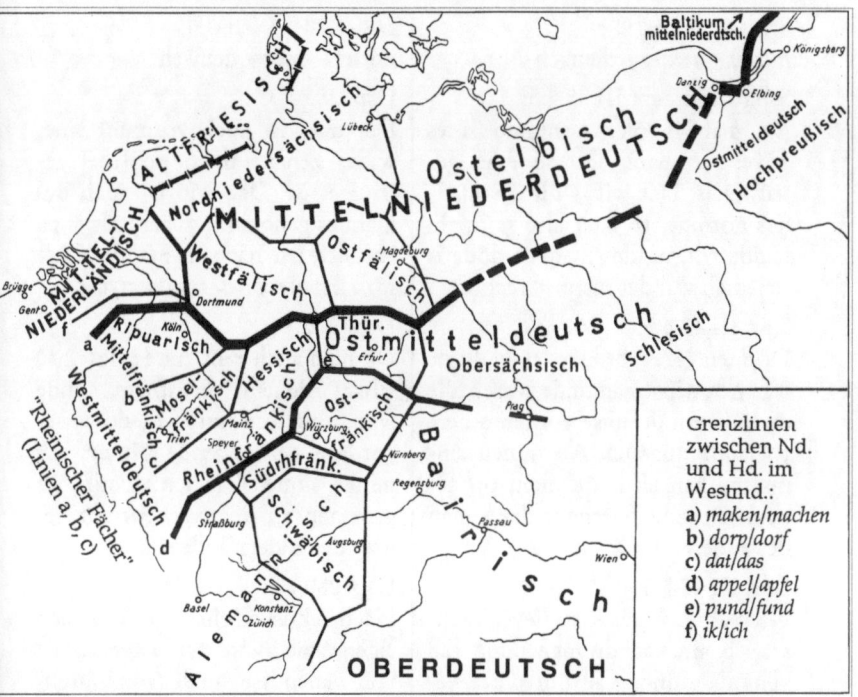

Abb. 3: Schriftdialekte in mittelhochdeutscher und mittelniederdeutscher Zeit (nach H. Paul, Mittelhochdeutsche Grammatik, Tübingen ²³1989, S. 7)

Die Zweiteilung der deutschen Sprache in Hochdeutsch und Niederdeutsch soll zunächst an zwei Rechtsbüchern veranschaulicht werden. Der ‹Sachsenspiegel› des Eike von Repgow wurde zwischen 1220 und 1235 in einem mittelniederdeutschen (elbostfälischen) Schreibdialekt aufgezeichnet; er repräsentiert also im Konsonantismus den Zustand nach der ersten oder germanischen Lautverschiebung. Demgegenüber zeigt der ‹Deutschenspiegel›, eine oberdeutsche (wohl Augsburger) Bearbeitung um 1274/75, die Merkmale der zweiten oder hochdeutschen Lautverschiebung:

SACHSENSPIEGEL mittel – *nieder* – deutsch	DEUTSCHENSPIEGEL mittel – *hoch* – deutsch
Ssp., Landrecht III 45 § 3: De man is ōk vormunde sīnes wīves, to hant alse se eme getrūwet is. Dat wīf is ōk des mannes nōtinne, to hant alse se in sīn bedde trit, na des mannes dōde is se ledich van des mannes rechte.	Dsp. 283 § 3: Der man ist auch vormunt sînes wîbes zehant als si im [. . .] getriuwet ist. Daz wîp ist auch des mannes genôzinne zehant als si an sîn bette trit, nâch des mannes *[tôde sô ist si ledic von des mannes]* rehte.
Ldr. III 42 § 3: Do men ōk recht ērst satte, do ne was nen dēnstman unde waren alle de lūde vrī, do unse vorderen here to lande quamen. An mīnen sinnen ne kan ek is ōk nicht op genemen na der warheit, dat ieman des anderen scole sin.	Dsp. 279 § 3: Dô man auch reht êrste satzte, dô enwas dehein dienstman, unde wâren alle die liute vrî, dô unser vordern her ze lande kâmen. An mînen sinnen kan ich ez niht ûz genemen an der wârheit, daz ieman des andern sulle sîn.
Ldr. III 42 § 6: Na rechter warheit so hevet ēgenscap begin van dwange unde van venknisse unde van unrechter gewalt, de men van aldere in unrechte gewonheit getogen hevet unde nu vor recht hebben wel.	Dsp. 280 § 3: Nâch rehter wârheit sô hevet sich eigenschaft von getwange, unde von vancnüsse, unde von unrehtem gewalte, den man von alter in unrehte gewonheit gezogen hât unde nu für reht haben wil.

45 § 3. *Der Mann ist auch Vormund seiner Frau, sobald sie ihm angetraut ist. Die Frau ist ebenso Standesgenossin des Mannes, sobald sie sich in sein Bett begibt; nach dem Tode ihres Mannes ist sie frei vom Recht des Mannes.*

42 § 3. *Als man zum ersten Mal Recht setzte, da gab es keinen Dienstmann, und da waren alle Leute frei, als unsere Vorfahren hierher ins Land kamen. Mit meinem Verstand kann ich es auch nicht für Wahrheit halten, daß jemand einem anderen gehören sollte.*

42 § 6. *Nach rechter Wahrheit hat Leibeigenschaft ihren Ursprung in Zwang und Gefangenschaft und in unrechter Gewalt, die man seit alters zu unrechter Gewohnheit hat werden lassen, doch nun für Recht halten will.*

Die Veränderung des indogermanischen Konsonantensystems in der ersten oder germanischen Lautverschiebung führte zu einer partiellen Ausgliederung des Germanischen aus dem Indogermanischen. Mit der zweiten oder (alt-)hochdeutschen Lautverschiebung gewann das Hochdeutsche gegenüber dem Niederdeutschen und gegenüber allen anderen germanischen Sprachen seine eigenständige Sprachform.

Beide Lautverschiebungen werden en bloc vorgestellt, weil die zweite Lautverschiebung im Grunde nichts anderes als die Wiederholung des Veränderungsprinzips der ersten darstellt. Betroffen sind im wesentlichen drei idg. Verschlußlautreihen (*Tenues, Mediae aspiratae, Mediae*), deren Artikulationsart sich ändert, jedoch unter Beibehaltung der Artikulationsstelle (Labial, Dental, Guttural):

I. Idg. stl. Verschlußlaute (*Tenues*) u. behauchte stl. Verschlußlaute	Germ. Erste oder germ. Lautverschiebung: stl. Reibelaute	Hd. Zweite oder hd. Lautverschiebung

idg. p/ pʰ   >
    t/ tʰ   >
    k/ kʰ   >
Keine Verschiebung bei
idg. /sp, st, sk/.
	germ. f >
	     Þ >
	     h >
		hd. f
		d, auch ndd. d
		h

Beispiele:

lat. *pater*	= got. *fađar*, engl. *father*	= ahd. *fater*
lat. *trēs*	= got. *Þreis*, engl. *three*	= ahd. *drî*
lat. *cornū*	= got. *haúrn*, engl. *horn*	= ahd. *horn*

II. Idg. behauchte sth. Verschlußlaute (*Mediae aspiratae*)	Erste oder germ. Lautverschiebung: sth. Reibelaute	Zweite oder hd. Lautverschiebung: Verschlußlaute

idg. bʰ   >
    dʰ   >
    gʰ   >
	germ. b >b >
	     ð >d >
	     g >g >
		ahd. b (p) > mhd. b
		    t > t
		    g (k) > g

....	Die sth. Reibelaute *b, đ, g* wurden tw. im Germ. zu den Verschlußlauten *b, d, g* weiterverschoben. Im Westgerm. wird *đ* zum Verschlußlaut *d*, während *b* und *g*, bes. zwischen Vokalen, Reibelaute bleiben.	Im Obd. wurden germ. *b* und *g* zunächst zu *p* und *k* verhärtet, z.B. bair. *kepan*, aber fränk. *geban*, mhd. *geben*. Im Spätahd. wurde diese Entwicklung rückgängig gemacht, nur in der Gemination setzten sich *p* und *k* durch, z.B. mhd. *sippe, rücke*.

Beispiele:

idg. *b^berō > lat. *ferō*   = got. *baíra*, engl. *bear*   = ahd. *biru*, nhd.
                                                                                         (ge)bäre
idg. *med^bios* > lat. *medius*   = got. *midjis*, engl. *mid*   = ahd. *mitti*, mhd.
                                                                                         mitte
idg. *g^bostis* > lat. *hostis*   = got. *gasts*, anord. *gestr* = ahd. *gast*

III. Idg. *Mediae* (sth. Verschlußlaute)	Erste oder germ. Lautverschiebung: stl. Verschlußlaute	Zweite oder hd. Lautverschiebung: Reibelaute/ Affrikaten
idg. b >	germ. p >	hd. ff / pf, ph
d >	t >	33 / tz, zz, z
g >	k >	hh, ch, h/ kch, ch

Beispiele:
idg. *d^beub-*   = got. *diups*, engl. *deep*
idg. *pōd-*   = got. *fōtus*, engl. *foot*   (Beispiele zur Ent-
idg. *agros*   = got. *akrs*, engl. *acre*   wicklung vom Germ.
                                                                                zum Hd. s.u.)

Je nach Stellung entwickeln sich in dieser Gruppe die germanischen
stimmlosen Verschlußlaute im (Alt-) Hochdeutschen entweder zu Dop-
pelspiranten oder zu Affrikaten:

Verschiebung zur **Doppelspirans**: germ. p > ahd./mhd. ff
                                                        t >   33
                                                        k >   hh, ch, h

1. inlautend zwischen Vokalen,
2. auslautend nach Vokal.

Im Auslaut und inlautend nach langem Vokal
Vereinfachung der Doppelspirans.

Beispiele für die Verschiebung zur Doppelspirans:

as. *skipes*	= ahd. *sciffes*	>	mhd. *schiffes*	>	nhd. *Schiffes*
as. *skip*, engl. *ship*	= ahd. *scif*	>	mhd. *schif*	>	nhd. *Schiff*
as. *lātan*, engl. *let*	= ahd. *lâzan*	>	mhd. *lâzen*	>	nhd. *lassen*
engl. *out*	= ahd. *ûz*	>	mhd. *ûz*	>	nhd. *aus*
engl. *make*	= ahd. *mahhôn*	>	mhd. *machen*	>	nhd. *machen*
as. *ik*, mnd. *ek*	= ahd. *ich, ih*	>	mhd. *ich, ih*	>	nhd. *ich*
mnd. *ōk*	= ahd. *ouh*	>	mhd. *ouch*	>	nhd. *auch*

Verschiebung zur **Affrikata**: germ. p > ahd./mhd. pf, ph
t >   tz, zz, z
k >   kch, ch

1. im Anlaut,
2. bei Gemination (Verdoppelung),
3. nach Liquida oder Nasal.

Die Verschiebung zur gutturalen Affrikata /kch/ (geschrieben oft <ch>) beschränkt sich auf die bair. u. alem. Alpenregion. Oft Vereinfachung von /pf/ zu /f/ nach /l/ u. /r/.

Beispiele für die Verschiebung zur Affrikata:

engl./ndd. *tide*	= ahd. *zît*	> mhd. *zît*	> nhd. (Ge)zeit(en)
as. *sittian*	= ahd. *sizzen*	> mhd. *sitzen*	> nhd. sitzen
as./nd. *swart*	= ahd. *swarz*	> mhd. *swarz*	> nhd. schwarz
as. *plôh*, ne. *plough*	= ahd. *phluog*	> mhd. *phluoc*	> nhd. Pflug
as. *skeppian*	= ahd. *skephen*	> mhd. *schepfen*	> nhd. schöpfen
engl. *sharp*	= ahd. *scarph*	> mhd. *scharpf*	> nhd. scharf
as. *kind*	= obd. *chind*	> mhd. *kint*	> nhd. Kind
as. *wekkian*	= obd. *wecchen*, (fränk. *wecken*)	> mhd. *wecchen*, *wecken*	> nhd. wecken
engl. *work*	= obd. *werch*, (fränk. *werk*)	> mhd. *werc*, *werch*	> nhd. Werk

Die erste Lautverschiebung dürfte im Kern zwischen ca. 400–250 v.Chr. zum Abschluß gelangt sein; denn zur Zeit der ersten Berührung der Germanen mit den Römern im 3./2. Jh. v.Chr. wurden römische Lehnwörter im Germanischen nicht mehr lautlich verschoben, während zuvor germanische Namen und Wörter in lateinischen Quellen ausnahmslos in veränderter Lautgestalt begegnen.

Kulturgeschichtlich aufschlußreich sind die deutschen Lehnwörter aus dem (Vulgär-) Lateinischen. Da sie vielfach der zweiten Lautverschiebung unterlagen, müssen die Germanen solche Bezeichnungen, v.a. aus Handel, Landbau und Bauwesen, frühzeitig von den Römern übernommen haben:

lat. *(via) strata* > ahd. *strâz(z)a*; lat. *palātium*/Pl. *palātia*, vulgärlat. *palantia* > ahd. *pfalanza,-inza* > mhd. *pfalenze, pfalz*; vulgärlat. *tēgula* > ahd. *ziagal*; lat. *monēta* > ahd. *muniz(za)*; vulgärlat. *tolōnēum* («Zollhaus») > ahd. mhd. *zol*; lat. *pondo* (Abl.) > ahd. *phunt*; lat. *imputare* > ahd. *inphôn* («veredeln» im Gartenbau); lat. *piper* > ahd. *pfeffar* > mhd. *pfeffer*; lat. *sinapis* > ahd. *senaf* > mhd. *senef* usf.

Wenn dagegen lat. *poena* > ahd. *pīna,* mhd. *pîn(e)* im Anlaut nicht verschoben wurde, kann die Entlehnung erst nach Abschluß der zweiten
Lautverschiebung erfolgt sein.

Belege für die zweite Lautverschiebung gibt es seit dem 7. Jh. n.Chr. im Aleman-
nischen und im Langobardischen: Auf einer Anfang des 7. Jhs. zu datierenden
Lanzenspitze von Wurmlingen (Württemberg) findet sich eine Runeninschrift
mit dem Namen *IDORIH.* Das ahd. Suffix *-rîh* entspricht dem got. *reiks*
(Herrscher, Obrigkeit), das mit dem kelt. *rīg* und mit dem lat. *rēx, rēgis* verwandt
ist. Das Kelt. und Lat. repräsentieren also den idg. Lautstand, das Got. den germ.
nach der ersten Lautverschiebung, das Alem. den hd. nach der zweiten Lautverschiebung. Der verschobene Laut steht allerdings in einer schwachtonigen Silbe,
und Eigennamen unterliegen ohnehin besonderen Bedingungen. Wenn *Attila*
(†453) verschoben als *Etzel* erscheint, so ist damit höchstens ein terminus post
quem gewonnen. Im ‹Edictus Rothari›, einer lat. Aufzeichnung langobardischen
Rechts in Oberitalien um 643, finden sich auch volkssprachliche Rechtswörter,
die bereits die zweite Lautverschiebung vollzogen haben, z.B. langobard. *sculd-
hais* gegenüber ae. *scyldhaeta.*

Aus der Staffelung der Lautverschiebung, die sich im Süden am konsequentes-
ten durchgesetzt hat, sich aber nach Norden immer mehr abschwächte, hat man
auf ein Ursprungszentrum im bair.-alem. Raum geschlossen («Wellentheorie»).
Denkbar ist auch der umgekehrte Weg von Nord nach Süd. Sprachveränderun-
gen mögen auch autochthon in mehreren Regionen unabhängig voneinander
stattgefunden und sich dann jeweils weiter entfaltet haben («Entfaltungstheo-
rie»). Hd. und Nd. könnten sogar, so die «Verzweigungstheroie» T. Vennemanns
(PBB 106, 1984, S. 1–45), jeweils eigene Entwicklungen aus dem Urgerm. im
3./2. Jh. v. Chr. in Jütland darstellen. Das Hd. wäre demnach nicht erst eine Weiterentwicklung des nd. Lautsystems, wie gemeinhin seit J. Grimm angenommen.

Diese Hypothesen zur Entstehung und Ausbreitung der Lautverschiebungen
führen auf das Problem des Sprachwandels: Aus diachronisch-vergleichender
Sicht ergibt sich der Befund, daß Sprachelemente sich nicht in der Zeit gleich
bleiben, sondern Veränderungen unterliegen, die sich als solche beobachten und
beschreiben lassen. Sprachwandel meint darüber hinaus die Einordnung und
Deutung solcher Befunde als Teil eines Prozesses der Umgestaltung, des Verlusts
und der Neubildung innerhalb eines Sprachsystems, das im kommunikativen
Vollzug ständiger Variation und Selektion unterworfen ist. Die Darstellung eines
«Prozesses» setzt dabei implizit oder explizit eine Theorie des Sprachwandels
voraus, und das heißt: eine Theorie von Geschichte.

Der Sprachwandel vollzieht sich auf allen Ebenen der Sprache. Lautwandel, grammatischer und semantischer Wandel wirken dabei häufig wechselseitig aufeinander ein. Die Festlegung des Akzents in den germ. Sprachen
hat z.B. phonologisch den Endsilbenverfall auf dem Wege vom Ahd. zum
Mhd. zur Folge, der wiederum die morphologischen Unterschiede u.a. zwischen
den Kasus einebnet, so daß am Ende striktere Regeln für die Satzfolge erforderlich werden.

Bei sprachlichen Veränderungen können sprachinterne und -externe Faktoren
eine Rolle spielen. Innersprachlich finden sich z.B. einerseits eine zunehmende

Differenzierung auf dem Felde der Semantik, anderseits eine Tendenz zur Vereinfachung, und zwar keineswegs nur im phonetisch-artikulatorischen Bereich, etwa bei Assimilationsvorgängen, sondern auch und vor allem in der Morphologie, wo auf dem Wege zum Nhd. zahlreiche Oppositionen innerhalb des mhd. Konjugationssystems durch Analogie ausgeglichen werden. An der Entstehung des Sprachwandels haben gewiß auch der Spracherwerb und der Kontakt mit anderen Sprachen ihren Anteil. Aber relevant sind allererst die konkreten Lebensbedingungen historischer Sprachgemeinschaften. Ein Sprecher allein ändert noch nichts, Veränderungen des Sprachsystems resultieren erst aus einer Vielzahl individueller intentionaler Handlungen.

Zusammengefaßt: Man kann auf vielen Feldern durchaus beschreiben, was sich wie und wozu verändert, aber auf die naheliegende Frage nach dem Warum gibt es keine bündige Antwort. Entstehung und Entwicklung des Sprachwandels lassen sich rekonstruieren, die Ursachen nur vermuten.

2.2.2 Der Grammatische Wechsel und seine historisch-genetische Erklärung nach dem Vernerschen Gesetz

Im Mittel- wie im Neuhochdeutschen begegnet ein Nebeneinander von stimmhaften und stimmlosen Konsonanten in verschiedenen Flexionsformen eines Wortes oder in etymologisch verwandten Wörtern, z.B. in nhd. *dürfen – darben; ziehen – zogen* und *Zug, Zügel; schneiden – schnitten* und *Schnitte, Schneider; leiden – litten; waren – gewesen* und *Wesen* usf. J. Grimm nannte diesen Wechsel von *f* und *b, d* und *t, h* und *g, s* und *r* den «Grammatischen Wechsel». Die historisch-genetische Erklärung jener sprachlichen Erscheinung lieferte der Däne Karl Verner.[11] Das «Vernersche Gesetz» zur Entstehung des Grammatischen Wechsels lautet:

> Die durch die erste oder germ. Lautverschiebung aus den idg. stimmlosen Verschlußlauten *p, t, k* entstandenen germ. stimmlosen Spiranten *f, Þ, h* wurden zu den entsprechenden stimmhaften Spiranten *b̌, đ, ǧ* erweicht, wenn sie in stimmhafter Nachbarschaft standen und wenn im Idg. der unmittelbar vorangehende Vokal nicht den Hauptton trug.

---

[11] Wenn Verners «Gesetz» 1877 in einem Aufsatz mit dem Titel *Eine Ausnahme der ersten Lautverschiebung* vorgestellt wurde, so verweist diese Begrifflichkeit auf eine positivistische Epoche der Sprach- und Literaturwissenschaft, die gekennzeichnet war durch die Anlehnung an die Naturwissenschaften: Die «Junggrammatiker» [s. o. Anm. 10] beschrieben Lautveränderungen als nach «ausnahmslos» wirkenden «Gesetzmäßigkeiten» verlaufende Vorgänge. Ausnahmen nahm man entweder als «noch nicht» erkannte Regel oder man erklärte sie nach dem Prinzip der Analogie. Verner hatte also eine scheinbare Ausnahme auf eine gesetzmäßige Entwicklung zurückgeführt.

Unter den gleichen Bedingungen wurde der aus dem Idg. ererbte
stimmlose Spirant s im Germ. zum stimmhaften Spiranten z erweicht,
wobei dieser sich im Nord- und Westgerm. inlautend weiter zu r ent-
wickelte: Rhotazismus (nach rhō, dem griech. Buchstaben r).

Die idg. stimmlosen Verschlußlaute p, t, k sowie der Reibelaut s führen also im
Germ. zu unterschiedlichen Verschiebungsergebnissen. Der Grammatische
Wechsel setzt noch jenen freien, musikalischen Akzent voraus, wie er z.B. dem
Altindischen, Altgriechischen und Litauischen eigentümlich ist. Aber dann wurde im Germanischen der dynamische Expirationsakzent, die mehr auf Atem-
druck als auf Tonhöhe beruhende Betonung, auf den Anfang des Wortstamms
festgelegt: *Initialakzent*. Wegen dieser Verlagerung auf den Wortanfang sind die
Ursachen des Grammatischen Wechsels in den überlieferten germ. Sprachen nur
mehr an ihren Folgen zu erkennen.

Die germ. Spirantenerweichung, die nach Verner durch Akzentverlage-
rungen im Idg. bedingt ist, läßt sich mit der Aussprache von nhd.
«*Nérven*» mit [f] und «*nervōs*» mit [v] vergleichen: Der Spirant ist im
zweiten Fall zu einem stimmhaften erweicht, weil der unmittelbar vorangehende Vokal nicht den Hauptton trägt.

  Aus der unterschiedlichen Akzentuierung im Idg. erklärt sich z.B.
nach dem Vernerschen Gesetz der Unterschied zwischen *Vater* und
Bruder, obgleich sowohl hd. /t/ als auch hd. /d/ auf ein idg. /t/ (wie in
lat. *pater* und *frāter*) zurückgehen:

griech. *patér* - vgl. got. *faðar* («Vater»): Der unmittelbar vorangehende Vo-
    kal trägt im Idg. nicht den Hauptton; deshalb Spirantenerweichung im
    Germ.;
alnd. *bhrátar* - vgl. got. *brōþar* («Bruder»). Der unmittelbar vorangehende Vokal
    trägt den Hauptton; deshalb – wie üblich in der ersten Lautverschiebung – idg.
    t > germ. þ.

Im Germ. begegnen also nach ursprünglich betontem Vokal sowie im
Anlaut die stimmlosen Spiranten f, þ, h und s, die sich im Zuge der
zweiten Lautverschiebung zu hd. f, d, h und s entwickeln. In allen
übrigen Stellungen vollzieht sich im Germ. eine Erweichung zu den
stimmhaften Spiranten b, ð, g und z, die im Hd. als b, t, g und r erscheinen. Die Veränderung von germ. ð zu hd. t ist wie die von germ. þ zu
hd. d Teil der zweiten Lautverschiebung.

idg.	p	t	k	s
germ.	f – b	þ – ð	h – g	s – z
hd.	f – b	d – t	h – g	s – r

Der Grammatische Wechsel ist im Mhd. vielfach durch Ausgleich beseitigt, noch mehr im Nhd. Er spielt jedoch eine Rolle bei der Wortbildung
und den starken Verben.

Wegen der Wurzelbetonung der idg. Verben im Präs. und Prät. Sg. finden sich in
den entsprechenden germ. Verbformen stimmlose Spiranten, während die germ.
stimmhaften Spiranten im Prät. Pl. und Part. Prät. auf idg. Endsilbenbetonung
zurückgehen.

Beispiele für hd. **f – b**:
nhd. *dürfen – darben, verderben*

hd. **d – t**:
mhd. *snîden, snîde, sneit* (Auslautverhärtung!) – *sniten, gesniten,* Subst. *snîde –
snite; lîden, lîde, leit – liten, geliten*

hd. **h – g**:
mhd. *zîhen* nhd. «zeihen, bezichtigen», *zîhe, zêch – zigen, gezigen,* dazu nhd.
zeigen; ziehen, ziuhe, zôch – zugen, gezogen, dazu *zügel; zuc,-ges; herzoge; sla-
hen, slahe – sluoc* (analog zum Pl. Prät.), *sluogen, geslagen,* dazu *slac,-ges;
vâhen, vâhe – vienc, viengen, gevangen*

hd. **s – r**:
mhd. *kiesen* «wählen», *kiuse, kôs – kurn, gekorn,* dazu *kür* «Wahl»; *verliesen,
verliuse, verlôs – verlurn, verlorn,* dazu *verlust; wesen, wise, was – wâren, gewesen; genesen* «am Leben bleiben», *genise, genas – genâren* (auch: *genâsen*),
dazu *nar* «Nahrung», *nern* «nähren»

2.2.3 Dentalberührung (auch: Germ. Spirantenregelung vor t oder Primärer Berührungseffekt)

Dental- oder Primärberührung meint den Effekt bei der Berührung
zweier Konsonanten, die schon vom Zeitpunkt der Entstehung des
Wortes oder der Wortform an unmittelbar zusammenstanden.

Bereits im Idg. fand eine Assimilation der wurzelauslautenden stimmhaften Verschlußlaute an die stimmlosen Dental-Verschlüsse der nach-
folgenden Suffixe statt:

idg. b + t > idg. pt   vgl. lat. *scrībere – scrīptus*
    d + t >   tt (> lat. kelt. germ. ss)   *cēdere – cessus*
    g + t >   kt   *regere – rēctus*

Mit der ersten Lautverschiebung wurden diese stimmlosen idg. Verschlußlaute im Germ. regelmäßig zu den entsprechenden Reibelauten:

idg. pt   > germ. ft
    tt / ss   > ss
    kt   > ht

Im Hochdeutschen unterliegen die germ. Konsonantenverbindungen /ft/ und /ht/ keinen weiteren Veränderungen, aber ohne /t/ folgen die zugrundeliegenden Gutturale und Labiale den Regeln der zweiten Lautverschiebung.

Im Mittelhochdeutschen alternieren somit	
die Gutturale *k*, *g*, *ch*	mit *h (ch)* vor *t*
die Labiale *p*, *b*, *pf*, *ff*	mit *f* vor *t*.

Beispiele: mhd. *mac – maht, mügen – mohte, würken – worhte, denken – dâhte, dünken – dûhte, tragen – traht, phlegen – phliht, geben – gift, schrîben – schrift.*

Wie im Lat. und Kelt. verschmolz auch im Germ. frühzeitig der dentale Verschlußlaut mit einem unmittelbar folgenden /t/ der Endung zu /ss/. Diese Doppelspirans überdauerte unverändert die beiden Lautverschiebungen, während der germ. Dental /t/ ohne folgendes /t/ der zweiten Lautverschiebung unterlag.

Im Mittelhochdeutschen alterniert deshalb die aus germ. /t/ entstandene Spirans /ʒ/ bzw. die Affrikata /tz/ mit dem durch Dentalberührung entstandenen Doppelreibelaut /ss/, der nach langem Vokal zu /s/ vereinfacht wird.

Beispiele: Präs. *weiz* – Prät. *wisse;* Präs. *muoz* – Prät. *muose.*

Durch analogische Angleichung an die regelmäßige Personalendung wurde /t/ z.T. wiederhergestellt, z.B. *wisse* neben *wiste; muose* neben *muoste.*

2.2.4 Konsonantengemination

Die Verdoppelung (Gemination) von Konsonanten ist im Westgerm. meist durch ein nachfolgendes /j/ bewirkt, vgl. got. *bidjan* - ahd. mhd. *bitten.*

Sie wurde jedoch im Hd. teils durch Vereinfachung nach langem Vokal, teils durch die Affrikatenverschiebung bei Gemination wieder beseitigt. Anderseits entstand eine neue Schicht von Geminaten gerade wieder durch die Verschiebung von germ. *p, t, k* in bestimmten Stellungen zur Doppelspirans. [Beispiele s.u. 3. 2. 2: sw. *jan*-Verben]

2.3 Zum geregelten Lautwechsel und Lautwandel im Vokalismus

Veränderungen im mhd. Vokalismus begegnen in etymologisch verwandten Wörtern sowohl als regelmäßiger *Lautwechsel* (Alternanz, Alternation) auf *synchronischer* Ebene als auch als *Lautwandel* unter *diachronischem* Aspekt. Beschrieben werden zunächst die Veränderungen vom Mittel- zum Neuhochdeutschen, dann diejenigen vom Voralthochdeutschen und Althochdeutschen hin zum Mittelhochdeutschen:

2.3.1 Veränderungen im Vokalismus vom Mittel- zum Neuhochdeutschen

2.3.1.1 Neuhochdeutsche Diphthongierung und Monophthongierung

Nhd. Diphthongierung:
mhd. î > nhd. ei
 iu >   eu
 û >   au

Beispiel:
mhd. *mîn niuwez hûs*
> nhd. *mein neues Haus*

Die Karte zeigt, daß sich die nhd. Diphthongierung von Osttirol und Kärnten seit dem 12. Jh. ausbreitet. Sie erfaßt nicht den ndd. Raum und Teile des nördl. Mitteldeutschland, auch der alem. Raum bleibt weitgehend ausgespart.

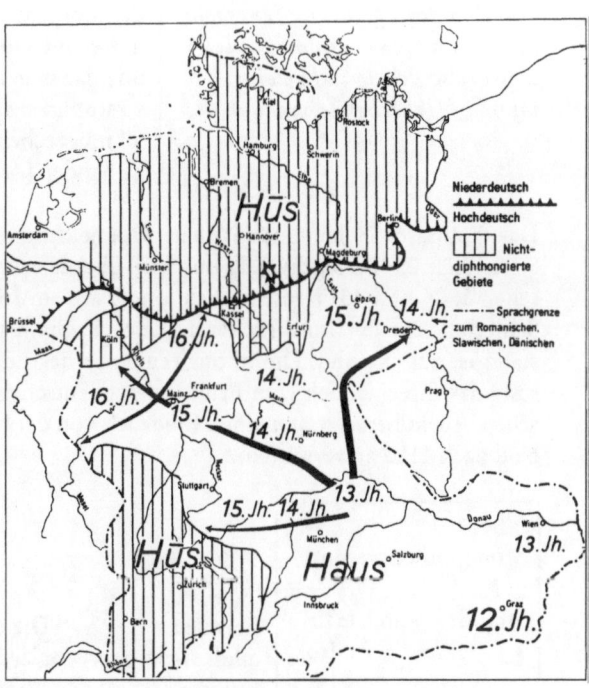

Abb. 4: Entwicklung der neuhochdeutschen Diphthongierung nach der schriftlichen Überlieferung (nach K. Wagner bearb. v. H. Protze. In: Die deutsche Sprache. Hrsg. v. E. Agricola u.a. , Bd. 1, Leipzig 1969, S. 215)

Beispiel für nhd. Diphthongierung in einem frühneuhochdeutschen Schreibdialekt:

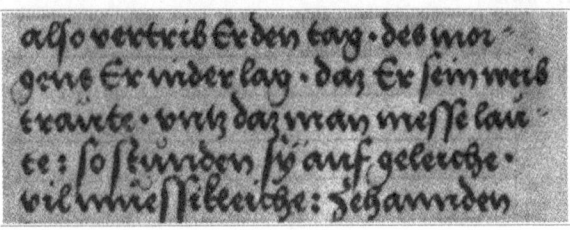

Abb. 5: Aus dem Ambraser Heldenbuch (Cod. Vindob., Ser. nova 2663; fol. XXXVI^rb): Hartmann von Aue, ‹Erec›, vv. 2936–2942

Diplomatische Transkription des Ausschnitts aus dem Ambraser Heldenbuch:	Historisch-kritische Edition mit Rückübersetzung vom Frnhd. ins Mhd.:
alſo vertrib Er den tag · des mor=| gens Er nider lag · daz Er ſein weib| traute · vntz daz man meſſe lau=| te : ſo ſtünden ſy auf geleiche ·| vil müeſſikleiche: Zehannden |	alsô vertreip er den tac. des morgens er nider lac, daz er sîn wîp trûte unz daz man messe lûte. sô stuonden si ûf gelîche. vil müezeclîche. ze handen [. . .]

Das Ambraser Heldenbuch ist eine Sammelhandschrift zur mhd. Epik. Sie enthält 25 Texte, die z.T. nur hier überliefert sind. Sie wurde zwischen 1504 und 1515 geschrieben, und zwar im frühneuhochdeutschen Schreibdialekt der Innsbrucker Kanzlei. Typisch für den frnhd. Lautstand ist u.a. die nhd. Diphthongierung. In der Edition wird diese Fassung des ‹Erec› jedoch vom Frühneuhochdeutschen ins Mittelhochdeutsche zurückübersetzt, um einen Eindruck von der Sprache des Originals bald nach 1180 zu vermitteln.

| Nhd.
Monophthongierung:

mhd. ie > nhd. ie [iː]
uo > u [uː]
üe > ü [yː] | Beispiel:
mhd. *liebe guote brüeder*
> nhd. *liebe gute Brüder* | Die nhd. Monophthongierung breitet sich vom Westmd. seit dem 11./12. Jh. aus; bis heute nicht im Bair. und im Hochalem. |

2.3.1.2 Neuhochdeutsche Dehnung und Kürzung

Dehnung und Kürzung sind Veränderungen der Vokalquantität, für die der Unterschied zwischen offener und geschlossener (Ton-) Silbe eine Rolle spielt: Tonsilben sind Sprechsilben, die im Sprechakt als Lauteinheiten artikuliert und in der Aussprache intuitiv voneinander getrennt werden, z.B. mhd. *ge-ge-ben*. Eine Tonsilbe, die mit einem Vokal schließt, ist eine offene, z.B. mhd. *ta*-ges. Eine geschlossene Silbe schließt dagegen mit einem oder mehreren Konsonanten, z.B. mhd. *hant* oder *dâh*-te.[12]

Mhd. kurze Vokale in betonter offener Silbe werden im Nhd. gedehnt.

---

z.B. mhd. *le – ben* > nhd. *lē – ben*, mhd. *lo – ben* > nhd. *lō – ben*.

Die Dehnung wird in der nhd. Orthographie z.T. mit einem Dehnungs-*h* oder -*e* gekennzeichnet (mhd. *va-ne* > nhd. *Fah-ne,* mhd. g*eschri-ben* > nhd. *geschrie-ben*).

Die Dehnung ist im Nhd. nicht regelmäßig durchgeführt: Einerseits können auch einsilbige Wörter mit auslautendem Konsonanten wie mhd. *stap, tac, zam* in Analogie zu den flektierten Formen gedehnt werden, häufig auch vor -*r*, z.B. *wer, mir, ir, vart*.

Andererseits entfällt die Vokaldehnung, wenn durch Verdoppelung des anlautenden Konsonanten (bes. /t/ und /m/) der folgenden Silbe eine geschlossene Silbe erzeugt und die Silbengrenze verlegt wurde: mhd. *ko-men* > nhd. *kommen*, mhd. *ha-mer* > nhd. *Hammer*, mhd. *ri-ten* > nhd. *ritten*.

Mhd. lange Vokale in geschlossener Silbe werden im Nhd. gekürzt.

Die Vokalkürzung ist nicht so häufig wie die Dehnung. Sie setzt sich bevorzugt durch vor /ht/ und vor /r/ + Konsonant, z.B. mhd. *brâh-te* > nhd. *brachte*, mhd. *dâh-te* > nhd. *dachte*, mhd. *hêr-lîch* > nhd. *herrlich*.

---

[12] In der mhd. Metrik sind kurze Tonsilben offene Silben, die auf einen kurzen Vokal ausgehen, z.B. *ge-ben*. Lange Tonsilben sind hier entweder offene Silben, die auf langen Vokal oder Diphthong ausgehen (z.B. mhd. *güe-te*) oder geschlossene Silben mit einfacher oder mehrfacher Konsonanz (z.B. mhd. *spil, guot*).

Für die historische Grammatik ist ferner wesentlich der Unterschied zwischen Tonsilben und etymologischen Wurzelsilben: Diese sind «Sprachsilben», nämlich phonologisch-semantische Morpheme, die ihrem Umfang nach nicht mit den aussprachemäßig begrenzten Tonsilben übereinzustimmen brauchen. Vom sprachgeschichtlichen Standpunkt aus sind z. B. Wurzelsilben: mhd. *tag-es, ge-geb-en*. Eine Wurzelsilbe ist kurz, wenn auf einen kurzen Wurzelvokal nur ein einfacher Konsonant folgt (z.B. mhd. *tac*). Sie ist lang, wenn sie einen langen Vokal oder Diphthong enthält oder wenn auf einen kurzen Wurzelvokal Doppelkonsonanz folgt (z. B. *hant*).

Auch die aus *ie, uo, üe* entstandenen langen Monophthonge können vor
-m, -en, -t, -er, -el gekürzt werden, z.B. *lieht, dierne, niergen, gienc,
hienc, vienc, müezen, muoter.*

2.3.1.3 Rundung, Entrundung und Senkung
Vokale können in bestimmter konsonantischer Umgebung mit stärker
gerundeten Lippen gesprochen werden. Die Rundung (Labialisierung)
begegnet nur sporadisch, am häufigsten im Alem. Einige Fälle von Rundung sind in die nhd. Standardsprache eingegangen:

mhd. /e/	> nhd. /ö/	z.B. mhd. *helle* > nhd. *Hölle, zwelf* > *zwölf, swern* > *schwören, leffel* > *Löffel, lewe* > *Löwe*
mhd. /â/	> nhd. /ô/	z.B. mhd. *âne* > nhd. *ohne, mâne* > *Mond*
mhd. /i/	> nhd. /ü/	z.B. mhd. *finf* > nhd. *fünf, wirde* > *Würde*
mhd. /ie/	> nhd. /ǖ/	z.B. mhd. *liegen* > nhd. *lügen*

Obgleich die gegenläufige Entrundung (Delabialisierung) gerundeter
Monophthonge (/ü/, /iu/, /ö/, /œ/) und Diphthonge (/öu/ und /üe/) im
Spätmhd. relativ häufig begegnet, hat sie sich in der nhd. Schriftsprache
nicht behauptet, vgl. jedoch /ü/ > /i/ in mhd. *küssen* > nhd. *Kissen.*

Mhd. /u/ und /ü/ werden im Md., später auch im Obd., bes. vor Nasal
zu /o/ und /ö/ gesenkt und z.T. auch gedehnt:

mhd. /u/	> nhd. /o/	z.B. mhd. *sune* > nhd. *Sonne, sumer* > *Sommer, besunder* > *besonders, geswummen* > *geschwommen, gewunnen* > *gewonnen, kumen* > *kommen, sun* > *Sohn*
mhd. /ü/	> nhd. /ö/	z.B. *künec* > *König, günnen* > *gönnen, mügen* > *mögen*

2.3.2 Veränderungen im Vokalismus vom Indogermanischen, Germanischen und Althochdeutschen zum Mittelhochdeutschen

2.3.2.1 Ablaut
Ablaut ist der geregelte Wechsel von bestimmten Vokalquantitäten und
Vokalqualitäten an etymologisch identischer Stelle (z.B. nhd. *binden –
band – gebunden; Band, Binde, Bund).*
   Der Ablaut reicht bis in die frühidg. Zeit zurück. Er ist wahrschein-
lich entstanden durch Positionswechsel des freien idg. Wortakzents und
durch die zu verschiedenen Zeiten unterschiedliche Dominanz zweier
Akzentarten:
   Beim *qualitativen* Ablaut bewirkt der musikalische Akzent durch
Veränderungen in der Tonhöhe eine *Abtönung in der Klangfarbe* zwischen einem hellen Vokal /e/ und einem dunkleren /o/, z.B. in lat. *tegere*
und *toga.*

Beim *quantitativen* Ablaut bewirkt der dynamische (auch: exspiratorische) Akzent durch Verminderung oder Verstärkung des Atemdrucks eine *Abstufung der Klangdauer*.

Ein ursprünglich normal betonter Kurzvokal steht in der *Grundstufe* (auch: Normal-, Hoch- oder Vollstufe), ein stark betonter Langvokal in der *Dehnstufe*; vgl. z.B. lat. *tegere* mit Grundstufe vs. *tēgula* mit Dehnstufe. Bei fehlender Betonung in der *Schwundstufe* (auch: Nullstufe) entfällt der Vokal.

An seine Stelle rücken im Germ. die Begleitlaute *i, u, r, l, m, n*, die die Funktion von Silbenträgern übernehmen; die Liquide und Nasale entwickeln dabei vor sich den Sproßvokal /u/.

Der Ablaut ist ursprünglich eine rein phonetisch-phonologische Erscheinung, die im Germ. morphologisiert und zu einem flexivischen System bei der Tempusunterscheidung starker Verben ausgebaut wurde. Sie diente auch der Wortbildung.

Das Ablautsystem der starken Verben beruht vornehmlich auf dem Wechsel von *idg. e-Grundstufe – o-Grundstufe – Schwundstufe*. Durch die Entwicklung von idg. *e* > germ. *e/ i* und von idg. *o* > germ. *a* ergibt sich die *germ. Normalreihe* von *e/i-Grundstufe – a-Grundstufe – Schwundstufe*. Aus der unterschiedlichen lautlichen Umgebung der ablautenden Vokale resultieren jedoch Modifikationen jener Normalreihe in Gestalt von *Ablautreihen* (s.u. S. 49ff.).

2.3.2.2 Kombinatorischer Lautwandel:

Bei der nhd. Diphthongierung und Monophthongierung handelt es sich um einfache Reihenschritte vom Mhd. zum Nhd. Von diesem einsträngigen Lautwandel sind Spaltungen (Alternanzen) in der Lautentwicklung zu unterscheiden:

In Wörtern gleicher Abstammung und in verschiedenen Formen desselben Wortes können jeweils zwei Varianten des Wurzelvokals auftreten, die jedoch auf ein und denselben Vokal zurückzubeziehen sind, z.B. nhd. *Hand – Hände; Tod – töten, Fuß – Füße, geben – gibst*. Diese Varianz im Grundmorphem ist bedingt durch die Einwirkung nachfolgender Laute: *Kombinatorischer Lautwandel*.

Der älteste kombinatorische Lautwandel und die Alternanz mhd. e – i

Der älteste kombinatorische Lautwandel (auch als germ. *i*-Umlaut bezeichnet) ist derjenige von idg. *e* > germ. *i* vor *i* oder *j* oder vor folgender Nasalverbindung. Im Ahd. wird dieser Lautwandel noch erweitert bei einem *u* der Folgesilbe. Da jedoch vor *a, e, o* das alte idg. *e* erhalten bleibt, kommt es im Mhd. zu einem Nebeneinander von *e* und *i*.

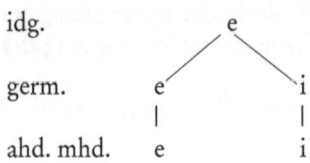

idg.   e

germ.   e   i

ahd. mhd.   e   i

Alternanz **mhd. e - i**	

idg. *e*
> germ. *e* > ahd. mhd. *e*
     vor *a, e, o* der Folgesilbe
	idg. *e*
	> germ. *i* > ahd. mhd. *i*
	     vor *i, j* der Folgesilbe
	     oder vor Nasalverbindung
	     > ahd. *i* auch vor *u* der Folgesilbe

Beispiele:
Nhd. *Berg – Gebirge* < ahd. *berg – gibirgi,* nhd. *werfen – wirft* < ahd. *werfan – wirfit,* nhd. *geben – gibst* < ahd. *geban – gibist,* nhd. *nehmen – nimmt* < ahd. *neman – nimit,* nhd. *nehme* < mhd. *nime* < ahd. *nimu.*

Brechung und die Alternanz mhd. u – o, iu – ie

Ein weiterer kombinatorischer Lautwandel wird mit J. Grimm als Brechung bezeichnet; denn die geschlossenen Vokale germ. *i* und *u* werden im Vorahd. vor *a, e, o* der folgenden Silbe außer bei dazwischenstehender Nasalverbindung zu den halb offenen Vokalen *e* und *o* «gebrochen», d.h. gesenkt.

    Die Brechung von i > e (vgl. z.B. engl. *live* – mhd. *leben* und die mhd. Doppelformen *schif – schef, schirm – scherm*) ist so selten, daß sie hier außer acht bleiben kann. Häufig begegnet dagegen die Brechung von germ. *u* > o. Sie tritt nicht ein bei *u* der Folgesilbe oder bei Nasalverbindung. Folglich kommt es im Mhd. zu einem Nebeneinander von *u* und *o*.

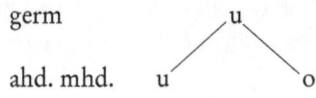

germ   u

ahd. mhd.   u   o

Alternanz **mhd. u – o**	

germ. *u* > ahd. mhd. *u*
    bei *u* der Folgesilbe und
    bei Nasalverbindung,
    bzw. ahd. *u* > mhd. *ü* bei
    i, j der Folgesilbe (Umlaut).
	germ. *u* > ahd. mhd. *o* (Brechung)
	    bei *a, e, o* der Folgesilbe,
	    außer bei Nasalverbindung

Beispiele:

germ. **wulfaz* > ahd. mhd. *wolf* (Brechung wegen des /a/ in der Folgesilbe).
Alternanz /u/ – /o/ bei verschiedenen Konjugationsformen: ahd. *giholfan* > mhd.
geholfen (das im Germ. u. Ahd. vorhandene /a/ in der Folgesilbe bewirkt Brechung des ursprünglichen Wurzelvokals /u/ zu /o/) , aber ahd. *wir hulfum* >
mhd. *wir hulfen* (das /u/ in der Folgesilbe verhindert Brechung); ahd. *gisungan* >
mhd. *gesungen* (die Nasalverbindung verhindert Brechung).

Es kommt ferner zu einem Nebeneinander von mhd. *iu* und *ie*, weil im
zugrundeliegenden germ. Diphthong *eu*, dessen einzelne Bestandteile je
nach Folgelaut gehoben oder gesenkt werden, nämlich das [e] zu [i] oder
das [u] zu [o]. So entstehen ahd. mhd. *iu* oder ahd. *eo*, mhd. *ie*:

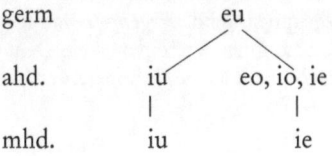

Alternanz **mhd.** *iu – ie*	
germ. *eu* > ahd. mhd. *iu* vor *i, j, u, w* der Folgesilbe oder bei Nasalverbindung	germ. *eu* > ahd. *eo, io, ie* > mhd. *ie* (Brechung) bei *a, e, o* der Folgesilbe außer bei Nasalverbindung und vor *w*

Beispiele:
ahd. *beotan, biotan, bietan* > mhd. *bieten* (wegen /a/ in der Folgesilbe), aber ahd.
ih biutu > mhd. *ich biute* (wegen /u/ in der Folgesilbe).

Ahd. Monophthongierung und die Alternanz ahd. mhd. ei – ê, ou – ô

Die germ. Diphthonge *ai* und *au* blieben im Ahd. und Mhd. teils als
Diphthonge erhalten, teils wurden sie im Zuge der ahd. Monophthongierung in der Nachbarschaft bestimmter Konsonanten zu den Monophthongen *ê* und *ô:*

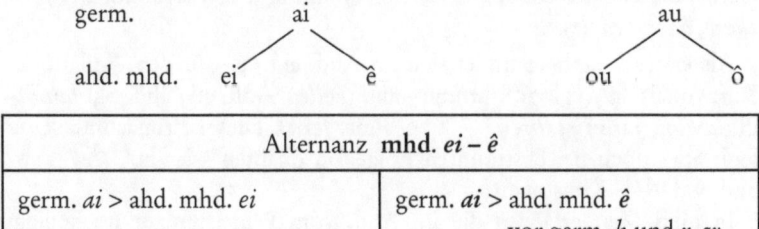

Alternanz **mhd.** *ei – ê*	
germ. *ai* > ahd. mhd. *ei*	germ. *ai* > ahd. mhd. *ê* vor germ. *h* und *r, w* (Ahd. Monophthongierung)

Diese Alternanz führt v.a. in der 1. Ablautreihe der starken Verben zu einer Auf-
spaltung in zwei Untergruppen: mhd. *schrîben – ich schreip*, aber *lîhen* (nhd. lei-
hen) – *ich lêch* (Ahd. Monophthongierung, weil auf den Wurzelvokal ein germ.
/h/ folgt).

Alternanz **mhd. *ou – ô***	
germ. *au* > ahd. mhd. *ou*	germ. *au* > ahd. mhd. *ô* vor Dentalen *t, d, s, z, r, n, l* und germ. *h* (Ahd. Monophthongierung)

Diese Alternanz führt in der 2. Ablautreihe der starken Verben zu einer Auf-
spaltung in zwei Untergruppen: mhd. *biegen – bouc*, aber *bieten - ich bôt* (Ahd.
Monophthongierung, weil auf den Wurzelvokal ein Dental folgt); mhd. *vliegen –
vlouc*, aber *vliehen – vlôch* (Ahd. Monophthongierung, weil auf den Wurzelvokal
ein germ. /h/ folgt.

i-/j- Umlaut

Unter Umlaut versteht man einen kombinatorischen Lautwandel: Velare
Vokale und ein /a/ der Haupttonsilbe können der partiellen Assimilation an den *palatalen* Vokal *i, î* oder an ein *j* der schwachbetonten Folgesilbe unterliegen.

Der Umlaut ist im Vergleich zum idg. Ablaut eine sprachgeschichtlich
jüngere Erscheinung. Er hat außer dem Gotischen alle germ. Sprachen
erfaßt und sich im Deutschen seit dem 8. Jahrhundert von Nordwesten
her abklingend nach Süden (vgl. *Osnabrück – Innsbruck*) ausgebreitet.
Umlaut-Grapheme erscheinen zuerst in frmhd. Zeit, aber sie werden bis
ins Frnhd. inkonsequent gehandhabt. Unter funktionalem Aspekt war
der Umlaut im Ahd. noch redundant, weil die vollen Endsilben zur
Kennzeichnung der Formen ausreichten. Erst nach der Abschwächung
der Vollvokale in den Endsilben beim Übergang vom Ahd. zum Mhd.
wird der Umlaut vom Allophon zum eigenständigen Phonem, von einer
phonologischen zu einer morphologischen Regel, z.B. bei der Pluralbildung (mhd. *gast – geste, hûs – hiuser*), in der Konjugation (Ind. *mohte –
Konj. möhte*, Präs. *hœren* – Prät. *hôrte*) und in der Wortbildung (*guot –
güete, adel – edele*).

Als erstes Graphem findet sich im Ahd. ein <e> für den Umlaut des
Kurzvokals /a/ (vgl. got. *taljan* – ahd. *zęllen* «zählen»; ahd. Sg. *lamb* –
Pl. *lembir; faran «fahren»* – 3. Sg. Präs. *fęrit*). Dieser Primärumlaut /ę/
fehlt aber noch bei bestimmten Folgekonsonanten wie /ht/, /hs/, /rw/
und obd. /l/ + Konsonant.

In mhd. Zeit erfahren die im Ahd. vom Primärumlaut noch nicht
erfaßten *a*-Laute dann eine Aufhellung zu einem offenen *e*-Laut (nor-
malisiert: <ä>). Dieser Umlaut heißt Sekundärumlaut. Auch die Um-

laute der übrigen Vokale und Diphthonge gehören dieser jüngeren Schicht an:

Umlaut vor *i, î, j* der Folgesilbe	
Primärumlaut germ. a > ahd. ę (im Ahd. noch nicht u.a. vor /ht/, /hs/, /rw/)	z.B. ahd. Sg. *gast* – Pl. *gęsti*
Sekundärumlaut ahd. a > mhd. ä	Beispiele: ahd. *mahtîg* > mhd. *mähtec*
[o > ö]	[mhd. *hof* – *hövesch*, *got* – *götinne*]
u > ü	ahd. *kunni* > mhd. *künne*
â > æ	ahd. *mâri* > mhd. *mære*
ô > œ	ahd. *skôni* > mhd. *schœne*
û > iu	ahd. *sûri* > mhd. *siure*
ou > öu	ahd. *loufit* > mhd. *löufet*
uo > üe	ahd. *guotî* > mhd. *güete*

[Mhd. *ö* ist eigentlich irregulär und beruht auf dialektalen Sonderentwicklungen und Analogiebildungen; denn ein kurzes *o* konnte sich nur bei *a, e, o* der Folgesilbe ergeben, und damit fehlte gerade das Umlaut bewirkende *i* oder *j*.]

Häufiger noch als im Neuhochdeutschen, wo vielfach ein Ausgleich der ursprünglichen Oppositionen durch Analogie stattgefunden hat, wechseln im Mittelhochdeutschen in den verschiedenen Formen ein und desselben Wortes und zwischen verwandten Wörtern umgelautete Vokale mit ihren jeweiligen nicht umgelauteten Entsprechungen:

nicht umgelautet – Umlaut	Beispiele:
mhd. a – e, ä	mhd. *adel* – *edel*, *vater* – *väterlîch*, *gast* – *geste*, *arbte* – *erben*
o – ö	*hof* – *hövesch*, *got* – *götinne*
u – ü	*wurf* – *würfel*, *zucte* – *zücken*
â – æ	*genâde* – *genædec*, *wân/wânde* – *wænen*
ô – œ	*hôch* – *hœher/hœhest*, *tôt* – *tœten*, *hôrte* – *hœren*, *schône* (Adv.) – *schœne* (Adj.)

nicht umgelautet – Umlaut	Beispiele:
mhd. û – iu	mhd. *brût – briutegome, hûs – hiuser*
ou – öu	*loufen – löufet*
uo – üe	*guot – güete, gruoz/gruozte – grüe-zen*

2.3.2.3 Nebensilbenabschwächung

Die Festlegung des Akzents auf den Wortanfang führte in den germ. Sprachen nicht nur zur Spirantenerweichung (s. o. Verners Gesetz), sondern auch und vor allem zur Abschwächung unbetonter Vokale in den Nebensilben. Dieser Reduktionsprozeß, der sich vom frühen Ahd. bis zum Frmhd. hinzieht, gilt als wesentliches Unterscheidungsmerkmal zwischen dem Ahd. und dem Mhd.

Der Abbau des Wortendes hat tiefgreifende Folgen für die Morphemstruktur des Mhd. Der Unterschied zwischen den schwachen ahd. Verben auf *-en, -ôn* und *-ên* wird aufgehoben. Die vier ahd. Formen *leitis* «du leitest», *leitês* «du mögest leiten», *leitôs* «du leitetest», *leitîs* «du würdest leiten» fallen z.B. in einer Form mhd. *leites(t)* zusammen. Auch bei den Substantiven lassen sich die Flexionsendungen kaum mehr unterscheiden, so daß es, abgesehen von der verstärkten Rolle des Artikels und der attributiven Adjektive, zu einer Neugliederung der Flexionsklassen kommt.

Im Germ. bleiben von den auslautenden Konsonanten nur *s, z* und *r* erhalten; im Ahd. schwinden auch noch *s* und *z* im Auslaut. Vgl. z.B. germ. **dag- a – z* > urn. *dagR*, got. *dags*, aber ahd. mhd. *tac*. Jeder Vokal wurde auslautend um eine Zeiteinheit (*mora*) gekürzt; vielfach schwand ein kurzer Vokal, und ein langer Vokal wurde zu einem kurzen.

> Während es im Ahd. aber immer noch volle Vokalqualitäten in unbetonten Silben gibt, werden im frühen Mhd. in der Regel unbetonte Vokale zum farblosen Reduktionsvokal [ə] abgeschwächt und graphisch zu < e > vereinheitlicht.

Beispiele:
ahd. *mahhôn* > mhd. *machen, lebên* > *leben, tagâ* > *tage, gesti* > *geste, namo* > *name, gibu* > *gibe, ga-, gi-* > *ge-, ar-* > *er-, ir-* > *er-, int-* > *ent-, unt-* > *ent-* usf.

Über den Sprachwandel geben besonders solche Texte Aufschluß, die in jeder Generation und allerorten gebraucht und immer wieder neu aufgezeichnet wurden, wie z.B. das Glaubensbekenntnis, die Benediktinerregel, Legenden usf.

Hier zum Vergleich der Beginn des Vaterunsers in der gotischen Bibelübersetzung Wulfilas, im althochdeutschen Freisinger Paternoster (bair., 9. Jh.) und in einem mittelhochdeutschen – gereimten – Gebet von dem Marner (2. H. 13. Jh.):

Got. *Atta unsar þu in himinam,*   *weihnai namo þein.*
Ahd. *Fater unsêr, dû pist in himilum*   *Kauuihit sî namo dîn.*
Mhd. *Vater unser, der dû in dem himel bist, geheileget sî dîn nam* [. . .]

Got. *qimai þiudinassus þeins,*   *wairþai wilja þeins,*
Ahd. *Piqhueme rîhhi dîn.*   *Uuesa dîn uuillo,*
Mhd. *zuo kum an uns daz rîche dîn,*   *dîn wille werde* [. . .]

In einigen mhd. Ableitungs- und Flexionssilben, die durch Nebenton geschützt waren, bleibt der volle ahd. Vokal erhalten, so z.B. durchgängig in den Derivationssuffixen mhd. *-heit, -lîch, -schaft, -ung(e), -inc, -ig, -nisse, -inne* sowie in den Diminutiven auf *-în, -lîn* (im Alem. z.T. noch heute *-î, -lî*).

Im Alem.-Schwäb., aber auch im Bair., können die vollen Vokale in unbetonten Silben, wenn sie im Ahd. lang waren, erhalten bleiben: so bei den sw. Fem. *(zungun, zungon)* und den fem. ô-Stämmen *(geba)*, bei den sw. ôn-Verben *(gewarnôt)* und im Superlativ. So begegnen z.B. im mhd. ‹Nibelungenlied› um 1200 vereinzelt noch Formen wie *ermorderôt* (statt *ermorderet*) und *vorderôst* (statt *vorder(e)st*) – Indiz für eine nicht erhaltene Vorstufe, aus welcher sich gerade im Reim die altertümlichen bair. Formen des Part. Prät. und des Superlativs behaupteten.

Die konsequente Weiterentwicklung der Abschwächung führt zum Schwund des Nebensilbenvokals /e/ im Wortauslaut (Apokope) oder innerhalb eines Wortes (Synkope). Die Tendenz zum Vokalschwund setzt sich über das Mhd. im Frnhd. und Nhd. fort.

Die Apokope betrifft nur Endsilben; sie tritt z.B. auf nach Nasalen oder Liquiden in *name(e), hin(e), von(e); ich ner(e), var(e).* Die frnhd. Apokope beginnt im 13. Jh. im Bair., z.B. *ich gib(e).* Synkope kommt in Vor-, Mittel- und Endsilben vor. Allgemein verbreitet ist sie zwischen /h/ und /t/, z.B. in *sih(e)t.* Die obd. Mundarten neigen zur Synkope in den Präfixen *be-* und *ge-*, z.B. mhd. *g(e)gangen, g(e)selle, g(e)nâde, b(e)gunde.*

3. Zur Morphologie des Mittelhochdeutschen

3.1 Grundbegriffe der Morphologie

Morphologie (< griech. *morphé* Gestalt; *lógos* Wort, Lehrsatz) ist die Lehre von den Bauformen sprachlicher Zeichen. Sie beschreibt einmal das *Formensystem*, nämlich die Deklination der Nomina und die Konjugation der Verben, zum anderen die *Wortbildung* als Prozeß und als Ergebnis dieses Prozesses.

Das *Wort* als kleinster selbständiger Bedeutungsträger ist grundsätzlich isolierbar, als Redeteil läßt sich mit ihm «frei operieren» – man kann es nach bestimmten Regeln umstellen, ersetzen oder hervorheben. Vielfach lassen sich jedoch Wörter noch weiter segmentieren.

Morphe heißen die kleinsten bedeutungstragenden Bauelemente in der Rede *(parole)*, die noch nicht klassifiziert sind. *Morpheme* sind dagegen die bedeutungstragenden Einheiten einer Sprache *(langue)*. Sie können entweder als *freie* Morpheme isoliert auftreten, d.h. ohne Verbindung mit anderen Morphemen allein als Wort erscheinen, oder als *gebundene* Morpheme in einer mit einem anderen Morphem gebildeten Konstruktion.

Nicht allein als Wort erscheinen kann das *Affix* (< lat. *affigere* anheften). Nach seiner Stellung gegenüber dem *Grundmorphem*, der Wurzel, unterscheidet man das vorangestellte *Präfix* (z.B. mhd. *ge-burt*), das eingefügte *Infix* (z.B. lat. Präs. *vi-n-co* gegenüber Perf. *vic-i*) und das nachgestellte *Suffix* (z.B. mhd. *wîs-heit*).

Ein einfaches flektiertes Wort bestand im Idg. und Germ. aus drei Elementen:

1. aus einem *wurzelhaften* Element – das ist der dem Wort oder etymologisch verwandten Wörtern gemeinsame Bedeutungskern,
2. aus einem *ableitenden* Element – das ist das aus einem einzigen *Themavokal* oder aus einer Lautgruppe bestehende *stammbildende Suffix*, welches ein Wort einer bestimmten Stammklasse zuordnet und mit dessen Hilfe aus einer vorhandenen Wurzel auch neue Wörter durch Ableitung gebildet werden können,
3. aus einem *flexivischen* Element – das ist die *Flexionsendung* zur Angabe syntaktischer Beziehungen.

Stamm nennt man den ganzen Komplex vor der Flexionsendung:

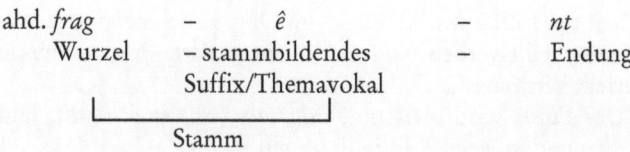

z.B. ahd *frag – ê – nt:* Wurzel oder Grundmorphem /frag/; stammbildendes Element oder Themavokal /ê/ einer Konjugationsklasse der schwachen Verben; Konjugationsendung /-nt/ für die 3. Pers. Pl. Ind. Präs.

Zur Wortbildung vorerst (s.u. S. 84 ff.) nur soviel: Die Entstehung neuer Wörter vollzieht sich im Deutschen vornehmlich durch Komposition oder durch Derivation.

Komposition erfolgt durch Zusammenfügung freier Morpheme zu einer neuen formalen und begrifflichen Einheit, wobei alte Flexionsendungen als Fugenelement fungieren können, z.B. nhd. *Tag- es -zeit.*

Derivation (Ableitung) meint die Konstruktion aus freiem Morphem und Affixen, also Funktionselementen ohne isolierbare Eigenbedeutung, womit oft ein Wechsel der Wortarten verbunden ist, z.B. nhd. *täglich* (< mhd. *tege – lîch* < ahd. *tago gilîh* «jeder Tag», Gen. Pl.).

Die Wortarten können nach unterschiedlichen Kriterien eingeteilt werden. Unter morphologischem Gesichtspunkt lassen sich Substantive, Adjektive, Zahlwörter und z.T. Pronomina als kasusbestimmte und deklinierbare *Nomina* von den tempusbestimmten *Verben* sowie von unflektierbaren Wörtern unterscheiden.

3.2 Zum Formenbau der Verben

3.2.1 Die Hauptmerkmale des deutschen Konjugationssystems

Die *finite* Form eines mhd. Verbums wird nach folgenden grammatischen Kategorien «begrenzt»:

1 Genus – das Aktiv.
Das Passiv wird durch Umschreibung mit *werden* oder *sîn* + Part. Prät. gebildet: Präs. und Prät. mit *werden* (ich *wirde, wart gesehen*), Perf. und Plusqu. mit *sîn* (ich *bin, was gesehen*).
3 Modi – Indikativ, Konjunktiv (Optativ), Imperativ (als dritter Modus des Präs.).
2 Tempora – Präsens und Präteritum.
Diese beiden Tempora sind synthetisch, nämlich durch morphologische Markierungen am Wortstamm, gebildet.

Seit etwa 1300 wird das Prät. im Obd. zunehmend vom analytisch – mit den Hilfsverben *haben* oder *sîn* + Part. Prät. – umschriebenen Perfekt verdrängt.

Das Futur wird meist mit *suln/soln* (vgl. engl. *shall*), seltener mit *wellen* und *müezen* + Infin. oder mit *werden* + Part. Präs. oder Infin. umschrieben.

Präsensformen können stets auch futurische Bedeutung haben, Präteritalformen können auch als Plusquamperfekt übersetzt werden.

2 Numeri – Singular und Plural.

(Einen Dual zur Bezeichnung paarweise auftretender Elemente wie noch im Got. gibt es nicht mehr. Bair. *ös* «ihr beiden» und *enk* «euch beiden» sind Reste pronominaler Dualformen, die heute Pluralfunktion übernommen haben.)

3 Personen – *ich – wir; dû – ir; er, siu, ez – sie.*

Außerdem als *infinite* («unbegrenzte», weil unkonjugierte) Verbformen:
3 Verbalnomina – Infinitiv, Partizip Präs., Partizip Prät.

Beim Übersetzen eines mhd. Verbums bestimmt man zuerst vom Kontext her die *Form* nach Person, Numerus, Tempus und Modus. Dann rekonstruiert man den *Infinitiv*, um ggf. ein Wörterbuch konsultieren zu können. Dabei ist grundlegend der Unterschied zwischen starken und schwachen Verben:

Starke Verben verwenden zu ihrer Formbildung den Ablaut. Die Opposition zwischen Präsens und Präteritum wird durch den Wechsel des Wurzelvokals, den Ablaut, markiert (z.B. mhd. *nemen – nime – nam – nâmen - genomen*).

Schwache Verben haben dagegen einen Verbalstamm, der allen Konjugationsformen zugrundeliegt. Sie bilden ihr Präteritum, und das ist eine germ. Neuschöpfung, durch Zusammensetzung des jeweiligen Verbalstammes mit Resten einer reduplizierten Präteritalform des Verbums «tun»: mhd. *-(e)te* (z.B. mhd. *loben – lobe – lobete – lobeten – gelobet*).

Für das Partizip Prät. der schwachen Verben ist ein *t*-Suffix, für dasjenige der starken ein *n*-Suffix kennzeichnend.

Der Infinitiv eines schwachen Verbums läßt sich leicht in Lexers Mhd. Twb. ermitteln, wenn man den möglichen Rückumlaut einkalkuliert (d.h., einem nicht umgelauteten Prät. kann ein Umlaut im Infin. und Präs. entsprechen), z.B. mhd. *grüezen – gruozte*.

Dagegen wird man den Infinitiv eines starken Verbums zunächst vom Nhd. her einzugrenzen versuchen. Schlägt man dann im Lexer nach, so findet sich dort – zumindest bei den Simplizia – ein Hinweis auf die betr. Ablautreihe: «singen stv. III, 1» meint z.B. ein starkes Verbum der III. Ablautreihe, 1. Untergruppe. Vorn in der 'Tabelle der starken verba' steht zu III, 1 als Paradigma das stv. *binden*, das in seiner Abfolge des Ablauts exakt mit derjenigen von *singen* übereinstimmt.

Eine wichtige Orientierungshilfe sind die *Stammformen*, «mittels derer zusammen mit weiteren Regeln alle Konjugationsformen eines Verbs erzeugt werden können»:

1. Stammform: Infinitiv	2. Stammform: 1. Sg. Ind. Präs.	3. Stammform: 1. Sg. Ind. Prät.	4. Stammform: 1. Pl. Ind. Prät.	5. Stammform: Part. Prät.
Nach der Lautung des Wurzelvokals im Infin. richten sich die <u>Plural</u>formen im <u>Präs. Ind.</u> u. der gesamte <u>Opt. Präs.</u>	Danach richten sich die <u>2. u. 3. Sg. Ind. Präs.</u> (Oft Abweichungen vom Infin. u. Pl. Präs. durch kombinator. Lautwandel.)	Danach richtet sich die <u>3. Sg. Ind. Prät.</u>	Danach richten sich die <u>2. u. 3. Pl. Ind. Prät.</u> u. in umgelauteter Form u. ohne /st/ die <u>2. Sg. Ind. Prät.</u> (vgl. *nâmen – næme*) u. der Opt. Prät.	Hilfsvb. + Part. Prät. zur Umschreibung von Perf., Plusqu. u. Passiv

Um beim Übersetzen das Beziehungsgefüge eines Verbums im Satze erkennen zu können, sind die Konjugationsendungen von Bedeutung. Im Ahd. gab es eine eindeutige Opposition zwischen dem Indikativ und dem Optativ des Präsens (mit Ausnahme der 1. Pl.), zwischen dem Indikativ des Präsens und demjenigen des Präteritums sowie zwischen dem Indikativ und dem Optativ des Präteritums.

Beim Übergang zum Mhd. wurde dieses System v.a. durch die Endsilbenabschwächung zerstört: Dem Wurzelvokal kommt damit in erhöhtem Maße eine unterscheidende Funktion zu; vgl. den Umlaut im Opt. Prät. der st. Vb., die Alternanz zwischen dem Pl. des Ind. Präs. und dem Sg. Dagegen ist die Funktion der Endungen stark eingeschränkt; denn sie kennzeichnen nur mehr Person und Numerus, kaum noch Modus und Tempus. Bei den meisten sw. Vb. lauten Ind. und Opt. Prät. völlig gleich.

Gegenüber dem Nhd. gibt es in den mhd. Konjugationsformen des starken Verbums *nemen* nur zwei abweichende Endungen, nämlich in der 2. Sg. Prät. Ind. <u>ohne - *st*</u> (mit -*st* im Opt.) und in der 3. Pl. Präs. Ind. (ahd. mhd. <u>-*nt*</u> < idg. -*nti*, vgl. lat. *sunt*). Im Nhd. unterliegen das /i/ der 1. Sg. Präs. Ind. und das /æ/ der 2. Sg. Prät. Ind. dem Ausgleich durch Analogie, und die kurzen Wurzelvokale werden gedehnt.

Infinitiv	ahd. *nem-a-n* >	mhd. *nem-e-n* >	nhd. *nehm-e-n*

Part. Präs.   ahd. *nem-a-nt-i* >   mhd. *nem-e-nd-e* >   nhd. *nehm-e-nd*

Imperativ	ahd.	>	mhd.	>	nhd.
Sg. 2.	*nim*		*nim*		*nimm*
Pl. 1.	*nem-ê-m*		*nem-e-n*		*nehm-e-n*
Pl. 2.	*nem-e-t*		*nem-e-t*		*nehm-t*

Präs. Ind.	ahd.	>	mhd.	>	nhd.
Sg. 1.	*nim-u*		*nim-e*		*nehm-e*
2.	*nim-i-s(t)*		*nim-e-st*		*nimm-st*
3.	*nim-i-t*		*nim-e-t*		*nimm-t*
Pl. 1.	*nem-ê-m,-ê-n*		*nem-e-n*		*nehm-e-n*
2.	*nem-e-t*		*nem-e-t*		*nehm-t*
3.	*nem-a-nt*		*nem-e-**nt***		*nehm-e-n*

Präs. Opt.	ahd.	>	mhd.	>	nhd.
Sg. 1.	*nem-e*		*nem-e*		*nehm-e*
2.	*nem-ê-s(t)*		*nem-e-st*		*nehm-e-st*
3.	*nem-e*		*nem-e*		*nehm-e*
Pl. 1.	*nem-ê-m*		*nem-e-n*		*nehm-e-n*
2.	*nem-ê-t*		*nem-e-t*		*nehm-e-t*
3.	*nem-ê-n*		*nem-e-n*		*nehm-e-n*

Prät. Ind.	ahd.	>	mhd.	>	nhd.
Sg. 1.	*nam*		*nam*		*nahm*
2.	*nâm-i*		*næm-**e***		*nahm-st*
3.	*nam*		*nam*		*nahm*
Pl. 1.	*nâm-u-m*		*nâm-e-n*		*nahm-e-n*
2.	*nâm-u-t*		*nâm-e-t*		*nahm-t*
3.	*nâm-u-n*		*nâm-e-n*		*nahm-e-n*

Prät. Opt.	ahd.	>	mhd.	>	nhd.
Sg. 1.	*nâm-i*		*næm-e*		*nähm-e*
2.	*nâm-i-s(t)*		*næm-e-**st***		*nähm-st*
3.	*nâm-i*		*næm-e*		*nähm-e*
Pl. 1.	*nâm-î-m,-î-n*		*næm-e-n*		*nähm-e-n*
2.	*nâm-î-t*		*næm-e-t*		*nähm-t*
3.	*nâm-î-n*		*næm-e-n*		*nähm-e-n*

Part. Prät. ahd. *gi-nom-a-n* > mhd. *ge-nom-e-n* > nhd. *ge-nomm-e-n*

3.2.2 Die schwachen Verben

Die schwachen Verben sind meist sekundäre Bildungen, abgeleitet entweder von einem starken Primärverbum oder von einem Nomen. Ahd. mhd. *trenken* («zum Trinken veranlassen») ist z.B. ein Kausativum zu dem ahd. starken Verbum *trinkan;* ahd. mhd. *heilen* («heil machen») ist dagegen ein Faktitivum zum ahd. Adjektiv *heil,* und ahd. *salbôn* > mhd. *salben* ist vom ahd. Substantivum *salba* abgeleitet.

Die stammbildenden Suffixe germ. *-ja- (-ji-), -ô-, -ê-* standen ursprünglich für drei Stammklassen der schwachen Verben, die man – ausgehend vom Infinitiv – als *jan-, ôn-* und *ên-*Verben bezeichnet (z.B. germ. **sat-jana(n)* > ahd. *sez(z)en* > mhd. *setzen,* ahd. *lobôn* > mhd. *loben,* ahd. *lebên* > mhd. *leben).*

Da bereits im Ahd. das Suffix germ. *-ja-* zu ahd. *-e-* geworden ist und infolge der allgemeinen Endsilbenabschwächung im Mhd. auch ahd. *-ô-* und *-ê-* zu mhd. *-e-* wurden, lassen sich die schwachen Verbklassen kaum noch unterscheiden. Nur die alten *jan-*Verben sind z.T. noch an Umlaut und Affrikata oder Gemination, bewirkt durch das nachfolgende /j/ im Germ., zu erkennen:

Das /j/ ist bei den *jan-*Verben zwar im Mhd. nicht mehr vorhanden, es hat jedoch bei den umlautfähigen Stämmen im Infinitiv und Präsens Umlaut bewirkt, z.B. *setzen* < germ. **satjana(n).* Im Präteritum erscheint das Stammformans /j/ ohne Begleitvokal und wird im Germ. zu /i/ vokalisiert. Dieses Stammformans /i/ bleibt im Präteritum der kurzwurzligen *jan-*Verben zwischen Wurzel und Dentalsuffix erhalten, so daß Umlaut bewirkt wurde, vgl. z.B. got. Infin. *lagjan* - Prät. *lagida* und mhd. *legen – legete.*

Aber bei den zahlreichen langwurzligen und mehrsilbigen *jan-*Verben ist das Stammformans /i/ im Präteritum so früh synkopiert worden, daß es keinen Umlaut bewirken konnte. Für diese Erscheinung des nicht umgelauteten Wurzelvokals im Präteritum verwendet man seit Jacob Grimm[13] die mißverständliche Bezeichnung Rückumlaut.

Bei den langwurzligen Verben, deren Wurzelsilbe entweder einen Kurzvokal mit Doppelkonsonanz wie in *senden* oder einen Langvokal bzw. Diphthong wie in *wænen, teilen* enthält, ergibt sich folgende Opposition von umgelauteten und nicht umgelauteten Formen:

---

[13] Im Got. gibt es in der Tat ein umlautfähiges /i/ im Prät. Auch zeigt das Fehlen des primären Berührungseffekts, daß die langwurzligen *jan-*Verben ursprünglich ein /i/ im Prät. hatten (mhd. *hengen – hancte* < germ. **hang-i-da).* Daher nahm J. Grimm an, daß durch diesen *i*-Laut im Vorahd. der Umlaut im Prät. zwar eingetreten, jedoch vor Beginn der ältesten deutschen Überlieferung rückgängig gemacht worden sei. Ein solcher «Rückumlaut» hat aber – abgesehen von jüngeren Analogiebildungen – nicht stattgefunden, weil das /i/ schon synkopiert war, bevor der Umlaut wirksam wurde.

mit Umlaut:	ohne Umlaut (Rückumlaut):
Infin. – z.B. mhd. *brennen* Präs. Part. Prät. – z.B. *gebrennet*	Prät. – z.B. *brante* flektiertes Part. Prät. – z.B. *ein gebranter*

Im Nhd. ist der Rückumlaut aufgehoben worden. Der Wurzelvokal des Prät. wird demjenigen des Infin. und Präs. angeglichen, z.B. mhd. *hœren – hôrte* > nhd. *hören – hörte*. Nur die Verben auf /nn/ und /nd/ haben den Rückumlaut bewahrt: nhd. *kennen, rennen, nennen, brennen* sowie *senden* und *wenden* mit Doppelformen.

Beispiele für Verben mit Umlaut im Infin./ Präs. und mit Rückumlaut im Prät.:

antwürten	– *antwurte*	*dürsten*	– *durste*	*küssen*	– *kuste*
beswæren	– *beswârte*	*erben*	– *arbte*	*küelen*	– *kuolte*
bewæren	– *bewârte*	*ergetzen*	– *ergazte*	*merken*	– *marhte/marcte*
blenden	– *blante*	*erschrecken*	– *erschrahte*	*müejen*	– *muote*
blüejen	– *bluote*	*füegen*	– *fuocte*	*nennen*	– *nande*
brennen	– *brante*	*füeren*	– *fuorte*	*nützen*	– *nuzte*
bücken	– *bucte*	*grüezen*	– *gruozte*	*rüemen*	– *ruomte*
büezen	– *buozte*	*gürten*	– *gurte*	*setzen*	– *sazte*
decken	– *dahte/dacte*	*hengen*	– *hancte*	*sterben*	– *starbte*
diuten	– *dûte/diute*	*hœnen*	– *hônte*	*tœten*	– *tôte*
dræjen	– *drâte*	*hœren*	– *hôrte*	*trœsten*	– *trôste*
drücken	– *druhte/ducte*	*kennen*	– *kande*	*wænen*	– *wânde* usf.

Das /j/ verursacht im Präs. jedoch neben dem Umlaut auch Konsonantengemination und als deren Folge Affrikataverschiebung. Wegen des frühzeitig synkopierten /i/ wurde auf der anderen Seite im Prät. aber neben dem Rückumlaut die einfache Konsonanz bewahrt. Deshalb fehlt hier ursprünglich die Affrikataverschiebung:
Neben *ph, tz, ck* im Infin. und Präs. stehen im Prät. *f, z, h*, z.B. *decken – dahte* neben *dacte*. Diese Differenz ist bereits im Mhd. nicht strikt eingehalten worden, wie die Doppelformen zeigen. Sie wird endgültig im Nhd. zugunsten der Affrikaten auch im Prät. beseitigt: *deckte*.

Einige schwache *jan*-Verben weisen als Besonderheit Dentalberührung und Ersatzdehnung im Prät. auf: mhd. *denken - dâhte* (< germ. **Þâhtō < *Þanhtō*), *dunken, dünken – dûhte;* auch zum st. Vb. *bringen* wird ein sw. Prät *brâhte* gebildet. Hier ist der Nasal vor /h/ unter gleichzeitiger Nasalierung und schließlicher Dehnung des vorangehenden Vokals geschwunden. Außerdem wird im Prät. der Guttural vor /t/ zu einem /h/: Dentalberührung. Ohne Ersatzdehnung, doch mit Dentalberührung: mhd. *würken – worhte, merken – marhte*.
Zwischen wurzelauslautendem Dental und Präteritalsuffix kann das /e/ ausfallen, z.B. mhd. *wartete* neben *warte*. Nach Nasal und Liquid im Wurzelauslaut kann das Suffix *-te* zu *-de* lenisiert werden, z.B. *wænen – wânde; solde, wolde*.

3.2.3 Die starken Verben

Die starken Verben verwenden zu ihrer Formbildung den Ablaut des Wurzelvokals [s.o. S. 34 f.], und zwar zum einen den regelmäßigen Wechsel qualitativ verschiedener Vokale: idg. *e – o* (vgl. lat. *tegere – toga*) und *ē – ō*, zum anderen den Wechsel in der Quantität von qualitativ einander entsprechenden Vokalen: idg. *e – ē* (vgl. lat. *tegere – tēgula*). Das für die starken Verben häufigste Ablautsystem[14] beruht auf dem Wechsel von:

Grundstufe	Grundstufe	Schwundstufe	Schwundstufe
1. u. 2. Stammform: Infin./ Präs.	3. Stammform: Prät. Sg.	4. Stammform Prät. Pl.	5. Stammform Part. Prät.
idg. e	o	–	–
germ. e /i	a	–	–

Diese «Normalreihe» wird in den Ablautreihen I–V durch die unterschiedliche lautliche Nachbarschaft von Vokalen wie /i/ und /u/, von Sonantenverbindungen, einfachen Sonanten und Konsonanten variiert:

I. Ablautreihe: Normalreihe + Vokal /i/

idg. e + i	o + i	i	i
germ. î	ai	i	i
mhd. î	ei/ê (vor r, h, w)	i	i

II. Ablautreihe: Normalreihe + Vokal /u/

idg. e + u	o + u	u	u
germ. eu	au	u	u
mhd. ie/iu	ou/ô (vor h, Dent.)	u	o

III. Ablautreihe: Normalreihe + Sonantenverbindung
   1. Nasalverbindung (m, n + Konsonant), z.B.:

idg. e + nd^h	o + nd^h	ṇd^h	ṇd^h
germ. ind	and	und	und
mhd. ind	and	und	und

   2. Liquidverbindung (l, r + Konsonant), z.B.:

germ. erf/irf	arf	urf̣	urf̣
mhd. erf/irf	arf	urf	orf

---

[14] F. de Saussure (*Mémoire sur le système primitif des voyelles dans les langues indoeuropéennes*, Leipzig 1879) hat aus der folgenden Normalreihe «idg. **e – *o* – Null» mit Hilfe der Laryngaltheorie das gesamte idg. Ablautsystem abgeleitet. –

Idg. *e* > germ. *e* bzw. *i* (s. o. Kombinator. Lautwandel); für idg. *o* > germ. *a* vgl. z. B. lat. *octō* – got. *ahtau*, ahd. *ahto*, mhd. *aht*.

IV. Ablautreihe: Normalreihe + einfacher Sonant (m, n, l, r), z.B.:

idg. e + m	o + m	m̥	m̥
germ. em/im	am	êm	um
mhd. em/im	am	âm	om

V. Ablautreihe: Normalreihe + einfacher Konsonant (außer m, n, l, r)[15]

idg. e + bʰ	o + bʰ	bʰ	bʰ
germ. eb/ib	ab	êb	eb
mhd. eb/ib	ab	âb	eb

Die VI. Ablautreihe weicht vom System der ersten fünf Ablautreihen ab; denn im Germ. sind zwei ursprünglich im Idg. rein quantitative Reihen zusammengefallen.[16] Einmal wechselten eine *a*-Grund- und eine *ā*-Dehnstufe, zum anderen eine *o*-Grund- und eine *ō*-Dehnstufe:

VI. Ablautreihe: quantitativer Wechsel von Grund- und Dehnstufe

Grundstufe	Dehnstufe	Dehnstufe	Grundstufe
1. idg. a	ā	ā	a
2. idg. o	ō	ō	o
germ. a	ô	ô	a
mhd. a	uo ——————— uo		a

Die VII. Ablautreihe umfaßt mehrere Typen ehem. reduplizierender[17] Verben, ursprünglich teils mit, teils ohne Ablaut. Die Reduplikationssilbe schwand bereits im Vorahd. unter gleichzeitiger Veränderung des Wurzelvokals. Im Mhd. gibt es eine Gruppe mit hellem Wurzelvokal im Infin./Präs., eine andere mit dunklem. Beide Gruppen weisen im Prät. ein /ie/ auf, und zwar wie in der VI. Reihe im Sg. und Pl.

---

[15] Der lange Wurzelvokal im Pl. Prät. geht vermutlich auf alte idg. Bildungen mit Dehnstufe zurück, vgl. lat. *venire* – *vēni*, *legere* – *lēgi*. Vielleicht handelt es sich aber auch um ursprünglich reduplizierende Perfektformen, deren Reduplikationsvokal /e/ nach Ausfall des wurzelanlautenden Konsonanten gedehnt wurde. In Analogie zur Dehnstufe der V. Ablautreihe gelangte germ ê > ahd. mhd. â in die IV. Ablautreihe, obgleich hier die Bildung mit dem Sproßvokal /u/ in der Schwundstufe möglich gewesen wäre.

[16] Der Zusammenfall resultiert aus folgendem Lautwandel:

1. + idg. a > germ. a > ahd. mhd. a (z.B. **agros* > germ. **akraz* > ahd. *ackar*)   } a
   idg. o > germ. a > ahd. mhd. a (z.B. idg. **oktō(u)* – ahd. *ahto*)

2. idg. ā > germ. ô > ahd. mhd. uo (z.B. idg. **bhrāter* – got. *brôþar* – ahd. mhd. *bruoder*)   } uo
   + idg. ō > germ. ô > ahd. mhd. uo (z.B. idg. **bhlōmen* – got. *blōma* – ahd. *bluoma*, mhd. *bluome*)

[17] Reduplikation heißt: Vorschlag einer Silbe aus wurzelanlautendem Konsonanten + Vokal /e/, z.B. lat. *canere* – *ce-cini*; got. *haitan* («heißen, nennen») – *hai-hait* (ohne Ablaut), got. *lêtan* («lassen») – *lai-lôt* (Reduplikation mit Ablaut). Got. /aí/ wird in der Reduplikationssilbe als kurzer, offener Monophthong [e] gesprochen.

VII. Ablautreihe: ehemals reduplizierende Verben

mhd. [...]   ie ——————— ie   [...]

Beispiele für die einzelnen Ablautreihen:

I. Normalreihe + i

I a : ahd.

I a : ahd.	*rîtan*	*rîtu*	*reit*	*ritum*	*giritan*
mhd.	*rîten*	*rîte*	*reit*	*riten*	*geriten*
nhd.	*reiten*	*reite*	*ritt*	*ritten*	*geritten*
I b : ahd.	*lîhan*	*lîhu*	*lêh*	*liwum*	*giliwan*
mhd.	*lîhen*	*lîhe*	*lêch*	*lihen*	*gelihen*
nhd.	*leihen*	*leihe*	*lieh*	*liehen*	*geliehen*

Verben der I. Ablautreihe mit Grammatischem Wechsel:

ahd.	*snîdan*	*snîdu*	*sneid*	*snitum*	*gisnitan*
mhd.	*snîden*	*snîde*	*sneit*	*sniten*	*gesniten*
nhd.	*schneiden*	*schneide*	*schnitt*	*schnitten*	*geschnitten*

mhd.	*lîden*	*lîde*	*leit*	*liten*	*geliten*
	mîden	*mîde*	*meit*	*miten*	*gemiten*
	nîden	*nîde*	*neit*	*niten*	*geniten*
	rîsen fallen, aufstehen	*rîse*	*reis*	*rirn/risen*	*gerirn/gerisen*
	dîhen (I b) gedeihen	*dîhe*	*dêch*	*digen*	*gedigen*

- Im Sg. Prät. von Ib ahd. Monophthongierung: germ. *ai* > ahd. mhd. *ê* vor *r*, *h*, *w*.
- Beim Grammat. Wechsel *d* – *t* beruht das /t/ im Sg. Prät. auf Auslautverhärtung.
- Im Nhd. wird die Opposition zwischen Sg. u. Pl. Prät. aufgegeben. Der Grammatische Wechsel wird nicht nur zwischen Sg. u. Pl. Prät., sondern oft auch zwischen Präs. und Prät. ausgeglichen, z.B. *h* – *g* zugunsten von /h/.
- Konsonantenverdoppelung bezeichnet im Nhd. Kürze, /ie/ Dehnung.

II. Normalreihe + u

II a : ahd.	*liogan*	*liugu*	*loug*	*lugum*	*gilogan*
mhd.	*liegen*	*liuge*	*louc*	*lugen*	*gelogen*
nhd.	*lügen*	*lüge*	*log*	*logen*	*gelogen*
II b : ahd.	*biotan*	*biutu*	*bôt*	*butum*	*gibotan*
mhd.	*bieten*	*biute*	*bôt*	*buten*	*geboten*
nhd.	*bieten*	*biete*	*bot*	*boten*	*geboten*

Verben der II. Ablautreihe mit Grammatischem Wechsel:

ahd.	*ziohan*	*ziuhu*	*zôh*	*zugum*	*gizogan*
mhd.	*ziehen*	*ziuhe*	*zôch*	*zugen*	*gezogen*
nhd.	*ziehen*	*ziehe*	*zog*	*zogen*	*gezogen*

mhd.	*verliesen*	*verliuse*	*verlôs*	*verlurn*	*verlorn*
	kiesen	*kiuse*	*kôs*	*kurn*	*gekorn*
	vriesen	*vriuse*	*vrôs*	*vrurn*	*gevrorn*
	sieden	*siude*	*sôt*	*suten*	*gesoten*

– In IIb Monophthongierung: germ. *au* > ahd. mhd. ô vor /h/ u. allen Dentalen.
– Infin. mit Brechung germ. *eu* > ahd. *eo, io, ie* > mhd. *ie* vor /a/ der Folgesilbe, aber im Sg. Präs. germ. *eu* > ahd. mhd. *iu* vor /u/ bzw. /i/.- Part. Prät. mit Brechung germ. *u* > ahd. mhd. *o* vor /a/ der Folgesilbe.
– Im Nhd. Ausgleich zwischen Infin., Pl. u. Sg. Präs. sowie zwischen Sg. u. Pl. Prät.; Dehnung in offener Tonsilbe.
– Einige Verben der II. Reihe haben im Präs. /û/ statt /ie/ bzw. /iu/: mhd. *sûgen* «saugen» – *sûge* – *souc* – *sugen* – *gesogen*.

III a : Normalreihe + Nasalverbindung

ahd.	*bintan*	*bintu*	*band*	*buntum*	*gibuntan*
mhd.	*binden*	*binde*	*bant*	*bunden*	*gebunden*
nhd.	*binden*	*binde*	*band*	*banden*	*gebunden*

III b : Normalreihe + Liquidverbindung

ahd.	*werfan*	*wirfu*	*warf*	*wurfum*	*giworfan*
mhd.	*werfen*	*wirfe*	*warf*	*wurfen*	*geworfen*
nhd.	*werfen*	*werfe*	*warf*	*warfen*	*geworfen*

– Germ. Sproßvokal /u/ bei Sonanten.
– Die Nasalverbindung in IIIa bewirkt im Infin. u. Präs. den kombinator. Lautwandel von idg. *e* > germ. *i* > ahd. mhd. *i*; sie verhindert die Brechung germ. *u* > ahd. mhd. *o* im Part. Prät. bei /a/ der Folgesilbe.
– Nhd. Analogieausgleich vom /u/ im Pl. zum /a/ im Sg. Prät., vom /i/ in der 1. Sg. Präs. zum /e/ im Inf. u. Pl. Präs.
– mhd. *beginnen* hat im Sg. neben der regelmäßigen Präteritalform der Reihe IIIa *(began)* auch ein schwaches Prät. *(begunde)*, während die Pl. Prät. immer schwach ist. Im Part. Prät. herrscht wiederum die starke Form *begunnen* vor.

IV. Normalreihe + einf. Sonant (vor oder nach dem Wurzelvokal)

ahd.	*neman*	*nimu*	*nam*	*nâmum*	*ginoman*
mhd.	*nemen*	*nime*	*nam*	*nâmen*	*genomen*
nhd.	*nehmen*	*nehme*	*nahm*	*nahmen*	*genommen*

Zur IV. Reihe gehören auch Verben mit Liquid oder Nasal *vor* dem Wurzelvokal, z.B. *brechen, rechen, treffen, dreschen, sprechen, vlehten* (auch *stechen, vehten*).

– Der Langvokal im Pl. Prät ist aus der V. Reihe übernommen.
– Im Sg. Präs. komb. Lautwandel idg. *e* > germ. *i* > ahd. mhd. *i* bei *i* bzw. *u* der Folgesilbe; im Part. Prät. Brechung germ. *u* > ahd. mhd. *o* bei *a* der Folgesilbe.
– Im Nhd. Sg. Prät. Dehnung in Analogie zum Pl.; in der 1. Sg. Präs. Ind. Ausgleich von /i/ zu /e/ in Analogie zum Pl. (so auch in der V. Reihe).
– Zu ahd. *queman* bilden sich im Mhd. nach Ausfall des < u > besondere Formen:

mhd.	*komen*	*kome*	*kam*	*kâmen* (alem.)	*komen*
	kumen	*kume*	*quam*	*quâmen* (md.)	*komen*
	kemen	*kime*	*kom*	*kômen* (bair.)	*komen*

– *komen, troffen* wie *vunden, worden* in III ohne Part.-Präfix *ge-*.

V. Normalreihe + einf. Konsonant (kein Liquid oder Nasal)

ahd.	*geban*	*gibu*	*gab*	*gâbum*	*gigeban*
mhd.	*geben*	*gibe*	*gap*	*gâben*	*gegeben*
nhd.	*geben*	*gebe*	*gab*	*gaben*	*gegeben*

Verben der V. Reihe mit Grammatischem Wechsel:

ahd.	*wesan*	*(wisu)*	*was*	*wârum*	–
mhd.	*wesen*	*(wise)*	*was*	*wâren*	*gewesen*
nhd.	–	–	*war*	*waren*	*gewesen*

mhd.	*lesen*	*lise*	*las*	*lâren/lâsen*	*gelern/gelesen*
mhd.	*genesen*	*genise*	*genas*	*genâren/ge-* *nâsen*	*genern/genesen*

j-Präsentien: Die mhd. Verben *bitten, sitzen, ligen (licken)* zeigen im Infin. u. Präs. ein /i/, weil ihr stammbildendes Suffix im Germ. wie bei den schwachen Verben um ein /j/ erweitert war, das den Wandel *e* > *i* und Gemination (z.T. mit folgender Affrikataverschiebung) bewirkte. Im Mhd. gibt es schon vielfach Doppelformen, also Ausgleichstendenzen:

germ. **bid – ja – n – a – (n)* > vorahd. **bidden* > ahd. *bitten – bittu – bat – bâtum- gibetan* > mhd. *bitten – bitte – bat – bâten – gebeten*
germ. **sit - ja – n – a – (n)* > vorahd. **sitten* > ahd. *sizzen, sitzen – sitzu – saz – sâzun – gisezzan* > mhd. *sitzen – sitze – saz – sâzen – gesezzen*
germ. **lig – ja - n – a – (n)* > vorahd. **liggen* > ahd. *licken* > mhd. *ligen/licken – lige/licke – lac – lâgen – gelegen*

VI. Normalreihe mit Ablaut a – uo – uo – a

ahd.	*faran*	*faru*	*fuor*	*fuorum*	*gifaran*
mhd.	*varn*	*var(e)*	*vuor*	*vuoren*	*gevarn*
nhd.	*fahren*	*fahre*	*fuhr*	*fuhren*	*gefahren*

Grammatischer Wechsel mit Ausgleich im Prät. zugunsten des Pl. bereits im Ahd.:

ahd.	slahan	slahu	sluog	sluogum	gislagan
mhd.	slahen	slahe	sluoc	sluogen	geslagen
nhd.	schlagen	schlage	schlug	schlugen	geschlagen

– Umlaut in der 2. u. 3. Sg. Präs.: ahd. *feris* > mhd. *verst*, ahd. *ferit* > mhd. *vert*.

j-Präsentien mit Umlaut mhd. *swern, heben, schepfen*:

germ. **swar - ja - n - a - (n)* > ahd. *swerien* > mhd. *swern – swer(e) – swuor – swuoren – geswarn/gesworn* (analog zur IV. Reihe)

germ. **haf - ja - n - a - (n)* > ahd. *heffen* (noch mit Grammat. Wechsel *f – b*) > mhd. *heben – hebe – huop – huoben – erhaben*

germ. **skap – ja – n – a – (n)* > ahd. *scephen* > mhd. *schepfen – schepfe – schuof – schuofen - geschaffen*. Daneben die Neubildung mhd. *schaffen – schaffe – schuof – schuofen – geschaffen* durch Übernahme des präteritalen /ff/ in das Präs.; das schwache Verb mhd. *schepfen* erhält dagegen die Bedeutung «schöpfen» (lat. *haurire*).

VII. ehem. redupl. Verben mit ablautendem Wurzelvokal in der Abfolge «hell» - **ie** – **ie** – «hell» oder «dunkel» - **ie** – **ie** – «dunkel»

ahd.	fâhan	fâhu	fiang	fiangum	gifangan
mhd.	vâhen (vân)	vâhe	vienc (vie)	viengen	gevangen
nhd.	fangen	fange	fing	fingen	gefangen

ahd.	loufan	loufu	liof	liofum	giloufan
mhd.	loufen	loufe	lief	liefen	geloufen
nhd.	laufen	laufe	lief	liefen	gelaufen

mhd.	halten	halte	hielt	hielten	gehalten
	slâfen	slâfe	slief	sliefen	geslâfen
	heizen	heize	hiez	hiezen	geheizen
	stôzen	stôze	stiez	stiezen	gestôzen
	ruofen	ruofe	rief	riefen	geruofen

Zur VII. Reihe gehören im Mhd. noch Verben wie *walten, bannen, spannen*, die im Nhd. schwach konjugiert werden.

NB: Man prägt sich am besten die Ablautreihen ein, indem man sich in 5 Spalten die Stammformen von Musterwörtern aller 7 Reihen notiert und sich nacheinander an jeder Spalte (die übrigen Spalten dabei tunlichst abgedeckt) die Merkmale der einzelnen Reihen klarmacht. Dann erprobt man die Anwendung am Text:

Ist beim Übersetzen die Bedeutung eines Verbs unklar, versucht man zunächst, vom Kontext her die Form zu bestimmen, zumindest nach Person, Numerus und Tempus. Eine Form wie z.B. *er truoc* ist ohne weiteres als 3. Ps. Sg. Prät. zu erkennen. Da sie kein Dentalsuffix nach Art der schwachen Verben aufweist, muß es sich um ein starkes Verbum handeln. Auch die Ablautreihe läßt sich eindeutig als die VI. verifizieren, weil es in der Spalte «Sg. Prät.» den Wurzelvokal /uo/ nur in dieser Reihe gibt. Dasselbe gilt für Präteritalformen mit einem /ei/, /ê/, /ou/, /ô/ und /ie/.

Nicht so einfach ist es z.B. bei *er verjach* ; denn der Vokal /a/ findet sich in der III., IV. und V. Ablautreihe. Die III. Reihe scheidet aus, weil keine Sonantenverbindung vorliegt, die IV. ebenfalls, weil kein einfacher Sonant folgt, also handelt es sich um ein Verb der V. Reihe, dessen Infin. *verjehen* lauten wird. Eben darauf kommt es an; denn um im Wörterbuch nachschlagen zu können, muß man den Infinitiv eruieren.

3.2.4 *Besondere Verbalbildungen*

3.2.4.1 *Präterito-Präsentien*

Präterito-Präsentien sind Verben, deren starke Präteritalformen (perfektische) *Präsensbedeutung angenommen haben*, vgl. lat. *memini*.

Die Präterito-Präsentien verwenden für das Präsens Präteritalformen, die sich den Ablautreihen I–VI zuordnen lassen. Vgl. das Prät. eines st. Verbums der III. Reihe wie mhd. *ich warf – wir wurfen* mit mhd. *ich darf – wir durfen*, dem Präs. eines Präteritopräsens der III. Reihe.

Der Wurzelvokal der Präterito-Präsentien entspricht im Sg. Präs. Ind. demjenigen der starken Verben in der 1. 3. Sg. Prät. Ind.; ebenso entspricht der Pl. Präs. der Präterito-Präsentien dem Pl. Prät. starker Verben.

Infin. und Part. Präs. werden mit der Ablautstufe des alten Pl. Prät. neu gebildet. Als Ersatz für das ins Präsens abgewanderte alte starke Präteritum wird ein *neues Präteritum* nach Art der schwachen Verben mit einem Dentalsuffix gebildet, das an die Wurzel des Pl. Präs. antritt, z.B. mhd. *dorf- te* < *ahd. dorf- ta* < **durf- ta*. Vergleiche z.B. :

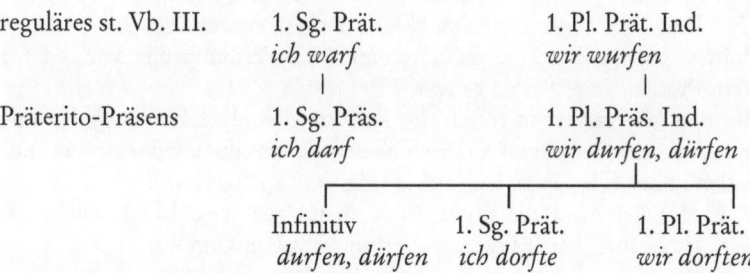

reguläres st. Vb. III.	1. Sg. Prät. *ich warf*	1. Pl. Prät. Ind. *wir wurfen*
Präterito-Präsens	1. Sg. Präs. *ich darf*	1. Pl. Präs. Ind. *wir durfen, dürfen*

| Infinitiv *durfen, dürfen* | 1. Sg. Prät. *ich dorfte* | 1. Pl. Prät. *wir dorften* |

In der folgenden Tabelle werden die Stammformen der Präterito-Präsentien in der Reihenfolge 1. Sg. Präs. – 1. Pl. Präs. (= Infin.) – 1. Sg. Prät. aufgeführt. Am Ablaut zwischen dem Sg. und Pl. Präs. ist die Zuordnung zu den Ablautreihen zu erkennen:

Abl.-reihe	1. Sg. Präs.	1. Pl. Präs. = Infin.	1. Sg. Prät.	nhd. Infin.
I.	*weiz*	*wizzen*	*wisse, wesse, wiste, weste*	wissen
II.	*touc*	*tugen, tügen*	*tohte*	taugen

Abl.-reihe	1. Sg. Präs.	1. Pl. Präs. = Infin.	1. Sg. Prät.	nhd. Infin.
III.	*kan*	*kunnen, künnen*	*kunde, konde*	können
	gan	*gunnen, günnen*	*gunde, gonde*	gönnen
	(du ganst)			
	darf	*durfen, dürfen*	*dorfte*	(be-)dürfen
	(du darft)			
	(ge-)tar	*turren, türren*	*(ge-)torste*	wagen
	(du tarst)			(engl. *dare*)
IV.	*sal, sol*	*suln, süln*	*solde, solte*	sollen
	(du salt, solt)			
V.	*mac*	*mugen, mügen,*	*mahte, mohte*	können,
	(du maht)	*magen, megen*		vermögen
VI.	**muoz**	*muozen, müezen*	**muose,** *muoste*	müssen
	(du muost)			

3.2.4.2 wellen, Wurzelverben und kontrahierte Verben

Die Unregelmäßigkeiten in der Formenbildung des Verbums *wellen* «wollen» resultieren aus einer Verschiebung des Modus, weil ursprüngliche Optativformen zur indikativischen Aussage verwendet wurden.

Infin., Ind. Pl. Präs.	*wellen*
Ind. Sg. Präs.	*ich wil(e), du wil(e)/wilt, er wil(e)*
Opt. Präs.	*ich welle, du wellest, er welle* usf. –
Prät.	*wolte, wolde* (mit Verdumpfung von *a* > *o*)
Part. Prät.	*gewolt*

Bei den Wurzelverben treten die Endungen – ohne Bindevokal – unmittelbar an die Wurzel an. Sie haben eine einsilbige Präsensform und enden in der 1. Sg. Präs. Ind. auf -*n* (idg. -*mi*; vgl. lat. *sum*).

Wurzelverben sind *tuon, gân* (bes. alem.)/*gên* (bes. bair.), *stân* (bes. alem.)/*stên* (bes. bair.) sowie das verbum substantivum *sîn*:

Infin. u. Präs. Pl.	Präs. Ind. 1. Sg.	2. Sg.	3. Sg.	Prät. Ind. 1. Sg.	1. Pl.	Part. Prät.
tuon	*tuon*	*tuost*	*tuot*	*tet(e)*	*tâten*	*getân*
gân, gên	*gân, gên*	*gâst, gêst*	*gât, gêt*	*gienc, gie*	*giengen*	*gegangen, gegân*
stân, stên	*stân, stên*	*stâst*	*stât*	*stuont*	*stuonden*	*gestanden*

Die Formen von *gân/gên* und *stân/stên* setzen sich aus zwei verschiedenen Stämmen zusammen. Im mhd. Präs. werden die Wurzelverben verwendet, im

Prät. stehen die Präteritalformen *gienc, giengen, gegangen* und *stuo(n)t, stuonden, gestanden* der starken Verben ahd. *gangan* VII. und *stantan* VI. Im Nhd. werden die Infinitive «gehen» und «stehen» in Analogie zur üblichen Infinitivbildung zweisilbig und mit einem Gleitlaut /h/ versehen.

Das verbum substantivum *sîn*, eigentlich ein «Wort, das für sich allein besteht», fungiert als formales Bindewort bei nominaler Satzaussage.
Zum Formenbestand von mhd. *sîn* gehören drei verschiedene Wurzeln:

1. idg. **es* (vgl. lat. *es-t*; mhd. *is-t*) bzw. **s-* (vgl. lat. *s-unt*; mhd. *s-int*),
2. idg. **bhū -* (vgl. lat. *fū -i*),
3. idg. **ṷes-* (Formen des st. Verbums mhd. *wesen*).

Präs. Ind.

Sg. 1. *bin*	Pl. 1. *birn, sîn*
2. *bist*	2. *birt, sît*
3. *ist*	3. *sint*, md. *sîn*

Imperativ

| Sg. 2. *bis, wis* | Pl. 2. *sît, weset* |

Die Präs. Opt.-Formen können von *sîn* und von *wesen* gebildet werden, z.B. 1. Sg. Präs. Opt. *ich sî/wese.*

Das Prät. wird von *wesen* gebildet: *ich was – du wære – er was – wir wâren.*
Part. Prät.: *gesîn/gewesen/gewest*

Kontrahierte Verben sind reguläre Verben, zu denen seit dem 11. Jh. kontrahierte Formen gebildet worden sind. Durch die Kontraktion, vor allem bei /h/, entsteht ein Nebeneinander von Voll- und Kurzformen:

Infin. *hâhen*	neben	*hân*	Prät. Sg. *hienc*	neben	*hie*	Pl. *hiengen*
vâhen		*vân*	*vienc*		*vie*	*viengen*
slahen		*slân*	*sluoc*		–	*sluogen*
lâzen		*lân*	*liez*		*lie*	*liezen*
haben		*hân*	*hâte, hæte*			
			hatte usf.			

Über Kontraktionen zu /î/ bzw. /ei/ bei Verben mit inlautenden Medien in Fällen wie *-ibe-, -ide-, -ige-; -ebe-, -ede-, -ege-; -age -* (z.B. *ligen – lît, geben – gît, queden – quît, tragen – treit, legen – leit, sagen – seit, klagen – kleit)* vgl. S. 14.

3.3 Zum Formenbau der Nomina

3.3.1 Zur Deklination der Substantive

Für die nominale Formbildung ist der Kasus konstitutiv. Im Idg. gab es acht Kasus, jeder hatte eine bestimmte Endung; aber schon im Lat. zeigt sich der Zusammenfall (Synkretismus) mehrerer Kasus (beim Ablativ z.B. mit Loc. und Instr.). Im Deutschen gibt es nur noch Nominativ, Genitiv, Dativ und Akkusativ. Artikel, Pronomina und Präpositionen haben weitgehend die Funktion der Endungen übernommen. Die nominale Formbildung ist ferner gekennzeichnet durch Genus (Maskulinum, Femininum, Neutrum) und Numerus (Singular, Plural).

Im Germ. ließen sich nach dem stammbildenden Suffix (z.B. germ. *dag-a-z* > ahd. *tag* > mhd. *tac*, germ. *gast-i-z* > ahd. mhd. *gast*) bzw. nach dessen Auslaut vokalische («starke») und konsonantische Deklinationen unterscheiden. Unter diesen behauptete sich im Mhd. v.a. die «schwache» *n*-Deklination.

Vokalische Deklinationsklassen	Konsonant. Deklinationsklassen
germ. *a*-Deklination (Mask., Neutr.) < idg. *o*-Deklination (vgl. lat. *deus* < *-os*)	germ. *n*-Deklination (Mask., Fem., Neutr.) < idg. *n*-Deklination (vgl. lat. *homo, hom-in-is*)
germ. *ō*-Deklination (Fem.) < idg. *ā*-Deklination (vgl. lat. *terra* < *ā*)	germ. *r*-Deklination < idg. *s*-Deklination (vgl. lat. *opus, op-er-is*)
germ. *i*-Deklination (Mask., Fem.) < idg. *i*-Deklination (vgl. lat. *hostis*)	germ. *þer-/ðer*-Deklination < idg. *ter*-Deklination (vgl. lat. *pa-ter*)
germ. *u*-Deklination < idg. *u*-Deklination (vgl. lat. *manus*)	germ. *nð*-Deklination < idg. *nt*-Deklination (vgl. lat. *legēns, leg-e-nt-is*)

Kein stammbildendes Suffix haben die Wurzelnomina (vom Typ lat. *urb-s, urb-is*), bei denen die Endung unmittelbar an die Wurzel antritt.

Im Mhd. haben sich die vokalischen Klassen stark vermischt, nachdem die vollen Endsilbenvokale zu /e/ abgeschwächt worden waren; zudem unterlag das auslautende /e/ im Spmhd./Frnhd. vielfach der Apokope.

In der Hauptsache gilt im Mhd. nur noch der Unterschied zwischen starker und schwacher Deklination. Doch zwischen den Deklinationsklassen gibt es Austauschbewegungen; zahlreiche Feminina und Maskulina können sowohl stark als auch schwach flektiert werden.

Der Umlaut, ursprünglich das Kennzeichen der *i*-Deklinationsklasse, wird zunehmend zum Kennzeichen des Plurals. Die Pluralbildung auf *-er* breitet sich aus (mhd. neben *diu kint* schon *kinder* > nhd. *Kinder*). Überhaupt gewinnt die Numeruskategorie immer mehr an Bedeutung gegenüber der Kasuskategorie.

Im Nhd. hat sich neben der starken und schwachen Flexion eine «gemischte» durchgesetzt: Schwache Substantive enden – abgesehen vom Nom. Sg. – auf -*en,* gemischte behalten diesen Ausgang im Plural bei, flektieren aber nun im Singular stark.

Schwache Deklination

Kennzeichen ist das mhd. Stammformans -*en,* das überall <u>außer im Nom. Sg.</u> (beim Neutr. auch im Akk. Sg.) erscheint.

Im Mhd. kann *die frouwen* sowohl <u>Akk. Sg.</u> als auch Nom. <u>Akk. Pl.</u> sein! Im Nhd. ermöglicht die gemischte Deklination eine bessere Unterscheidung zwischen dem Akk. Sg. *die Frau* und dem Pl. *die Frauen.*

Einige nhd. Maskulina hängen im Gen. dem -*en* die st. Endung /s/ an: *des Friedens.*

n-Stämme Mask.		*n*-Stämme Neutr.		*n*-Stämme Fem.	
Sg.	Pl.	Sg.	Pl.	Sg.	Pl.
N. *der hane*	*die hanen*	*daz herze*	*diu herzen*	*diu zunge*	*die zungen*
G. *des hanen*	*der hanen*	*des herzen*	*der herzen*	*der zungen*	*der zungen*
D. *dem(e) hanen*	*den hanen*	*dem(e) herzen*	*den herzen*	*der zungen*	*den zungen*
A. *den hanen*	*die hanen*	*daz herze*	*diu herzen*	*die zungen*	*die zungen*

Starke Deklination

Kennzeichen: Mask. u. Neutr. Dat. Sg. auf -*e*; Fem. Nom. Akk. Pl. auf -*e*;
Neutr. Pluralbildung oft ohne Markierung (im Nhd. häufig bei Mask. u. Neutr. Pluralbildung auf -*er*);
Fem. Gen. Dat. Sg. der *i*-Stämme tw. mit Umlaut.

Maskulina

a- Stämme (Typ: germ. *dag-a-z) Mask.		*ja*-Stämme Mask.	
Sg.	Pl.	Sg.	Pl.
N. *der tac*	*die tage*	*der hirte*	*die hirte*
G. *des tages*	*der tage*	*des hirtes*	*der hirte*
D. *dem(e) tage*	*den tagen*	*dem(e) hirte*	*den hirten*
A. *den tac*	*die tage*	*den hirte*	*die hirte*

i- Stämme (Typ: germ. *gast-i-z) Mask.	
Sg.	Pl.
N. *der gast*	*die geste*
G. *des gastes*	*der geste*
D. *dem(e) gaste*	*den gesten*
A. *den gast*	*die geste*

Die meisten mhd. Maskulina werden wie *tac* dekliniert. Die ehem. *ja*–Stämme weichen von den *a*-Stämmen im Mhd. ggf. durch Umlaut, Gemination und durch den Ausgang auf -*e* im Nom. Akk. Sg. ab. Hierher gehören z.B. die Nomina agentis auf -*ære*. Bei den seltenen *wa*-Stämmen ist das /w/ noch im Mhd. erhalten, im Nom. Akk. Sg. jedoch vokalisiert, z.B. *sê, sêwes*. Die *i*-Stämme vom Typ *gast* unterscheiden sich von den *a*-Stämmen bei umlautfähigem Wurzelvokal durch den Umlaut im Plural.

Ursprünglich konsonantische Stammbildungen wie die Verwandtschaftsbezeichnungen auf mhd. -*ter/-der (vater, bruoder)*, die substantivierten Partizipia Präsentis auf -*nt (vriunt)* und das Wurzelnomen *man* bewahren teils noch ihre alten endungslosen Formen, auch im Gen. Dat. Sg., teils lehnen sie sich der *a*-Deklination an.

Neutra

a- Stämme Neutr.		*ja*-Stämme Neutr.	
Sg.	Pl.	Sg.	Pl.
N. *daz wort*	*diu wort*	*daz rîche*	*diu rîche*
G. *des wortes*	*der worte*	*des rîches*	*der rîche*
D. *dem(e) worte*	*den worten*	*dem(e) rîche*	*den rîchen*
A. *daz wort*	*diu wort*	*daz rîche*	*diu rîche*

iz- /-*az*-Stämme > ahd. -*ir/-ar* > mhd. -*er*
Neutr.

	Sg.	Pl.
N.	*daz blat*	*diu bleter*
G.	*des blates*	*der bleter*
D.	*dem(e) blate*	*den bletern*
A.	*daz blat*	*diu bleter*

Die meisten mhd. Neutra werden wie *wort* dekliniert, z.B. die Diminutiva auf -*lîn*. Die *ja*-Stämme, zu denen u.a. die Kollektiva mit *ge*- gehören, stellen nur im Hinblick auf den *e*-Ausgang im Nom. Akk. Sg. Pl. und auf den möglichen Umlaut eine Variante dar.

Die *iz-/az*-Stämme stimmen im Singular völlig mit dem *wort*-Typ überein. Die Pluralbildung auf -*er* wird zunehmend auch auf Neutra anderer Stammbildung und auf Maskulina übertragen.

Das Genus mancher Substantive schwankt noch je nach Schreiblandschaft: *der gemach/daz gemach*, ebenso *liut, lop, gîsel; der gewalt/diu gewalt*, ebenso *list, last, luft, angest, art, sunne, touf/toufe; daz zît/diu zît*, ebenso *mære; daz mort/der mort* ebenso *ort, pfat, tranc, getwerc*.

Feminina

ô- Stämme (Typ: germ. *gebō > ahd. mhd. geba > gebe Gabe) Fem.		i-Stämme (Typ: germ. *kraft-i-z) Fem.	
Sg.	Pl.	Sg.	Pl.
N. *diu gebe*	*die gebe*	*diu kraft*	*die krefte*
G. *der gebe*	*der geben*	*der krefte/kraft*	*der krefte*
D. *der gebe*	*den geben*	*der krefte/kraft*	*den kreften*
A. *die gebe*	*die gebe*	*die kraft*	*die krefte*

Zum *gebe*-Typus gehören die Adjektiv-Abstrakta, die ahd. auf *-ida* (wie mhd. *vröude, sælde*) und *-î* (mhd. *-e*, wie *græze, hulde, minne*) ausgehen. Zu den ô-Stämmen treten alte *jô*-Stämme, wie bei den *ja*-Stämmen mit Umlaut und ggf. Gemination. Vereinzelt begegnen *wô*-Stämme, z.B. mhd. *klâ, klâwe; var, varwe*.

Schon im Mhd. sind die Feminina der ô-Deklination vielfach mit der schwachen vermischt worden. Als «gemischte» Deklination flektieren sie im Nhd. stark im Singular auf *-(e)*, schwach im Plural auf *-(e)n*.

Bei den *i*-Stämmen erschwert die Formbestimmung, daß der Umlaut nicht allein im Plural, sondern auch im Gen. Dat. des Singulars – neben umlautlosen Formen – begegnen kann. Zahlreiche Abstrakta auf *-schaft, -heit, -keit* und auf *-t* zählen zu dieser Gruppe.

3.3.2 Zur Flexion und Stellung der Adjektive

Im Mhd. kann jedes Adjektiv sowohl stark als auch schwach dekliniert werden.

Die schwache Deklination stimmt mit derjenigen des Substantivs überein und unterscheidet sich vom Nhd. nur dadurch, daß auch der Akk. Sg. Fem. auf *-en* ausgeht:

Mask. Fem. Sg.	Neutr. Sg.	Mask. Fem. Neutr. Pl.
N. *guote*	*guote*	*guoten*
G. *guoten*	*guoten*	*guoten*
D. *guoten*	*guoten*	*guoten*
A. *guoten*	*guote*	*guoten*

Die starke Adjektiv-Flexion zeigt im Nom. Sg. Mask. Neutr. Fem. und im Akk. Sg. Neutr. ein Nebeneinander von substantivischen (sog. unflektierten, endungslosen) und – vgl. die Flexion des einfachen Demonstrativums – pronominalen (sog. flektierten) Formen:

| Mask. | | Neutr. | | Fem. | |
Sg.	Pl.	Sg.	Pl.	Sg.	Pl.
N. *guot,* *guoter*	*guote*	*guot – guotez*	*guotiu*	*guot,* *guotiu*	*guote*
G. *guotes*	*guoter*	*guotes*	*guoter*	*guoter*	*guoter*
D. *guotem(e)*	*guoten*	*guotem(e)*	*guoten*	*guoter*	*guoten*
A. *guoten*	*guote*	*guot, guotez*	*guotiu*	*guote*	*guote*

Zahlreiche Adjektive enden wie die substantiv. *ja-/jô*-Stämme in der unflektierten Form auf /-e/ (<ahd. /-i/), oft mit Umlaut: *schœne, küene* usf.

Der Gebrauch der schwachen oder starken Deklination hängt mit der syntaktischen Stellung des Adjektivs zusammen. Im Nhd. gibt es dafür drei verschiedene Gebrauchstypen:

«der Wein ist gut» – prädikative Stellung,
　　　　　　　　　unflektierte (substantivische) Form
　　　　　　　　　= starke Flexion
«ein guter Wein» – attributive Stellung bei unbestimmtem Artikel,
　　　　　　　　　flektierte (pronominale) Form
　　　　　　　　　= starke Flexion
«der gute Wein» – attributive Stellung bei bestimmtem Artikel,
　　　　　　　　　= schwache Flexion

Im Mhd. stehen wie im Nhd. die schwachen Formen eher nach dem bestimmten Artikel und dem Demonstrativpronomen, die starken nach dem unbestimmten Artikel und dem Possessivpronomen.

Schwache Flexion z.B.: *der blinde man, die guoten vrouwen.*

Bei der starken Flexion können jedoch in attributiver Stellung sowohl die unflektierte als auch die flektierte Form begegnen, z.B. stark flektiert: *der listiger man, der guoter wîn, ein schœne wîp, hôhes muotes, dem liehtem mânen*; sehr häufig ist die Nachstellung des unflektierten Adjektivs oder Pronomens: *diu heide rôt, der helt guot, der winter kalt.*

In prädikativer Stellung ist die unflektierte, substantivische Form des Nom. Sg. vorherrschend, z.B. *die tage sint lanc;* möglich ist jedoch auch die flektierte Form, z.B. *nie kein tac sô langer wart, der wîn ist guoter.*

Die Steigerungsstufen des mhd. Adjektivs sind vom Nhd. her ohne weiteres zu erkennen, nur gibt es im Mhd. ein Nebeneinander von umgelauteten und nicht umgelauteten Formen, weil in den germ. Sprachen zur Steigerung des Positivs zweierlei Suffixe verwandt wurden:

Komparativ:
germ. *-iz/-is* + *ō(n)* > ahd. *-ir-/-is-* + *o* > mhd. *- er – (e)* mit Umlaut
germ. *-ōz-/-ōs* + *ō(n)* > ahd. *-ōr-/-ōs-* + *o* > mhd. *-er- (e)* ohne Umlaut

Im Superlativ tritt zu den Komparativ-Suffixen noch ein -*t*-Suffix hinzu:
germ. -*is-t-ō(n)* > ahd. -*is-t-o* > mhd. -*est(e)*
germ. -*ōs-t-ō(n)* > ahd. -*ōs-t-o* > mhd. -*est(e)*

z.B. ahd. *lang – lengiro – lengisto* > mhd. *lanc – lenger(e) – lengest(e)*
vs. ahd. *hōho – hōhōro – hōhōsto* > mhd. *hôch – hôher(e) – hôhest(e)*

Im Mhd. sind die ahd. Steigerungsformen durch die Abschwächung der
Nebensilbenvokale zusammengefallen. Im Nhd. findet wiederum ein
Ausgleich durch Analogie statt.

Suppletivsteigerung: Einige Adjektive bilden in den germ. wie in anderen
idg. Sprachen den Komparativ und Superlativ aus einem anderen Wortstamm als den Positiv.

mhd. *guot* (Adv. *wol*) - *bezzer* (Adv. *baz*) - *bezzest, beste*   «gut»
  übel – wirser – wirsest, wir(se)ste   «böse»
  lützel – minner, minre – minnest, min(ne)ste   «klein»
  michel – mêre – meiste   «groß»

3.3.3 Adverbien

Die heterogene Gruppe der Adverbien ist nicht flektierbar. Die meisten
Adjektivadverbien enden im Ahd. auf -*o* (vgl. lat. *cītō, subitō*) und im
Mhd. auf -*e*, während ein Teil der mhd. Adjektive endungslos ist (z.B.
mhd. Adj. *lanc* vs. Adv. *lange*; Adj. -*lîch* vs. Adv. -*lîche, -lîchen*).

Da bei Adverbien keine *j*-Erweiterung auftritt, fehlt ihnen oft der
Umlaut: Adv. *schône* vs. Adj. *schœne, sanfte – senfte, spât- spæte.* Im
Nhd. erfolgt Ausgleich zugunsten des Umlauts durch Analogie, so daß
sich das Adverb nicht mehr vom Adjektiv unterscheidet.

Zur Verstärkung von adjektivischen Ausdrücken werden im Mhd. oft
Adverbien verwandt: *al-* (z.B. *alrôt), aller-; harte* «sehr», *dicke* «oft», *gar*
«ganz und gar», *rehte* «richtig», *vaste* «sehr», *vil, vol, wol* «gut».

3.4 Pronomina

Den Pronomina (< lat. *pro nomen* Stellvertreter des Nomens zur Bezeichnung
einer Person oder Sache) kommen wie den Nomina zumeist die Kategorien Kasus, Numerus und Genus zu. Im Unterschied zu den Nomina ist den Pronomina
die semantische Funktion des Verweisens eigen. Die Einteilung dieser heteroge-
nen Gruppe orientiert sich an der syntaktisch-semantischen Funktion.

3.4.1 Personalpronomina

Ungeschlechtige Pronomina der 1. und 2. Person

1. Person				2. Person		
Sg. Nom.	*ich*	Pl. *wir*	Sg. *dû, du*	Pl. *ir*
Gen.	*mîn*	*unser*	*dîn*	*iuwer*
Dat.	*mir*	*uns*	*dir*	*iu*
Akk.	*mich*	*uns (unsich)*	*dich*	*iuch (iuwich)*

Anredeformen charakterisieren affektive und soziale Beziehungen. Im Nhd. signalisieren das *Du* Intimität, aber auch Herrschaft, das *Sie* Distanz, Autorität. Im Ahd./Mhd. steht das Duzen in Opposition zum Ihrzen. Otfried von Weißenburg redet im Evangelienbuch (um 879) den Hörer und Leser mit *Du* an, dagegen seinen Bischof mit *Ihr*. In der höfischen Literatur um 1200 gilt das *Du* gegenüber Vertrauten und ständisch Niederen, aber innerhalb der Hofgesellschaft herrscht das *Ihr* (*Euch*) vor. Die Mutter duzt ihre Tochter, die sie hingegen mit *Ihr* anredet.

Geschlechtige Pronomina der 3. Person

Mask. Sg.	Pl.	Neutr. Sg.	Pl.	Fem. Sg.	Pl.
N. *er*	*sie, sî, si*	*ez*	*siu, sie, si*	*siu, sie, sî*	*sie, sî, si*
G. *es, sîn*	*ire, ir*	*es, sîn*	*ire, ir*	*ire, ir*	*ire, ir*
D. *im(e)*	*in*	*im(e)*	*in*	*ire, ir*	*in*
A. *in (inen)*	*sie, sî, si*	*ez*	*siu, si*	*sie, sî,si*	*sie, sî, si*

Die Personalpronomina werden oft mit *lîp* umschrieben: *mîn lîp* «ich» usw.

3.4.2 Reflexivpronomina der 3. Person

Das Reflexivpronomen ist im Sg. geschlechtig, im Pl. ungeschlechtig. Wegen seiner Rückbezüglichkeit fehlt ihm der Nominativ. Für den reflexiven Dat. des Sg. und Pl. erscheint *sich* erst im 16. Jh. Im Mhd. heißt es noch: *er twuoc im die hende* («er wusch sich die Hände»), im Akk. dagegen *siu sah sich an* («sie sah sich an»).

	Mask./Neutr. Sg.	Fem. Sg.	Mask./Neutr./Fem. Pl.
Gen.	*sîn*	*ir*	*ir(e)*
Dat.	*im(e)*	*ir(e)*	*in*
Akk.	*sich*	*sich*	*sich*

3.4.3 Possessivpronomina

Die Possessivpronomina *mîn, dîn, sîn, unser, iuwer* zeigen ein Zugehörigkeitsverhältnis an. Für die 3. Pers. Sg. Fem. und für die 3. Pers. Pl. in allen drei Genera werden die entsprechenden Genitivformen des Personalpronomens (*ir*) benutzt. Die 3. Pers. Sg. Mask. und Neutr. sind aus dem Genitiv (*sîn*) des Reflexivpronomens gebildet.

Sie werden in der Regel auch dann stark flektiert, wenn ihnen der bestimmte Artikel oder ein Demonstrativpronomen vorausgeht. Der Nom. Sg. aller Genera ist unflektiert: *mîn frouwe* - nhd. meine Herrin. Mhd. *ir* bleibt stets unflektiert: *vor ir herren, er nam ir hende*.

3.4.4 Demonstrativpronomina und bestimmter Artikel

Die Demonstrativpronomina *der, diu, daz; diser, disiu, diz; jener, ander, selp* gehören zu den deiktischen Ausdrucksmitteln, die auf einen Gegenstand hinweisen.

Das Pronominaladjektiv *jener, jeniu, jenez* weist im Gegensatz zu *der diu, daz* und dem zusammengesetzten Demonstrativpronomen auf das Entferntere hin, während das als Substantiv und Adjektiv gebrauchte Identitätspronomen *selp* auf das Gemeinte zurückverweist.

Selp wird stark flektiert in *mînes selbes lîp* «mein eigenes Leben», schwach im Nom.: *got selbe, selbander* «zu zweit», *selb dritte* «zu dritt» usw. Nhd. *selbst* ist aus dem adv. Gen. *selbes* hervorgegangen, an den im Spmhd. /t/ angetreten ist. Die schwache Flexionsform verbindet sich mit dem bestimmten Artikel zu *der selbe, diu selbe, daz selbe*.

Bestimmter Artikel (einfaches Demonstrativpronomen)

	Mask. Sg.	Neutr.	Fem.	Mask. Pl.	Neutr.	Fem.
Nom.	*der*	*daz*	*diu*	*die*	*diu*	*die*
Gen.	*des*	*des*	*der*	*der*	*der*	*der*
Dat.	*dem(e)*	*dem(e)*	*der*	*den*	*den*	*den*
Akk.	*den*	*daz*	*die*	*die*	*diu*	*die*

Der bestimmte Artikel fungiert auch als Demonstrativ- und Relativpronomen. Auch dann lauten der Gen. Sg. *des* «dessen», *der* «deren» und der Dat. Pl. *den* «denen».

In Verbindung mit Präpositionen ist noch der neutr. Instrumentalis *diu* belegt: *ze diu, von diu* «deshalb».

Zusammengesetztes Demonstrativpronomen

An die Formen des einfachen Demonstrativpronomens wird eine Verstärkungspartikel ahd. *-se-* angefügt. Dadurch entstand z.T. eine Binnenflexion, doch vorherrschend ist die Flexion am Wortende. In den Kaususformen mit /r/ trat schon im Ahd. Assimilation des vorangehenden /s/ ein; z.B. mit Synkope im Gen. Pl. mhd. *dirre* < ahd. *derera* < *desera*.

Mask.		Neutr.		Fem.	
Sg.	Pl.	Sg.	Pl.	Sg.	Pl.
N. *dise, deser,*	*dise*	*ditz(e), diz*	*disiu*	*disiu*	*dise*
diser, dirre					
G. *disse, dis*	*dirre*	*disse, dis*	*dirre*	*diser(e), dirre*	*dirre*
disses, dises		*disses, dises*			
D. *disem(e)*	*disen*	*disem(e)*	*disen*	*diser(e), dirre*	*disen*
A. *disen*	*dise*	*ditz(e), diz*	*disiu*	*dise*	*dise*

3.4.5 Interrogativpronomina

Nom. *wer/waz* – Gen. *wes* «wessen» – Dat. *wem(e)* - Akk. *wen/waz*; Instr. *ze wiu, zwiu* «weshalb, warum». – Pronominaladj.: *weder* «welcher von beiden», *wederz* «was von beiden».

Im Mhd. fungieren die Interrogativpronomina *swer* < ahd. *sô wer sô* «wer auch immer» und *swelch* < ahd. *sô welih sô* «was auch immer, alles was» als verallgemeinernde Relativa. Im Spmhd. schwindet das anlautende /s/; «wer» bleibt im Nhd. verallgemeinernd, «welch» wird einfaches Relativum.

3.4.6 Indefinitpronomina

Indefinitpronomina (< lat. *indefinitum* «unbestimmt») bezeichnen Personen oder Sachen, die nach Geschlecht und Zahl unbestimmt sind, z.B. nhd. *man, etwas.*

Im Mhd. veraltet das einzige ererbte Indefinitpronomen *sum*, vgl. engl. *some*. Statt dessen werden als Indefinita gebraucht:

Komposita auf *-lîch* (< germ. * *lîka* «Körper, Gestalt»): mhd. *gelîch* (von derselben Gestalt, ähnlich, gleich) «jeder» m. Gen. Pl. ; *iegelîch, ieclîch* «jeder beliebige, jeglicher»; *eteslîch, etelîch* «irgendeiner, mancher».

Mhd. *ein* als Zahlwort «eins, einzig, allein, alleinig», als Indefinitpronomen «irgendein, ein gewisser».

Die Komposita mit *ein: dehein, dekein*, flektiert *deheiner, -ez, -iu* »irgendein«, »kein«; *nehein, kein*, flektiert *neheiner, -ez, -iu* »kein«, »irgendein«.

Als Indefinitpronomen für eine kleinere unbestimmte Menge: mhd. *iht* «etwas», aber auch «nichts» (< ahd. *io* + *wiht* «irgendein Ding, Wesen»). Aus der Verbindung mit der Negationspartikel entsteht *niewiht, niwiht; nieht, niht, nit* (aus dem Gen. Sg. *nihtes, nihts*).

4. Zur Syntax

4.1 Grundbegriffe der Satzbeschreibung in der historischen Grammatik

Die Syntax (< griech. *syntaxis* Zusammenfügung, Anordnung) beschreibt die Anordnung und *Beziehung* sprachlicher Zeichen. Sie umfaßt als Teilbereich der Grammatik das System von Regeln, nach denen aus einem Inventar von Grundelementen durch morphologische Markierung, Stellung und Intonation Sätze gebildet werden.

In einem *Satz* sind sprachliche Einheiten, nämlich Morpheme, Wörter, Satzglieder, so ausgewählt und miteinander verknüpft, daß sie die objektivierte und wahrnehmbare Darstellung eines Sachverhalts ergeben.

Innerhalb eines Satzes haben die *Satzglieder* bestimmte syntaktische Funktionen. Notwendige Basisglieder sind das – morphologisch durch den Nominativ gekennzeichnete – *Subjekt*, von dem etwas ausgesagt wird, und das *Prädikat*, das finite Verb in konjugierter Form, durch welches die auf das Subjekt bezogenen Handlungen, Vorgänge und Zustände bezeichnet werden.

Diese für den Satz konstitutive Subjekt-Prädikat-Relation kann erweitert werden durch das *Objekt*, auf das sich die durch das Verb bezeichnete Handlung des Subjekts richtet, durch das *Attribut*, das der näheren Bestimmung von nominalen Satzgliedern dient und durch die *adverbiale Bestimmung*, die einen Sachverhalt nach Zeit, Raum, Art und Weise charakterisiert.

Syntaktisch zusammengehörige Wortgruppen, die aus nominalen Kernausdrücken mit den entsprechenden attributiven Erweiterungen bestehen, werden auch als *Nominalphrasen* (NP) bezeichnet, im Unterschied zu den *Verbalphrasen* (VP) und Präpositionalphrasen.

Kongruenz heißt die morphologische Übereinstimmung syntaktischer Komplexe. *Rektion* meint, daß ein syntaktisch übergeordnetes Element die morphologische Form der von ihm abhängigen Glieder «regiert». So besteht z.B. eine Kongruenz zwischen dem flektierten Prädikat und dem Subjekt, während das Prädikat seinerseits Rektion auf das Objekt ausüben kann. Im Unterschied zu *intransitiven* Verben wie «schlafen» regieren *transitive* wie «lesen, sehen» ein Objekt.

[Der traditionelle Begriff der Rektion überschneidet sich z.T. mit dem der *Valenz* (Wertigkeit, Fügungspotenz). Das ist die Fähigkeit eines Wortes, andere Konstituenten im Satz grammatisch vorstrukturieren und Ergänzungsbestimmungen evozieren zu können, wenn z.B. ein Verb wie «helfen» ein Dativ-Objekt nach sich zieht usf.]

Sätze werden eingeteilt in drei *Satztypen* (Satzarten): in Frage- und Aufforderungssätze, in denen die Erststellung des Verbs dominiert, und in Aussagesätze mit Verbzweitstellung. Mit anderen Worten: In Aussagesätzen ist die nominale Satzgliedfolge die von Subjekt und finitem Verb, während in Frage- und Aufforderungssätzen *Inversion*, die Umkehrung der Reihenfolge von Subjekt und Prädikat, begegnet.

Für das Übersetzen aus dem Mittelhochdeutschen ist wichtig die Beachtung des *Satzgefüges*; denn vielfach gibt es im Deutschen nicht nur einfache oder einteilige, sondern auch komplexe Sätze, nämlich Konstruktionen aus Teilsätzen, die aus mehr als einem Hauptsatz bestehen: Der *Hauptsatz* (Matrixsatz) ist ein selbständiger Satz, während der *Nebensatz* (Konstituenten-, Gliedsatz) Glied eines übergeordneten Hauptsatzes ist. Die Nebensätze können aber auch in hierarchischer Abstufung untereinander abhängig sein.

Werden gleichwertige Sätze miteinander verbunden, entsteht eine Satzverbindung, die auf dem Prinzip der *Parataxe* (Nebenordnung) beruht. Bei *syndetischer* Reihung erfolgt die Gleichordnung durch parataktische Konjunktionen – nämlich kopulativ (aneinanderreihend) durch *unde, ouch*; disjunktiv (ausschließend) durch nhd. *oder;* adversativ (entgegensetzend) durch *aber, doch, jedoch* – oder durch Pronomina und Adverbien. Bei *asyndetischer* Reihung fehlt ein verbindendes Wort.

Bei *Hypotaxe* geschieht die Verknüpfung der Gliedsätze durch Subordination (Unterordnung). Je nach repräsentiertem Satzglied unterscheidet man Subjekt-, Objekt-, Prädikativ-, Adverbial- und Attributsatz. Ein weiteres Kriterium ist das Anschluß- oder Einleitewort, z.B. das Relativpronomen beim *Relativsatz*, die Konjunktion beim Konjunktionalsatz (s.u. S. 72 ff.). Hier wird je nach Konjunktion oder Adverb unter semantischem Aspekt unterschieden zwischen *Modal-* (Art und Weise), *Temporal-* (Zeit), *Lokal-* (Ort), *Kausal-* (Grund), *Konditional-* (Bedingung), *Konsekutiv-* (Folge), *Final-* (Zweck), *Konzessiv-* (Einräumung) und *Instrumentalsatz* (Mittel).

Die reguläre Satzkonstruktion wird – besonders in der mündlichen Rede – nicht immer so durchgehalten, wie sie begonnen wurde: *Anakoluth* («ohne Zusammenhang»). Satzglieder, die je nach Situation und Kontext zum Verständnis einer Äußerung entbehrlich sind, können ausgespart werden: *Ellipse* («Ausbleiben»). In der Konstruktion *Apokoinu* («vom Gemeinsamen») bezieht sich ein Satzglied sowohl auf den vorangehenden als auch auf den folgenden Satz, z.B. *dô spranc von dem gesidele her Hagene alsô sprach* Ku. 538, 2.

In der Grammatik des Neuhochdeutschen und in der neuerer Fremdsprachen kommt der Syntax eine besondere Bedeutung zu. Auch zur mhd. Syntax gibt es ausführliche Darstellungen u.a. von O. Behaghel, I. Schröbler und S. Grosse. Die unmittelbare Sprechwirklichkeit erscheint jedoch nur vermittelt in der schriftlichen Überlieferung, die besonders in der ahd. Sprachperiode von der lat. Schrift- und Kirchensprache beeinflußt ist. In den Handschriften gibt es nicht einmal eine Interpunktionsregelung, wie denn überhaupt sich eine Sprachnorm erst in Ansätzen abzeichnet; zudem stammen zahlreiche Belege aus Texten in gebundener Rede. Die syntaktischen Befunde, die in den mhd. Grammatiken registriert werden, stellen im Vergleich zum Nhd. vielfältige graduelle Abweichungen, aber kaum essentielle Unterschiede dar. Deshalb werden hier nur die wesentlichen Abweichungen gegenüber dem Nhd. aufgeführt, im übrigen vertraut man beim Übersetzen aus dem Mhd. am besten auf unsere nhd. «Sprecherkompetenz».

4.2 Kasus, v.a. Genitivkonstruktionen

Der Genitiv wird im Mhd. ungleich häufiger und vielfältiger gebraucht als im Nhd. Viele Verben haben die Genitiv-Rektion als Objekt-Kasus. Vgl. *Do engalt er sîner zühte* « Da zahlte er wegen seiner Wohlerzogenheit/Da büßte er für seine Zurückhaltung»(NL 980), mhd. *hungers sterben* – nhd. «wegen/vor Hunger sterben». Verben mit Genitiv:

Einer Sache oder einer Person –

bedürfen	*geniezen* Nutzen, Erfolg v. etw. haben
(be)gern begehren, verlangen	*rât werden* Abhilfe schaffen
beginnen	*gunnen, günnen* gönnen
sich betragen sich begnügen	*jehen* bekennen, behaupten, sagen
sich betrâgen sich langweilen, verdrießen	*phlegen* mit etw. zu tun haben, besitzen
sich bewegen sich zu etw. entschließen, auf etw. verzichten	*(ge)ruochen* sich um etw. kümmern, begehren
bîten auf etw. warten	*vergezzen*
darben, enbern entbehren	*sich verdriezen* einer Sache überdrüssig sein
en(t)gelten Schaden von etw. haben, büßen, bezahlen	*walten* Gewalt haben über
ergetzen entschädigen	*warten* warten auf, acht haben auf
erwinden ablassen von	*wern* gewähren
sich gelouben verzichten auf	*zîhen* zeihen, anklagen
sich genieten sein Verlangen befriedigen	*sich underwinden* für etw. sorgen, auf sich nehmen

Der Genitiv, der allein als absoluter Kasus ungebräuchlich ist, kann bezogen sein auf Substantive, Adjektive, Pronomina, Numeralia und Verben. Die jeweilige Beziehung läßt sich z.B. charakterisieren als:

genitivus subiectivus – *sînes neven sterben* «das Sterben seines Neffen»

genitivus obiectivus – *durch ir sunes liebe* «aus Liebe zu ihrem Sohn»
(vgl. lat. *amor filii* «die Liebe des Sohnes» als gen. subiectivus vs. «die Liebe zum Sohn» als gen. obiectivus)

<u>genitivus partitivus</u> – bezogen auf substantivische Numeralia: *er was der zwelve einer* ; *ob mîn tûsent wæren*
– bei den substantivierten Quantitätsadjektiven *vil, wênec, lützel, genuoc, mêre, minner: vil geldes; des ist genuoc*
– bei den Pronomen *wer, (s)waz* «wieviel (auch immer)», «was für», z.B. *waz râtes möhte ich dir nu tuon* ?
– bei *iht* und *niht: iht bœses* «etwas Schlimmes»; *des mac niht ergân* «davon wird nichts geschehen»; *anders niht* «nichts (von anderem) sonst»; *daz in allen landen niht schœners mohte sîn* NL 2, 2

genitivus qualitatis – *maneger slahte wunder* «vielerlei Wunder»

genitivus definitivus – *er was ein bluome der jugent, stæter triuwe ein adamas*

adnominaler Genitiv der Steigerung – *maget aller megede*

Der Instrumental hat sich nur im Neutr. Sg. einiger pronominaler Formen in Verbindung mit Präpositionen gehalten: *bi diu, von diu, inner diu, mit diu/ihtiu/nihtiu, umbe diu, ze diu, ze wiu* oder *zwiu* «weshalb».

Der Vokativ ist formal mit dem Nominativ identisch. Er kann in der Anrede mit bestimmtem oder unbestimmtem Artikel erscheinen: *rîtest du nu hinnen, <u>der</u> aller liebste man* ? («Du allerliebste Mann») MF 4, 35; *sît willekomen, her Sîvrit, <u>ein</u> edel riter guot* («Ihr edler Ritter»).

Mit dem Bedürfnis, Bezugsverhältnisse zu differenzieren, wächst vom Alt- zum Mittelhochdeutschen die Zahl der «Verhältniswörter» (Präpositionen). Dabei kommt es im Mhd. noch zu Kasusschwankungen und gegenüber dem Nhd. zu Abweichungen, z.B. bei mhd. **durch**: *durch got* «um Gottes willen»; *durch uns* «um unsertwillen»; *durch daz* «deswegen», «deshalb weil», «damit»; *durch* + Infin. «um zu»; *Erec wente sînen lîp grôzes gemaches durch sîn wîp. die minnete er sô sêre daz er aller êre durch si einen verphlac* «Erec gewöhnte sich um seiner Frau willen an große Bequemlichkeit. Er liebte sie so sehr, daß ihm alles Ansehen allein ihretwegen gleichgültig wurde.»

4.3 Abhängige Nebensätze und ihre Einleitungen

Das Mhd. kennt noch konditionale und konzessive Nebensätze ohne einleitende Konjunktion: *gîstu mir dîne swester, sô wil ich ez tuon* «Wenn du mir Deine Schwester gibst, dann will ich es tun» (NL 333). Auch die indirekte Rede oder indirekte Aussage kann der Einleitung entbehren, aber wegen seiner größeren Eindeutigkeit herrscht wie im Nhd. der durch Konjunktion oder Adverb eingeleitete Nebensatz vor. Dabei sind nach der Art der Verknüpfung mit dem Hauptsatz drei Typen eingeleiteter Nebensätze zu unterscheiden:

Indirekte Fragesätze
eingeleitet durch:

– Fragepronomina: *wer/waz/welch, weder* «welcher von beiden» oder «ob»
– Frageadverbien *wâ* «wo», *war* «wohin», *wie, wenne* «wann», *wannen* «woher»

Relativsätze
eingeleitet durch:

– Relativpronomina *der, diu daz, swer/swaz/swelch* «wer/was/welcher auch immer», *sweder* «welcher von beiden auch immer»
– relative Adverbien *dar* «wohin», *dâ* «wo», *dannen* «woher», *swar/swâ* «wohin/wo auch immer» sowie *unde* und *sô*

Konjunktionalsätze temporal
eingeleitet u.a. durch:

– *dô* «als, indem», *swanne/swenne* «wann immer, dann – wenn», *unz* «bis, solange wie», *ê/ê daz* «bevor, ehe», *sît (daz)* «seitdem, nachdem», *nû* «als nun», *sô* «als, dann»

konditional

– *ob* «wenn», *und* «wenn»

konzessiv

– *doch/swie/unde/sît* «obgleich, obwohl», *ob* «wenn auch»,

kausal	– *wande/want/wan* «da», «weil», *sît* «da», «weil», *nû* «da nun»
final	– *daz, durch daz* «damit»
konsekutiv	– *(al)sô daz, daz* «in der Weise daß, so daß»
modal	– *sô, alsô, alse, sam/alsam* «so wie, wie wenn», *swie* «wie auch immer»

Die ungemein häufige Konjunktion *daz* hat eine rein syntaktische Funktion; ihre Bedeutung hängt vom jeweiligen Kontext ab.

Zur Übersetzung wichtiger Konjunktionen und Adverbien:

alsô, alse, als	«genauso wie», «ganz wie», «so wie»
danne, dan, denne	Konj. nach Komparativ: «<u>als</u>» *(wîzer danne snê)* Adv.: «dann», «damals»
dô	temporal : «als», «(damals) als» *(Dô der sumer komen was* Wa. 94, 1); im Hauptsatz: «dann»; adverbial: «damals». Lokale Bedeutung hatte zunächst *dâ*: «da», «dort», «(dort,) wo»; auch als erregter Ausruf (vgl. Wa. 39, 22 f.: *dô was mîn friedel komen ê. dâ wart ich enpfangen)*; *dar* gibt die Richtung an: «dorthin», «dahin», «wohin» (vgl. *wâ* «wo» – *war* «wohin»). Seit dem 13. Jh. werden jedoch *dô* und *dâ* zunehmend unterschiedslos gebraucht!
nû, nû daz	temporal: «als, wie nun, nachdem nun»; kausal:«da nun».- Einleitung v. Hauptsätzen: «jetzt»
ob	konditional: «<u>wenn</u>», «falls» *(waz töhte, ob ich mich selben trüge? – Ob ich mich selben rüemen sol, sô bin ich ein hübescher man...*Wa. 62, 6) konzessiv: «wenn auch», «wenngleich» als Einleitung abhängiger Fragesätze: «ob» *(ine weiz, ob er daz tæte durh sînen hôhen muot)*
sam, alsam	vergleichend: «(ebenso) wie»; mit Konjunktiv: «als ob», «wie wenn» (z.B. Wa. 45, 37 *Sô die bluomen ûz dem grase dringent same si lachen)*

sît (daz)	temporal: «<u>seit</u>», «seitdem», «nachdem»
	kausal: «<u>da, weil</u>»
sô	vergleichend-modal: «wie» *(sô man saget)*
	temporal-konditional: «<u>wenn</u>» *(daz bediutet sich alsus, daz wir in dem tôde sweben sô wir aller beste wænen leben* AH 94 ff.; *Sô die bluomen ûz dem grase dringent, same si lachen...* Wa. 45, 37)
swie	modal: «wie auch immer», «ganz so wie», «wie»;
	temporal: «sowie», «(dann) wenn»;
	konzessiv: «wiewohl», «<u>obgleich</u>»
unde, unt	als relative Partikel: «der, die, das» *(ich mane iuch der genâden und ir mir habt gesworn* NL 2103, 1)
	konditional: «<u>wenn</u>» *(und ist ir lîp sô schœne, sô mir ist geseit)*
swanne, swenne	temporal-konditional: «<u>wann</u> immer» (vgl.
wanne/ wenne,	lat. *quando*), «(dann) wenn», «sobald als»,
wan	«<u>wenn</u>» *(swenne aber si mîn ouge an siht,*
(< ahd. *wanne*)	*seht sô tagt ez in dem herzen mîn* MF 130, 37)
wand(e)/want(e)/wan	– als kausale Konjunktion: «<u>denn, da, weil</u>»
< ahd. *(h)wanta*	*(der hiez der ungenante, wande in niemen dâ bekante)*
	– als Fragewort: «warum» und – mit abgeschliffener Negationspartikel (< *wande ne*) – «warum nicht» *(owê wan lânt sie mir mîn liep?* «Ach, warum lassen sie mir meinen Geliebten nicht?» MF 37,4)
wan (daz), niht wan, niuwan/niwan	
exzipierend:	«außer daß», «als daß», «<u>außer, nur nicht</u>» *(dâ sterbent wan die veigen* «Dort werden nur die Todgeweihten sterben» NL 150, 2; *niemer niemen bevinde daz, wan* (außer, als) *er unt ich* Wa. 40, 14 f.)
einschränkend – adversativ:	«<u>aber</u>», «<u>sondern</u>» *(er nam für sich niht sorgen wâr wan* (sondern) *lebete; ouch wolde er sich gerochen hân, wan daz er*

> *wîslîchen sînem zorne kunde entwîchen,*
> *[...] wan Erec was blôz als ein wîp* «Erec
> hätte Rache nehmen wollen, doch bemei-
> sterte er klug seinen Zorn; [...]denn Erec
> war unbewaffnet wie eine Frau» Er. 99 f.)

einschränkend – konditional: «nur daß», «wenn nicht gewesen wäre»
(gerne slief ich iemer dâ, wan ein unsæligiu
krâ diu begonde schrîen Wa. 94, 37 – 95, 1)

vergleichend: «als» nach verneintem Komparativ oder
nach *ander (der anders niht wan strîtes*
gert)

4.4 Die Negation im Mittelhochdeutschen.
Zur Negation in konjunktivischen Nebensätzen

4.4.1 Negation

Im mhd. Hauptsatz wird die Verneinung in der Regel durch die Negationspartikel *ne, en-, -n, n-* unmittelbar vor dem Verb und durch ein zu-
sätzliches *niht* oder durch andere verneinende Adverbien wie *nie, niemer* «niemals», *niene* «durchaus nicht», *niener, niender, niergen* «nir-
gendwo, durchaus nicht» oder durch Pronomina wie *nieman, nehein/
dehein* «kein», *neweder* «keiner von beiden» ausgedrückt. Die Aussage
bleibt auch bei doppelter Verneinung negativ.

> Beispiel eines Hauptsatzes mit doppelter Verneinung:
> *erne kumt niht* «er kommt nicht» (vgl. frz. *il ne vient pas*)

Die Negationspartikel kann proklitisch mit dem zu verneinenden Verb
verbunden sein (z.B. *nu enwelle got; ich enweiz*) oder enklitisch dem
vorangehenden Wort angehängt werden (z.B. *son kan ich nein, son kan
ich jâ* Wa. 42, 6; *hêrre, in (< ich en) mac*).

Einfaches *ne* genügt zur Verneinung bei *ruochen, wænen, wizzen* (z.B.
ichn weiz obe ich schœne bin) und bei *mügen, künnen, dürfen, suln,
wellen, türren, lân,* wenn der abhängige Infinitiv ausgelassen ist (z.B. *nû
enkêrte ich gerne, ich enkan*).

4.4.2 Negation in konjunktivischen Nebensätzen

Nebensätze mit *ne* allein und Verb im Konjunktiv:

1. einschränkend: <u>Durch *ne* verneinte konjunktivische Sätze von exzipierender Bedeutung,</u> die das im übergeordneten Satz Gesagte ein-
   schränken oder etwas davon ausnehmen, werden im Nhd. durch
   «es sei denn, daß», **«wenn nicht»** wiedergegeben.
   Der exzipierende Satz kann dabei dem übergeordneten (Haupt-
   oder Neben-) Satz, der meist ebenfalls negiert ist, voran- oder
   nachgestellt sein.

Beispiele:

den lîp wil ich verliesen, <u>sine werde</u> mîn wîp «Das Leben will ich verlieren,
wenn sie nicht meine Frau wird» NL 329, 4.

in <u>enwelle</u> got behüeten, du muost in schiere verloren hân «Wenn Gott ihn
nicht in seinen Schutz nimmt, mußt (wirst) Du ihn bald (wieder) verlieren» NL
14, 4

mich enmac getrœsten niemen, si <u>entuoz</u> «Niemand kann mich trösten, wenn
sie es nicht tut» Wa. 120, 21.

ir gesehet mich nimmere mêre, <u>ichn gereche</u> mich an disem man «Ihr seht mich
nicht wieder, (bevor) wenn ich mich nicht an diesem Manne gerächt habe» Er.
135 f.

und enweiz zwiu mir daz leben sol, ez <u>ensî</u> daz ich mich des erhol «und ich
weiß nicht, wozu mir das Leben noch nütze ist, es sei denn, daß ich mich davon
erhole/von dieser Schande befreie» Er. 126 f.

dô riefens alle [...], <u>ern tæte</u> sînen lewen hin, mit im envæhte niemen da «Da
riefen sie alle, niemand werde mit ihm kämpfen, es sei denn, daß er seinen Löwen
wegtäte» Iw. 5297–99.

Das Adv. *danne* kann die Negationspartikel ergänzen oder ersetzen:

wir sîn vil ungescheiden, ez <u>entuo</u> <u>dan</u> der tôt «...es sei denn, daß der
Tod uns scheide» NL 1284, 3

des sint ir iemer ungenesen got welle <u>dan</u> der arzat wesen «Davon
werdet Ihr nie geheilt werden, wenn Gott selbst nicht der Arzt sein
will» AH 203 f.

vgl. auch Luther, 1. Mose 32, 26: «ich lass dich nicht, du segnest mich
denn».

Wenn der übergeordnete Satz negiert ist, kann die Negation im exzipierenden Satz fehlen:

niemen kan erwenden daz, <u>ez tuo</u> ein edeliu frouwe «Niemand kann das än-
dern, es sei denn, daß es eine edle Dame tue» MF 12, 29–30

ich singe niht, <u>ez welle</u> tagen «Ich singe nicht, es sei denn, daß es Tag werden
will» Wa. 58, 29

---

2. erläuternd: Der durch *ne* verneinte konjunktivische Nebensatz kann auch das im übergeordneten Satz – oft mit *sô, solh* – Gesagte erläutern.
Auflösung im Nhd.: «daß nicht», «ohne daß», «ohne zu», Relativum + «nicht».

Beispiele:
dehein koufman hete ir site, ern verdürbe dâ mite «kein Kaufmann hatte diese ihre Art, ohne dabei zugrunde zu gehen.»
ich wæne nieman in der werlde lebe, ern habe ein leit «ich glaube, niemand lebt in dieser Welt, der nicht seine Sorgen hat.»
ze kâmere enkunde ouch niht gesîn, Brangæne enmüese ez wizzen «in der Kammer konnte nichts geschehen, von dem Brangäne nichts gewußt hätte (ohne daß B. davon Kenntnis hatte)» Tr. 12.956f.

---

3. ergänzend: Nach übergeordneten Sätzen mit formal verneintem Verb (*niht vergezzen, niht verdriezen, niht erlân, niht lân* usf.) erscheint in konjunktionslosen konjunktivischen Nebensätzen trotz positiver Aussage die Negationspartikel *ne*.
Auflösung im Nhd.: «daß» oder Infinitiv + «zu», ohne Negation.

Beispiele:
Parzivâl des niht vergaz ern holte sînes bruoder swert «Parzival vergaß nicht, seines Bruders Schwert zu holen» Pz. 754, 22 f.
daz enwil ich niht versprechen, ich ensehe gerne den Rüedegêres lîp «Das will ich nicht bestreiten, daß ich Rüdeger gern sähe» NL 1221, 1 f.
diu maget lie niht umbe daz si enwolde rîten vürbaz «Das Mädchen ließ sich nicht davon abbringen, weiterzureiten (weiterreiten zu wollen)» Er. 48 f.
Nune sol iuch niht verdriezen, ir enlât iu daz entsliezen, durch welher slahte meine diu fossiure in dem steine betihtet wære, als si was «Nun soll Euch nicht verstimmen, Euch erklären zu lassen, um welcher Art von Bedeutung willen die Höhle in dem Felsen so gestaltet war, wie sie es war» Tr. 16.923–27.

4.4.3 Zur Auswechselbarkeit positiver und negativer Ausdrucksweise

In *daz*-Sätzen und in von *wænen* abhängigen Sätzen können *iht* (eigentlich «irgendetwas», «etwas»), *ieman, ie, iemer* statt *niht, nieman, nie, niemer* stehen:
daz ich ie wânde ez wære, was daz allez iht ? «Was immer ich glaubte, es sei, war all das etwas ?» oder: «war das alles nichts ?» Wa. 124, 3.
ich wæne man dâ iemen âne weinen vant «Ich glaube, man fand dort niemanden, der nicht weinte».

Mhd. *dehein/kein* kann nhd. sowohl «irgendein» als auch «kein» heißen:
diu meiste triuwe, die kein man ze sîner hêrschefte ie gewan «Die allertreueste Gesinnung, die je ein Vasall seiner Herrschaft gegenüber bewies» Tr. 4281 f.

5. Semantik

5.1 Semantische Grundbegriffe

Semantik (< griech. *sēma* Zeichen, *semantikos* zum Zeichen/Wort gehörig) oder – veraltet – Semasiologie ist die Wissenschaft von der «wörtlichen» Bedeutung sprachlicher Zeichen und Zeichenfolgen und von der Beziehung zwischen dem sprachlichen Zeichen und dem in der außersprachlichen Wirklichkeit Bezeichneten.

Semiotik ist dagegen die allgemeine Theorie und Lehre von den sprachlichen und nicht-sprachlichen Zeichensystemen – ein Oberbegriff für jene Wissenschaften, die sich mit der Relation zwischen Zeichen und Bedeutung (Semantik), der Relation zwischen Zeichen (Syntax) und der Relation zwischen Zeichen und Benutzern (Pragmatik) beschäftigen.

Das sprachliche Zeichen ist eine Einheit von Ausdruck (Lautkörper) und Inhalt, von Bezeichnendem (*Signifikant*) und Bezeichnetem (*Signifikat*). Die Verbindung beider Seiten ist an und für sich beliebig, festgelegt wird sie erst durch Konvention.

Die Beziehung zwischen dem sprachlichen Ausdruck (Name) und dem Gegenstand der außersprachlichen Realität, auf den sich der Ausdruck bezieht, wird gewöhnlich *Referenz* genannt. *Denotat* (auch: *Referent*) heißt die außersprachliche Erscheinung, die mit einem sprachlichen Zeichen gemeint ist, sowie der rein begriffliche Inhalt ohne den Komplex möglicher Begleitvorstellungen. Werden diese mitberücksichtigt, spricht man von einem *Konnotat* (vgl. z.B. die Konnotationen, die das Wort «Krebs» auszulösen pflegt).

Das kleinste konstitutive Bedeutungsmerkmal wird in der Semantiktheorie *Sem*, dessen Inhalt *Semem* genannt. Diesem entspricht in der lexikographischen Praxis der Terminus *Lexem* (< griech. *lexis* Wort) für das lexikalische Stichwort. Zum Lexem «Hengst» gehört z.B. das Sem «männlich».

Die strukturelle Semantik bevorzugt bei der Beschreibung von Wörtern die *Komponentenanalyse*. Dabei wird vorausgesetzt, daß die Bedeutung eines Lexems auf Grund einer Menge allgemeinerer Bedeutungskomponenten oder Merkmale, von denen einige oder alle verschiedenen Lexemen im Wortschatz angehören, analysiert werden kann. Man mag sich mit J. Lyons[18] die semantischen Merkmale oder Komponenten als atomare und die Bedeutungen bestimmter Lexeme als molekulare Begriffe vorstellen: In dem «molekularen» Begriff *Mann* z.B. wären u.a. die «atomaren» Begriffe *männlich, erwachsen, menschlich* vereint.

Die Lexikographie arbeitet bei der Bedeutungsbeschreibung v.a. mit folgenden Kategorien:

Die Bedeutung eines Wortes kann direkt nach *Umfang (Extension)* und *Inhalt (Intension)* definiert werden. In der Tradition der aristotelischen Logik wird unter dem Inhalt einer Idee die Gesamtheit der in der Idee enthaltenen Attribute, ihrer Oberbegriffe also, verstanden, während der Umfang der Idee aus Subjekten dieser Idee, d.h. aus ihren Unterbegriffen besteht. *Obst* z.B. intensional bestimmt wäre eine Frucht von Bäumen, Sträuchern etc., extensional dagegen gehörten zu dieser Frucht Apfel, Pflaume, Kirsche etc.

Die Bedeutung eines Wortes kann aber auch indirekt umschrieben werden: Mit der Nennung von in derselben Umgebung einsetzbaren Wörtern wird die *paradigmatische* Relation eines Wortes zu seinen *Synonymen* genutzt. Mit der Angabe von Beispielen der unterschiedlichen Verwendung eines Wortes in unterschiedlichen *Kontexten* wird die *syntagmatische* Bedeutungsbeziehung veranschaulicht.

Bei *semasiologischer* Fragestellung werden zu den gegebenen Signifikanten die Signifikate gesucht. Bei der *onomasiologischen* (< griech. *onoma* Name) Fragestellung eines Begriffswörterbuches oder eines Bildwörterbuches ist umgekehrt der Inhalt oder die Vorstellung der Ausgangspunkt, indem gefragt wird, welches sprachliche Zeichen auf diesen Inhalt verweist.

Bei Bedeutungsbeschreibungen des Mittelhochdeutschen spielen die *Bedeutungsveränderungen* eine entscheidende Rolle. Vielfach unterliegen nicht nur die Wortinhalte, sondern auch die bezeichneten Sachen (Denotate) dem Wandel. Die Etymologie ermittelt zunächst die ursprüngliche Bedeutung eines Wortes. Im weiteren Verlauf der Sprachgeschichte ergeben sich oft noch weitere Veränderungen des Inhalts, nämlich *Bedeutungserweiterungen* und *-verengungen, Bedeutungsaufwertungen* und *-abwertungen* (meliorativer und pejorativer Bedeutungswandel).

Da kein Wort isoliert steht, vollziehen sich inhaltliche Veränderungen oft als Verschiebungen ganzer Feldstrukturen. Die *Wortfeldforschung* (J. Trier) versucht, sinnverwandte Ausdrücke in der Geschichte ihrer Bedeutungsverflechtung darzustellen, wobei freilich der Begriff des «Feldes» schwer zu umgrenzen ist. Vielfach arbeitet die strukturelle

---

[18] J. Lyons, Semantik, Bd. 1, München 1980, S. 327.

Semantik auch mit distinktiven Oppositionen und versucht, den Wortschatz in hierarchischer Gliederung darzustellen.

All diese Verfahren können einander wechselseitig ergänzen. In der
Praxis der Wörterbücher des Mittelhochdeutschen werden sie ohnehin
nicht strikt auseinandergehalten, nicht nur, weil diese Handbücher veraltet sind, sondern auch und vor allem, weil bei der Aufnahme des Gesamtwortschatzes einer Sprachstufe pragmatische Gründe dagegen sprechen. Sie sind zugeschnitten auf die Bedürfnisse des Philologen, der
Wortbedeutungen in Textzusammenhängen zu klären hat: Sie führen die
potentiellen Bedeutungen eines Wortes auf, und der Benutzer muß entscheiden, welcher spezifische Inhalt in einem bestimmten Kontext aktualisiert wird.

5.2 Zur Lexikographie des Mittelhochdeutschen

Der ahd. Wortschatz ist resp. wird gründlich erschlossen. Die umständliche Benutzung der großen Nachschlagewerke wird ungemein erleichtert durch das
‹Althochdeutsche Wörterbuch› von R. Schützeichel. Es hat gegenüber Lexers Taschenwörterbuch den Vorzug, daß sich über die Siglen die jeweiligen Belegstellen
zu einem Lexem ermitteln lassen.

Schützeichel verzeichnet seit der 6. Auflage nicht nur den Wortschatz der
literarischen Denkmäler, sondern auch den der Glossen, die mit ihren rund
250.000 Belegstellen etwa zwei Drittel der ahd. Überlieferung ausmachen. Diese
erschließt jetzt Schützeichels ‹Althochdeutscher und Altsächsischer Glossenwortschatz› (12 Bde. Tübingen 2004). Solange das große Leipziger ‹Althochdeutsche Wörterbuch› nicht abgeschlossen ist (bisher A – G, tw. H), ist der nach
Stammwörtern angeordnete ‹Althochdeutsche Sprachschatz› von E. G. Graff
noch nicht ersetzt.

Um die Sammlung des mhd. Gesamtwortschatzes ist es nicht gut bestellt. Die großen Nachschlagewerke genügen neueren lexikologischen
Ansprüchen nicht mehr. Seit langem harrt das ‹Mittelhochdeutsche Taschenwörterbuch› von M. Lexer der Überarbeitung. So ist es selbst bei
diesem unentbehrlichen Hilfsmittel noch nicht einmal gelungen, die un-
systematisch gesammelten Nachträge dem Hauptteil zu integrieren.

Die quantitativ-statistischen Indices und Konkordanzen, die zunehmend auf dem
Wege der Datenverarbeitung zu einzelnen Werken erstellt werden, ermöglichen
lediglich das Auffinden von Textstellen. Brauchbar sind dagegen manche Teil-
wortschatz-Sammlungen wie z.B. G. F. Beneckes ‹Wörterbuch zum Iwein des
Hartmann von Aue› und Wörterverzeichnisse in Editionen wie den DTM
(‹Deutsche Texte des Mittelalters›). Sehr nützlich sind Glossare zum Fachwort-
schatz wie z.B. das ‹Lexicon of Medieval German Hunt› von David Dalby;
Neuland erschließt jetzt auch das ‹Wörterbuch der mittelhochdeutschen Urkundensprache›.

Abhilfe verspricht nun das auf vier Bände angelegte *Mittelhochdeutsche Wörterbuch* (MWB), hrsg. v. K. Gärtner, K. Grubmüller u. K. Stackmann. Stuttgart 2013 ff., aber bis auf weiteres empfiehlt sich bei der Arbeit mit dem Wörterbuch folgendes Vorgehen:

I. **Lexer, Twb.** : Matthias Lexer, *Mittelhochdeutsches Taschenwörterbuch*, 38. Aufl. mit neubearbeiteten u. erweiterten Nachträgen. Stuttgart 1992

Das Taschenwörterbuch dient zur ersten Information beim Nachschlagen von «Vokabeln», aber seine Bedeutungsangaben sind um die Stellenbelege aus dem großen Handwörterbuch von M. Lexer gekürzt und darum für genauere bedeutungsgeschichtliche Untersuchungen ungeeignet.

II. A) **Lexer, Hwb.** : Matthias Lexer, *Mittelhochdeutsches Handwörterbuch*. 3 Bde. – Nachdr. der Ausg. v. 1872–1878 mit einer Einl. v. K. Gärtner. Stuttgart 1992

Das Handwörterbuch, der «Große Lexer», bringt den mhd. Wortschatz in alphabetischer Anordnung mit Belegstellen. Die Quellen, denen die Belege entnommen sind, werden mit abgekürzten Titeln zitiert, die sich mit Hilfe des Abkürzungsverzeichnisses aufschlüsseln lassen. Häufig sind allerdings die von Lexer benutzten Editionen überholt, so daß man auch noch neuere Ausgaben zum Vergleich heranziehen muß.

Nützlich sind im Hwb. die Zahlenangaben in runden Klammern unmittelbar hinter dem jeweiligen Lexem: Die Notiz «mære *adj.* (II 68ᵃ)» bedeutet z.B., daß das Adjektiv *mære* auch im *Mittelhochdeutschen Wörterbuch* von Benecke/Müller/Zarncke behandelt wird, und zwar Band II, Seite 68, Spalte a. Lexers Hwb. fungiert damit zugleich als alphabetischer Index zu jenem älteren Wörterbuch, das nach Wortstämmen geordnet ist:

II. B) **BMZ** : *Mittelhochdeutsches Wörterbuch*. Mit Benutzung des Nachlasses von Georg Friedrich Benecke ausgearbeitet von Wilhelm Müller und Friedrich Zarncke. 3 Bde. (in 4 Tln.), Leipzig 1854–1866. Nachdr. 5 Bde. (mit alphabet. Index), Stuttgart 1990.

Dieses grundlegende Werk der mittelhochdeutschen Lexikographie übertrifft den «Großen Lexer» an Belegmaterial bei weitem. Der «Benecke/Müller/Zarncke» setzt allerdings etymologische Vorkenntnisse voraus, weil die alphabetische Anordnung sich nach Wortstämmen, nicht nach den einzelnen Wörtern richtet. Das Adj. *unmære* etwa findet sich nicht unter dem Buchstaben U, sondern unter *mære*. Deshalb orientiert man sich am besten zunächst im Lexer über die betr. Band- und

Seitenzahl des BMZ. Für gründlichere begriffsgeschichtliche Untersuchungen konsultiert man beide Wörterbücher nebeneinander und sucht nach womöglich andernorts versteckten Wörtern im «Findebuch»:

II. C) Findebuch: Kurt Gärtner u.a., *Findebuch zum mittelhochdeutschen Wortschatz. Mit einem rückläufigen Index.* Stuttgart 1992

Das ‹Findebuch› ist kein selbständiges mhd. Wörterbuch, sondern ein Wegweiser zum derzeitigen Gesamtbestand der mhd. Lexikographie, der das Auffinden von Wörtern in den Einzelglossaren ermöglicht. Wer Belegstellen und Bedeutungserläuterungen braucht, ist des Nachschlagens nicht enthoben, aber er wird hier informiert, in welchen Glossaren, Wortverzeichnissen und Registern zu Editionen mittelhochdeutscher Texte von ca. 1050 bis ca. 1350 das gesuchte Lemma außerhalb des Handwörterbuches von Lexer verzeichnet ist.

III. **DWb.** : *Deutsches Wörterbuch*, begr. v. Jacob Grimm u. Wilhelm Grimm, 16 Bde. (in 32 Tln.), Bd. 33 Quellenverz., Leipzig 1854–1971. – Neubearb. Stuttgart/Leipzig 1965 ff.

Dieses bedeutendste und umfassendste deutsche Wörterbuch registriert so gut wie alle Wörter der neuhochdeutschen Sprache in alphabetischer Reihenfolge. Auf ca. 66.000 Spalten erläutert es die Bedeutung und den Bedeutungswandel mit Millionen von Belegen aus rund 4000 Quellen. Die Stichwörter werden unter zwei Aspekten vorgestellt: einmal nach *Herkunft und Form*, zum anderen nach *Bedeutung und Gebrauch*, während z.B. das ‹Oxford Dictionary› nur die gegenwärtige Bedeutung eines Lexems beschreibt (vgl. die 19 Spalten für *«good»* mit den 139 Spalten für *«gut»* im DWb.).

Die Entstehungszeit des ‹Deutschen Wörterbuches› erstreckt sich über 123 Jahre (Vertragsabschluß 1838, 1. Lieferung 1852, 380. Lieferung 1961). Ein solch gewaltiges Unternehmen kann nicht aus einem Guß und von gleichbleibender Qualität sein – «ihrer Natur nach können Bücher dieser Art erst gut werden bei zweiter Auflage», wußte schon J. Grimm (1861). Deshalb werden in Göttingen und Berlin die Bände mit den Buchstaben A bis F neu bearbeitet (seit 1965 Lieferungen zu Bd. 1–2 und 6–8), vgl. z.B. *«Abenteuer»*.

Jacob Grimm, der allein die mit A, B, C, E und F (bis *«Frucht»*) beginnenden Artikel bewältigte (Wilhelm schaffte «nur» den Buchstaben D), konnte es sich noch leisten, für *«Amtsmännin»* eine einzige Quelle anzugeben, nämlich daß seine *sel. Mutter* von den Leuten so genannt worden sei, während sich die berühmt gewordenen Artikel von R. Hildebrand über *«Geist»* und *«Genie»* oder der von H. Kunisch über *«Tugend»* zu regelrechten Monographien ausgewachsen haben.

Abb. 6: *Jacob Grimm über seinen Zettelkästen, 1817*
Zeichnung von Ludwig Emil Grimm, dat. *Caßel d 18 Nov 1817*
Wilhelmshoher Thor, unten Mitte: *Excerpir-Kasten nebst einem von denen.*
Bleistift, 17,5 × 10,5 cm.

Natürlich hat sich nicht nur der Umfang der Artikel geändert. Schon die ersten Zeilen des Grimmschen Wörterbuches verraten einen anderen Geist als die letzten: *A, der edelste, ursprünglichste aller laute, aus brust und kehle voll erschallend [. . .]*. Jacob Grimm wollte ein Volksbuch schaffen: *Warum sollte sich der vater nicht ein paar wörter ausheben und, sie abends mit den Knaben durchgehend, zugleich ihre sprachgabe prüfen und die eigne auffrischen ! Die Mutter würde gern zuhören [. . .]*. Wie bei anderen Unternehmungen der Brüder Grimm ist auch hier der patriotische Impetus unverkennbar, nachdem Einheit und Freiheit, die großen Ziele nach den Befreiungskriegen gegen Napoleon, sich nicht hatten verwirklichen lassen. *Was haben wir denn gemeinsames als unsere sprache und literatur*, schrieb Jacob Grimm 1854. Er glaubte an eine *in allen edlen schichten der nation anhaltende und unvergehende sehnsucht [. . .] nach den gütern, die Deutschland einigen und nicht trennen.*

5.3 Typen der Wortbildung

Neue Wörter entstehen entweder spontan als «Urschöpfungen» oder sie werden konventionell auf der Basis bereits vorhandener morphologischer Mittel und Konstruktionsregeln gebildet sowie durch Entlehnungen aus anderen Sprachen wie dem Lateinischen und Französischen. Durch Bedeutungsübertragung werden zudem alte Wörter zur Bezeichnung neuer Sachverhalte verwandt.

Neue Wörter werden im Mhd. wie im Ahd. und Nhd. durch *Zusammensetzung (Komposition)* oder durch *Ableitung (Derivation)* erzeugt. Im Mhd. überwiegen die Ableitungen, wenn es auch gattungsspezifische Unterschiede zu geben scheint. Insgesamt ist der Anteil zusammengesetzter und abgeleiteter Wörter im Mhd. noch geringer als im Nhd. Im folgenden können nur exemplarisch einige Typen verbaler und nominaler Wortbildung unter Berücksichtigung ihrer semantischen Funktion vorgestellt werden.[19]

5.3.1 Verben

Die Bildung neuer Verben erfolgt durch Ableitung, nämlich entweder deverbal von bereits vorhandenen Verbalstämmen oder denominal von Nominalstämmen. Die starken Primärverben unterliegen zwar ablaut-

---

[19] H. Krahe, Germanische Sprachwissenschaft, Bd. 3: W. Meid, Wortbildungslehre, Berlin 1967. Daneben wird hier das Wortkunde-Kapitel von U. Gerdes u. G. Spellerberg (Althochdeutsch – Mittelhochdeutsch, 4. Aufl. Frankfurt a. M. 1987, S. 96 ff.) benutzt.

bedingten Modifikationen, aber sie sind in den germ. Sprachen selten Muster für Neubildungen. Produktiv sind in der Verbbildung vielmehr die schwachen Verben, und hier v.a. im Ahd. die Klasse der ōn-Verben. Nach dem Zusammenfall der stammbildenden Suffixe -ji-/-ja-, -ō- und -ē- zu mhd. -e- verlieren diese einfachen Suffixe ihre Produktivität. Doch auch ohne eigenes Wortbildungssuffix bleiben die schwachen Verben produktiv. Aus Nomina werden Verben neu gebildet, indem an die Wurzel ein Element aus dem Flexionsbestand der schwachen Verben angefügt wird.

Zu den aus dem Ahd. übernommenen mhd. Suffixen -eln, -ern, -egen (nhd. -igen) tritt das dem frz. Infinitiv -ier oder -er angelehnte Suffix mhd. -ieren (z.B. tjostieren einen Zweikampf zu Pferde austragen < Subst. mhd. tjoste < afrz. joste, parieren < afrz. parer), das später auch der Ableitung aus lat. (radieren, diskutieren) und dt. Wörtern (halbieren, buchstabieren, hausieren, hofieren usf.) dient.

Zunehmend treten jedoch an die Stelle solcher Suffixbildungen Präfixbildungen mit mhd. be-, ent-, er-, ge-, ver-, zer- sowie mhd. misse- (nhd. miß-) und vol- . Sie bewirken Modifikationen verbaler Vorstellungen und erscheinen vornehmlich in der Funktion von Aktionsarten oder auch als negative Varianten der Simplicia:

Beim Verbum gibt es nicht nur verschiedene Zeitstufen, sondern auch Aktionsarten, durch die sich differenzieren läßt, wie die durch das Verbum ausgedrückte Handlung vor sich geht.

Bei den Aktionsarten kann sich die jeweilige Handlung in ihrem gleichsam streckenhaften Verlauf darstellen (durative Aktionsart, z.B. «er stieg mehrere Stunden bergan») oder auf einen bestimmten Punkt konzentrieren (nicht-durative Aktionsart, z.B. «er erstieg den Gipfel»).

Bei den Verben nicht-durativer Aktionsart läßt sich weiter unterscheiden zwischen solchen, die den Beginn einer Handlung (Ingressiva, z.B. «entzünden») oder den Eintritt eines Zustandes (Inchoativa, z.B. «erröten») kennzeichnen und denjenigen, die den Abschluß einer Handlung (Perfektiva, z.B. «erschlagen») oder das Ergebnis einer Zustandsveränderung signalisieren (Resultativa, z.B. «verwelken»).

Iterativa bezeichnen eine wiederholte Einzelhandlung oder eine in kontinuierlichen Teilakten verlaufende Handlung (z.B. «sticheln» vs. «stechen»). Fließend ist dabei die Grenze gegenüber den Intensiva, die eine Vergrößerung der Intensität (z.B. «betteln» zu «bitten») und den Diminutiva, die eine Abschwächung anzeigen (z.B. «lächeln» zu «lachen»).

Die Präfixe be-, ent-, er-, ge- und ver- sind ihrer Funktion nach mehrdeutig. Das Präfix ge-, allgemein zur Bildung des Part. Prät. verwandt, kann eine plusquamperfektische Auffassung des Präteritums (leben – gelebete) oder eine futurische des Präsens (leben – geleben) signalisieren.

Beim Infin. wird *ge-* auch rein konventionell gebraucht, ohne noch eine Perfektivierung zu bezeichnen, z.B. *gehelfen* wie *helfen, gehœren* wie *hœren, gesehen* wie *sehen.*

Das Präfix *er-* ist sowohl an der Bildung von Ingressiva (wie mhd. *erbrinnen, erheben*) als auch an derjenigen von Perfektiva und Resultativa (wie mhd. *ertrinken, ergrîfen, erlœsen, erjagen*) beteiligt; *ver-* begegnet bei Perfektiva und Resultativa (mhd. *verbrinnen, verrinnen*), dient aber auch der Aufhebung des Simplexbegriffes (mhd. *verkiesen* nicht wählen, verzichten; *versprechen* ablehnen); *ent-* kann gleichfalls die Grundwortbedeutung aufheben (mhd. *entwenen*), kennzeichnet aber auch Ingressiva und Inchoativa (mhd. *entslâfen, enbrinnen*). Eine deutlichere Affinität zu Verben mit perfektiver oder resultativer Bedeutung zeigen *zer-* und *vol-* (mhd. *zervallen, volziehen*). Die Aufhebung des Grundwortbegriffes bewirkt *misse-* (*misseahten*).

Meist nur in unfester Komposition verbinden sich mit den Verben Adverbien und Präpositionen, die die spezielle Gerichtetheit angeben, wie mhd. *abe, an, an dar, durch, gegen, her, hin, hinter, in, mite, nâch, über, ûf, umbe, under, ûz, wider, zuo.*

5.3.2   Nomina

5.3.2.1 Substantive

In der nominalen Komposition überwiegen Determinativkomposita, in denen das zweite Glied durch das Vorderglied näher bestimmt wird, z.B. ahd. *marah-scalh* Pferdeknecht, mhd. *kampf-genôz, minne-singer.* Eindeutig dominiert jedoch bei den Substantiven die *Derivation* durch Präfixe (wie *un-*) und vor allem durch Suffixe:

Abstrakta
mhd. *-de* < ahd. *-ida*
   Zu diesem Typ gehören v.a. von Adjektiven abgeleitete Feminina, z.B. ahd. *sālida* > mhd. *sælde*, ahd. *frewida* > mhd. *vröude*.

mhd. *-e* < ahd. *-ī(n)* < germ. - *in-*
   Das Suffix dient der Bildung von fem. Eigenschaftsbezeichnungen, die zumeist auf Adjektiven beruhen, z.B. ahd. *hōhī(n)* > mhd. *hœhe*, ahd. *guotī* > mhd. *güete.*

mhd. *-t* (< germ. *-ti*)
   Zahlreiche Verbalabstrakta, oft mit Dentalberührung: ahd. mhd. *gift* zu ahd. *geban.* Zumeist handelt es sich um fem. Nomina actionis, die eine objektive Handlung kennzeichnen, z.B. mhd. *geburt, vart, vluht, vlust, zuht.*

mhd. *-unge* < ahd. *-unga*
Das (dem lat. *-(t)io* entsprechende) Suffix steht bei fem. Nomina actionis wie mhd. *korunge* «Versuchung», *samenunge* «Versammlung», *ordenunge*.
Im späten Mittelalter bedient sich die Mystik bei ihren Wortschöpfungen mit Vorliebe der Suffixe *-heit, -nis* und *-unge*, z.B. *inbildunge, anschowunge, erweckunge, erinnerunge*.
Im Nhd. ist *-ung* die meistgebrauchte Ableitung zur Bildung von Verbalabstrakta.

mhd. *-nisse* < ahd. *-nassi, -nessi, -nissi, -nussi, -nissa*
Neutr. oder fem. Ableitungen von Substantiven, Adjektiven und Partizipien, z.B. mhd. *erkantnisse*. In der frühen Neuzeit konkurriert obd. *-nus* (*Verdammnus, Gedächtnus*) mit md. *-nis* (so Luther).

mhd. *-îe* nach afrz. *-ie* / mhd. *-erîe* , vgl. frz. *-erie*
In der 2. Hälfte des 12. Jhs. wird die frz. Hof- und Ritterkultur zum großen Vorbild des dt. Adels. Sprachliches Indiz der neuen Richtung sind nicht nur zahlreiche Lehnwörter aus dem Frz., sondern auch Wortbildungsmittel wie *-ieren, -lei(e), -îe, -erîe*.
Das Suffix *-îe* bezeichnet bei fem. Substantiven die Eigenschaft oder Tätigkeit, z.B. *vilanîe* «unhöfisches Benehmen», *prophezîe*. Noch im Nhd. ist das Suffix produktiv: *Auskunftei*.
Durch die Verbindung mit dem für die Nomina agentis besonders typischen Suffix *-ære, -er* entsteht im Mhd. *-erîe:* mhd. *jegerîe, zouberîe, vrezzerîe, ketzerîe*.

mhd. *-ier* nach afrz. Nomina agentis auf *-ier* (z.B. mhd. *soldier* < afrz. *soldier, schevalier* < afrz. *chevalier*).

mhd. *-heit / -keit / -ec-heit* (nhd. *-igkeit*)
Ahd. mhd. *-heit* ist ein Kompositionssuffix, das sich erst sekundär aus dem zweiten Kompositionsglied entwickelt hat. Bevor *-heit* zum reinen Funktionselement wurde, war es ein selbständiges Substantiv: ahd. *heit* «Art, Stand, Wesen, Rang». Das (dem lat. *-tās* entsprechende) Suffix begegnet bei Ableitungen aus Substantiven und Adjektiven: mhd. *goteheit, wîsheit, bôsheit*. Als Varianten, die mit dem Betontheitsgrad der Ableitungen zusammenhängen, entstehen *-ec-heit* (nhd. *-igkeit*) und *-keit*: mhd. *wênecheit, niuwecheit/niuwekeit*.

mhd. *-schaft* < ahd. *-scaf(t)* < germ. *-skapi-/-skafti-*
Wie im Falle von *-heit* handelt es sich bei *-schaft* um ein Kompositionssuffix (ahd. *scaf* «Beschaffenheit, Ordnung, Form»/mhd. *schaft* «Geschöpf, Gestalt, Eigenschaft»), das mit einem Suffix germ. *-ti* kombiniert wird: mhd. *eigenschaft, ritterschaft* usf.

mhd. **-tuom** < ahd. *-tuom* < germ. *-dōma-*
Das Kompositionssuffix geht zurück auf germ. **dōma* und bezeichnete ursprünglich den persönlichen Zustand, die soziale Stellung: got.
dōms «Art, Bestimmung, Geschick»; an. *dómr*, ahd. *tuom* Urteil,
Ruhm. Es wird verwandt bei mask. u. neutr. Ableitungen aus Substantiven und Adjektiven: mhd. *maget(t)uom, heilectuom, siechtuom,
keisertuom.*

Abgeleitete Personalia
mhd. **-ære/ -er** < ahd. *-āri/ -eri* < germ. *-ārja-/-arja* nach lat. *-ārio-*
Das Suffix wird für mask. Berufs- und Täterbezeichungen (Nomina
agentis) gebraucht und ist dem lat. *-ārius* entlehnt: Ein frühes Beispiel
für die germ.-lat. Zweisprachigkeit in den germ. Provinzen an Rhein
und Donau. Lat. *molinārius* zu *molina* > spätahd. *mulināri* zu *mulin*
> mhd. *mülnære, mülner;* vulgärlat. *tolōn(e)ārius* > ahd. *zolonāri*
> mhd. *zolnære.*- Denominativa: ahd. *wahtāri* > mhd. *wahtære*, ahd.
fiskāri > mhd. *vischære, vischer*; deverbal: ahd. *lērāri* > mhd. *lêrære,
lêrer*; ahd. *scrībāri* > mhd. *schrîbære, schrîber.*
    Hinzu kommen Völkernamen mit dem Kompositionssuffix germ.
-warja- «bewohnend», latinisiert *-varii*: ahd. *Rōmāri* > mhd. *Rômære.*

mhd. **-inc/ -linc** < ahd. *-ing/-ling* < germ. *-inga-/-linga-/-unga-*
Das germ. Suffix *-inga-/-unga-* ist zusammen mit seiner Variante -
linga- und seiner fem. Form. *-ingō-/-ungō-* das produktivste in den
germ. Sprachen. Seine allgemeine Funktion ist, «individuelle Personal-
und Sachbezeichnungen nach charakteristischen Merkmalen zu bilden» (W. Meid). Die Ableitung ist meist sekundär von Substantiven
oder Adjektiven, z.B. ahd. *edeling* «Edler», «Adeliger» zu *edeli*, ae.
nīðing «Schurke» zu *nīð* «Haß, Neid».
    Im besonderen bezeichnen die Bildungen auf *-inga-/-unga-* als
Ableitungen von einem Personennamen die Abstammung, Familien-
und Stammeszugehörigkeit. Von den älteren Sippennamen haben
wiederum die Ortsnamen auf *-ing/-ingen* ihren Ausgang genommen.

mhd. **-in/ -inne** < ahd. *-in(na)* < (west-)germ. *-injō-*
Dieses Suffix dient der expliziten Ableitung weiblicher Personenbe-
zeichnungen von männlichen: Motionsfeminina oder movierte Feminina sind z.B. ahd. *kunigin/kuniginna*, mhd. *künegin(ne)/künegîn* zu
ahd. *kuning* (< ahd. *kunni* «Geschlecht»); mhd. *vriundinne/vriundîn*
zu *vriunt*, *lesærinne* zu *lesære/leser*, *senedærinne* zu *senedære* (< *senen*
«schmerzhaft verlangen nach, sich sehnen, lieben»).

Diminutivbildungen
Aus dem erweiterten germ. Diminutivsuffix *-ikīna-* ergibt sich im Ndld.
und Ndd. **-ken**, das im Md. und in der hd. Schriftsprache als **-chen** er-

scheint, während im Obd. *-lîn* (< germ. *-līna-*) gilt. Vgl. ⟨Helmbreht⟩ 747 f. *er sprach «liebe soete kindekîn»: er mac wol ein Sahse sîn*, aber MF 3,1 *verlorn ist daz sluzzelîn.*

Kollektivbildungen

Im Germ. werden Kollektiva mit dem Suffix *-ja-* und später meist mit dem Präfix *ga-* > ahd. *ga-, gi-, ge-* > mhd. *ge-* gebildet, z.B. *gebirge, gevilde, gemiure*. Diese Funktion können dann u.a. auch *-schaft* und *-heit* übernehmen.

5.3.2.2 Adjektive

Die Adjektiv-Suffixe mhd. *-ec/-ig, -lîch, ec-lich, -sam, -haft* und *-bære* können mit Substantiven, Adjektiven und Verbalstämmen verbunden werden. Hauptsächlich auf die Ableitung von Substantiven beschränkt sind *-în, -isch, -eht/-oht*. Häufig konkurrieren verschiedene Suffixe beim Adjektiv miteinander: *tugentbære, tugentlîch, tugentsam*. Sie sind z.T. austauschbar geworden und damit – semantisch – multifunktional.

mhd. *-bære:* Kompositionssuffix aus einem Verbaladj. zu ahd. *beran* «tragen». Bei Ableitung aus Substantiven zur Bezeichnung der Möglichkeit, z.B. *dienestbære, lobebære, strîtbære, wandelbære* – bis heute sehr produktiv.

mhd. *-lîch/-lich:* < ahd. *lîh* < germ. **līka-* «Leib, Körper». Zur Bezeichnung der artgemäßen Beschaffenheit, z.B. *küneclîch, tougenlîch* «heimlich», *lobelîch, vriuntlîch, vientlich* «feindlich». Äußerst produktives Kompositionssuffix. Vgl. lat. *-lis.*

mhd. *-ec/-ig:* sehr produktiv und in der Funktion vielfältig, z.B. *sælic/sælec.*

mhd. *-haft:* Kompositionssuffix, ahd. *haft* «gehalten, gebunden, behaftet»; Eigenschaftsbezeichnung, z.B. *tugenthaft, êhaft* «rechtsgültig».

mhd. *-sam:* ahd. *samo* «derselbe». Kompositionssuffix zur Bezeichnung des Artgemäßen, z.B. *arbeitsam, lobesam, vreissam* «schrecklich», *lussam/lustsam* «lieblich». Zahlreiche *-sam*-Bildungen bei Gottfried.

mhd. *-în:* Zugehörigkeit, Materialbeschaffenheit, z.B. *guldin.*

mhd. *-isch:* Zur Bezeichnung der Herkunft, auch der Eigenart, z.B. *diutisch/tiutsch.*

5.4 Entlehnung

Ihrer Herkunft nach ist die deutsche Sprache eine germanische, aber sie hat sich entwickelt in ständigem Kontakt mit anderen Sprachen: *Interferenz*. Die nachhaltigste Wirkung ging vom Lateinischen aus; zuerst wäh-

rend der römischen Vorherrschaft über Teile der Germania, dann durch
die Christianisierung und schließlich im Zusammenhang mit der Wis-
sensaneignung der Laien bes. im Spätmittelalter. Im Hochmittelalter hat
das Französische die mhd. Herren- und Dichtersprache beeinflußt, und
weitere Schübe folgten im 17. und 18. Jahrhundert.

Die verschiedenen Möglichkeiten der *Entlehnung* eines sprachlichen
Ausdrucks aus einer Fremdsprache in die Muttersprache lassen sich am
Beispiel des Einflusses der lat. Kirchensprache auf die Volkssprache im
Frühmittelalter veranschaulichen:

Die ältesten christlichen Lehnwörter gelangten im Gefolge der go-
tisch-arianischen Mission seit dem 6. Jahrhundert donauaufwärts und
rheinabwärts. *Bischof, Engel, Ertag* (Tag des Ares, d. i. Dienstag),
Pfinztag (fünfter Tag, d. i. Donnerstag), *Samstag, Pfaffe, Pfingsten* (<
griech. *pentēkostē (hēméra)* «der fünfzigste (Tag nach Ostern)»), *Teufel*
beruhen auf griech. Vorbildern.

Mit der Entfaltung der Klosterkultur werden seit dem 8. Jh. weitere
Wörter für alle Sachbereiche des kirchlichen Lebens aus dem Lateinischen übernommen: *Schule, Tinte, Tafel; Lilie, Rose, Petersilie* (< mlat.
petrosilium), *Salbei, Lattich; Brezel; Messe, Kreuz, Segen* (< vulgärlat.
segnum für *signum*), *Vogt* (< lat. *(ad)vocatus*), *Zelle, Keller, Abt* (< lat.
abbas – abbatem), *Nonne, Propst* (lat. *propositus*). Für Zentralbegriffe
der christlichen Theologie müssen alte, heimische Wörter umgedeutet
oder ganz neue Wörter gebildet werden wie *Gott, Schöpfer, Heiland/* as.
hēliand (lat. *salvator*), *Gnade, Glaube, beten, Seele, Demut, Gewissen,
barmherzig, keusch, geistlich, Beichte, Tugend, Erlösung, Versuchung*
(lat. *temptatio*), *Auferstehung* (lat. *resurrectio*), *Sünde* usw.

An der Entwicklung der altsächsischen und althochdeutschen Kirchensprache läßt sich somit der lange und schwierige Prozeß der inneren
Auseinandersetzung mit dem Christentum nach der Bekehrung ablesen.
Dabei kann aus dem Lateinischen oder aus einer anderen Fremdsprache
ein Wort in die Volkssprache übernommen werden als:

1. *Fremdwort*, wenn es nach Lautung, Schreibung und Flexion seinen
   fremden Charakter beibehält, ohne sich der neuen Umgebung anzu-
   gleichen;
2. *Lehnwort*, wenn ein ursprüngliches Fremdwort sich seiner neuen
   Umgebung nach Lautung, Schreibung und Flexion soweit assimiliert
   hat, daß es als heimisch gewordenes Wort angesehen wird;
3. *Lehnprägung*, wenn ein aus der Fremdsprache übernommener Inhalt
   mit den Mitteln der eigenen Sprache nachgebildet wird. Der Begriff
   der Lehnprägung läßt sich weiter differenzieren:[20]

---

[20] W. Betz, Deutsch und Lateinisch. Die Lehnbildungen der althochdeutschen Benediktinerregel, Bonn 1949; ders., Lehnwörter und Lehnprägungen im Vor- und

a) Wird nur die Bedeutung eines fremden Wortes in ein schon bestehendes eigensprachliches Wort aufgenommen, so daß sich die «Wortseele» (Frings) ändert, liegt *Lehnbedeutung* vor. Ahd. *diomuoti*, ursprünglich die «Gesinnung eines Dienenden», wird z.B. im Sinne von lat. *humilitas* umgedeutet und aufgewertet.

b) *Lehnbildung* umfaßt zunächst allgemein die Neubildung von Wörtern nach fremdem Vorbild: «Wort-Seele und -Form sind neu» (Th. Frings). Die Lehnbildung kann nach der Intensität der Abhängigkeit von der Bildungsweise des Vorbildwortes weiter spezifiziert werden als Lehnübersetzung, Lehnübertragung und Lehnschöpfung.

Dabei heißt *Lehnübersetzung* die ganz mechanische Ersetzung fremder Morpheme durch eigene. So übersetzt man z.B. im 8. Jh. lat. *abstinent-ia* Glied für Glied mit ahd. *fir-hab-itha* «Ver-halten-heit» und um 1000 lat. *conscientia* mit ahd. *giwizzani*. Demgegenüber meint Lehnübertragung die freiere Nachbildung des Vorbildwortes, z.B. *Vaterland* für lat. *patria*.

Lehnübersetzung und -übertragung übernehmen mit der Wortbedeutung auch die Bildungsweise («Lehnformung»). Dagegen bleibt bei einer «Lehnschöpfung» (W. Betz) die eigene Sprache formal unabhängig; sie adaptiert nur den Wortinhalt des fremdsprachlichen Ausdrucks, z.B. *Umwelt* für *Milieu*.

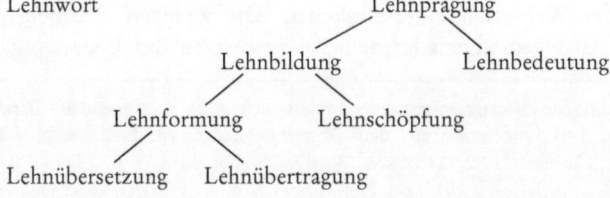

Im 12./13. Jh. adaptiert die weltliche deutsche Führungsschicht die französische Ritter- und Hofkultur. Die zahlreichen Entlehnungen von Bezeichnungen der ritterlichen Ausrüstung und Kampftechnik, der Jagd und der höfischen Geselligkeit spiegeln die Intensität dieses Einflusses wider. Die Rezeptionswege führen zum einen von Lothringen an den Mittel- und Oberrhein, zum anderen von der Picardie über Flandern, Brabant und den Hennegau zum Niederrhein. Darum gibt es nicht nur unmittelbare Entlehnungen aus dem Französischen, sondern auch mittelbare, die über das Mittelniederländische ins Deutsche gelangten, z.B. *dörper* (nach afrz. *vilain*).

Frühdeutschen. In: DWg., hrsg. v. F. Maurer u. H. Rupp, Bd. 1, Berlin [3]1974, S. 135–163; Th. Frings, Grundlegung einer Geschichte der deutschen Sprache, Halle [3]1957, Kap. 4; N. R. Wolf, Althochdeutsch – Mittelhochdeutsch, Heidelberg 1981, S. 116–157.

Hövesch, Inbegriff der neuen Lebensform, ist eine Lehnprägung nach dem Vorbild von afrz. *curtois*; *âventiure* ist gegen Ende des 12. Jhs. aus dem Frz. (*aventure* < lat. *adventura*) übernommen worden. Entlehnungen aus dem Turnierbereich: *turnei, lanze, harnasch, bûhurt* (Gruppenkampf), *tjoste* (Zweikampf zu Pferde), *poinder* (das Anrennen mit dem Streitroß), *puneiz* (das Anreiten mit eingelegter Lanze), *panzier, zimier* (Helmschmuck), *kollier* (Halsschutz), *baniere* (Fahne auf der Stoßlanze), *kovertiure* (Pferdedecke). Ähnliches gilt für Fachtermini der Jagd, der Musik, für Formen des geselligen Umgangs. Von den zahlreichen Lehnwörtern aus dem Französischen z.B. in Wolframs ‹Parzival› und in Gottfrieds ‹Tristan› haben sich jedoch nur wenige im Neuhochdeutschen erhalten.

5.5 Bedeutung und Bedeutungswandel an Wortbeispielen vornehmlich aus der höfischen Literatur

In der folgenden Auswahl werden einige Begriffe aus dem religiös-ethischen und aus dem rechtlich-sozialen Bereich erläutert, besonders solche, die zu Leitbegriffen der höfischen Dichtung geworden sind.[21] Das einzelne mhd. Wort ist häufig noch vieldeutiger als im Nhd., wo immer wieder neue Ableitungen, Zusammensetzungen, Lehn- und Fremdwörter eine ungleich größere Bedeutungsdifferenzierung innerhalb des Wortschatzes ermöglichen. Die wenigen Beispiele erlauben keine Aussagen über allgemeinere Tendenzen des Bedeutungswandels

---

[21] Ähnliche Worterläuterungen finden sich u.a. in folgenden Darstellungen: F. Saran, Das Übersetzen aus dem Mittelhochdeutschen. Neu bearb. v. B. Nagel, 6. Aufl. Tübingen 1975; Deutsche Wortgeschichte, hrsg. v. F. Maurer u. F. Stroh, Bd. 1–2, 2. Aufl. Berlin 1959, Bd. 3 (m. Reg. bearb. v. H. Rupp) 1960; U. Gerdes u. G. Spellerberg, Althochdeutsch – Mittelhochdeutsch, a. a. O., S. 109 ff.; U. Pretzel, Mittelhochdeutsche Bedeutungskunde, Heidelberg 1982; O. Ehrismann, Ehre und Mut, Âventiure und Minne. Höfische Wortgeschichten aus dem Mittelalter, München 1995.
Aus der Reihe *Althochdeutsche und mittelhochdeutsche Lyrik und Epik* der Wissenschaftlichen Buchgesellschaft Darmstadt vgl. die den Übersetzungen und Nacherzählungen beigegebenen Wort- und Begriffserläuterungen v.a. von W. Hoffmann sowie diejenigen von G. Hollandt, H. Richter, I. Ruttmann, J. Schaefer, W. J. Schröder, E. Schwarz u. G. Schweikle.- In der Reihe *Deutsche Klassiker des Mittelalters* vgl. die Wort- und Sacherklärungen von K. Bartsch, H. de Boor und P. F. Ganz zum Nibelungenlied und zum ‹Tristan› sowie die von K. Stackmann zur ‹Kudrun›.
Sehr instruktiv sind die Wortuntersuchungen von W. Besch, Sprachlandschaften und Sprachausgleich im 15. Jahrhundert, München 1967 u. G. Ising, Zur Wortgeographie spätmittelalterlicher deutscher Schriftdialekte, 2 Tle. Berlin 1968. Im übrigen benutzt man natürlich neben den Wörterbüchern und dem *Archiv für Begriffsgeschichte* die großen Fachenzyklopädien wie das LThK, Ritters Hist. Wb. d. Philos., das Hwb. z. dt. Rechtsgesch. v. A. Erler u. E. Kaufmann und die GGB.

vom Mhd. zum Nhd. Gleichwohl drängt sich, so Friedrich Maurer, der Eindruck einer allmählichen Verschiebung der Perspektive vom Konkreten zum Abstrakteren, vom Äußeren zum Inneren auf.

Wie auf ihrem Felde die Phonologie, so versucht die Semantik, die Lexeme innerhalb systemhafter Zusammenhänge darzustellen. Jost Trier z.B. versteht den Wortschatz einer Sprache als integriertes System verwandter Lexeme, die er nach Wortfeldern gliedert. Dieses System unterliegt ständiger Veränderung: Zuvor existierende Wörter verschwinden und werden durch andere ersetzt, oder neue Wörter entstehen. Die Sinnrelationen zwischen benachbarten Lexemen verschieben sich. Mit der Bedeutungserweiterung des einen Wortes kann die Bedeutungsverengung eines anderen einhergehen usw.

Wenngleich hier die Beispielwörter nur einfach punktuell in alphabetischer Reihenfolge behandelt werden und nicht innerhalb semantischer Felder, so wird doch wenigstens mit dem Pfeilzeichen → auf sinnverwandte Ausdrücke verwiesen. Es empfiehlt sich, gerade diese in der Entwicklung ihrer Bedeutungsverflechtung zu verfolgen.

Da die Unterschiede zwischen den einzelnen Textsorten des Mhd. und der individuelle Wortgebrauch der Autoren notwendig zu kurz kommen, sind den Artikeln ggf. weiterführende Literaturhinweise beigefügt.

amîs st. M., N.; **amîe** sw. F.: Aus dem Afrz. (< lat. *amicus, amica*) übernommenes Modewort der höfischen Gesellschaft: *amîs* «der Geliebte»; *amîe* «die Geliebte» (*‹was er iuwer âmîs oder iuwer man ?›* «War er Euer Geliebter oder Euer Ehemann?» Er. 6172). Im Artusroman treten Ritter mit ihrer *amîe* als unverheiratete Liebespaare auf, die in ihrer Lebensform nicht fest an den Hof gebunden sind. → *geselle, senedære/-inne, triutinne, vriedel, vriunt.*

Lit.: U. Schulze, *âmîs unde man.* Die zentrale Problematik in Hartmanns ‹Erec›. In: PBB 105 (1983), S. 14–47.

angest st. F.; st. M.: Grundbedeutung «Bedrängnis», vgl. lat. *angustiae* «Enge»; im Mhd. nicht nur wie im Nhd. «Angst», «Furcht», sondern auch «Bedrängnis», «Gefahr», entsprechend *angestlîch* «ängstlich, gefährlich».

ich wæne daz volc deheinez grœzer angest ie gewan «Ich glaube, daß keine Kriegerschar je in größere Bedrängnis geriet» NL 2111,4.

Lit.: R. Endres, Zur Bedeutung von *angust* und *Angst.* In: Studia linguistica et philologica. FS K. Matzel, hrsg. v. H.-W. Eroms, Heidelberg 1984, S. 137–144; H. Bergholtz, Das Wortfeld «Angst». Eine lexikographische Untersuchung mit Vorschlägen für ein großes interdisziplinäres Wörterbuch der deutschen Sprache, Stuttgart 1980.

arbeit st. F. : Arbeit meint eine menschliche Tätigkeit, das Produkt dieser Tätigkeit und die Aufgabe, einen vorgestellten Zweck. Mhd. *arbeit* ist anders als im Nhd. v.a. ein Affektwort für alles, was dem Menschen an «Mühsal, Mühe, Not, Plage, Bedrängnis» in der Welt widerfährt, dann auch die Anstrengung zur Realisierung von Zwecken, das mit Mühe Zustandegebrachte und Erworbene.

In der feudalhöfischen Geselllschaft und ihrer Literatur beschränkt sich *arbeit* auf dasjenige, was eines freien Mannes würdig ist (vgl. in der Antike *opera servilia* vs. *opera liberalia*); *arbeit* und *muoze* gelten gleichermaßen als Tugenden. Im höfischen Roman und im Heldenepos ist die *arbeit* des Ritters die Kampfesnot (*Uns ist in alten mæren wunders vil geseit/ von helden lobebæren, von grôzer arebeit* NL 1, 2), im Minnesang die Liebesnot (→ *leit, nôt, kumber, angest, sorge*).

Weitgehend ausgeklammert wird dabei die schon für ahd. *arbeit, arabeit, aribeit, arebeit* belegte Bedeutung von «Arbeit» als einer beruflichen, zweckmäßigen Tätigkeit. Diese Bedeutung dominiert im nhd. Wortgebrauch, verbunden mit einer Aufwertung von Arbeit, nicht zuletzt durch die protestantische Ethik.

Lit.: G. Schneidewind, Die Wortsippe «Arbeit» und ihr Bedeutungskreis in den althochdeutschen Sprachdenkmälern. In: PBB (O) 81 (1959), S. 174–187; G. Schwarz, «arbeit» bei mittelhochdeutschen Dichtern, Diss. Bonn, Würzb. 1938; S. Heimann, Zum Begriff der menschlichen Arbeit bei Sebastian Brant und Thomas Murner. In: Untersuchungen zur Pragmatik und Semantik an Texten aus der ersten Hälfte des 16. Jhs., hrsg. v. R. Große, Berlin 1987, S. 105–144; H. Stahleder, Arbeit in der mittelalterlichen Gesellschaft, Phil. Diss. München 1971/72; R. R. Anderson, U. Goebel, O. Reichmann, Frühneuhochdeutsch *arbeit* und einige zugehörige Wortbildungen. In: Philolog. Untersuchungen. FS E. Stutz, hrsg. v. A. Ebenbauer, Wien 1984, S. 1–29; D. Otto, Definition, Darstellung und Bewertung von Arbeit und Tätigkeit in den deutschen Epen des hohen Mittelalters, Frankfurt 1993; Ritter, Hist. Wb. d. Philos., Bd. 1, Sp. 480–487; Krings, Philos. Grundbegriffe Bd. 1, S. 125–140; GGB 1 (1972), S. 154–215; Arbeit als Thema in der deutschen Literatur vom Mittelalter bis zur Gegenwart. Hrsg. v. R. Grimm u. J. Hermand, Königstein/Ts. 1979; K. Wiedemann, Arbeit und Bürgertum, Heidelberg 1979, bes. S. 34–53; O. G. Oexle, Arbeit, Armut, «Stand» im Mittelalter. In: J. Kocka, C. Offe (Hrsg.): Geschichte und Zukunft der Arbeit, Frankfurt a. M. 2000, S. 67–79; R. Bauschke-Hartung, Der ‹Wert› der ‹Arbeit›. Zur historischen Semantik von mhd. *arbeit, dienest, lôn* und *wert*. In: Wert der Arbeit, hrsg. v. J. Wiener, Düsseldorf 2013; MWB 1, Sp. 341–343; FWB 2, Sp. 32–39.

arm Adj.: Ausgangsbedeutung «vereinsamt, verlassen», dann «bemitleidenswert». Im Mhd. 1.) «bedauernswert», «elend», «unglücklich»; «wertlos» (vgl. nhd. *armer Sünder, arme Seele*); 2.) «arm, besitzlos, bedürftig» (lat. *pauper*); «von geringem Stande»; in kollektivierender Kontrastkoppelung: *arme unde rîche* Tr. 511. Der Begriff entfaltet seine Wirkung durch das religiöse Postulat der freiwilligen Armut im Ordensstand, propagiert v.a. durch die Bettelorden im 13. Jh.

Lit.: A. P. Wirth, Vor- und Frühgeschichte des Wortes «arm», Phil. Diss. Freiburg 1966; W. Schröder, *Armuot*. In: DVjs. 34 (1960/61), S. 501–526; O. G. Oexle, Armut, Armutsbegriff und Armenfürsorge im Mittelalter. In: C. Sachße, F. Tennstedt (Hrsg.): Soziale Sicherheit und soziale Disziplinierung, Frankfurt 1986, S. 71–100; O. G. Oexle (Hrsg.): Armut im Mittelalter, Ostfildern 2005.

art st. M., st. F.: «angeborene Eigentümlichkeit», «Natur» oder «Beschaffenheit»; «Wesen», «Herkunft» oder «Abstammung»; Anlage («Disposition») einer Familie oder eines Geschlechts.

schildes ambet ist mîn art «Ritterdienst ist meine Natur»/«Waffenhandwerk ist mein Beruf» Pz. 115, 11; *ir mugt wol sîn von ritters art* «Ihr mögt wohl zum Ritter geboren sein» [nicht als Ritter !] Pz. 123, 11. Wenn dagegen der ‹Sachsenspiegel› Ldr. I 20 festhält, *wat iewelk* (jeder) *man van ridders art mogen geven sime wive to morgengave*, so ist mit *art* die adelige Geburt gemeint.

Lit.: J. Schwietering, Natur und art. In: ZfdA 91 (1961/62), S. 108–137.

âventiure st. F.: Der Ende des 12. Jhs. aus dem Frz. *(aventure)* übernommene Begriff geht zurück auf mlat. *adventura* (zu *advenire* «zukommen, sich ereignen»; vgl. «Advent»). Dementsprechend haftet ihm zunächst die Vorstellung des Kommenden, des Auf-einen-Zukommenden an. Die Begegnung ist zufällig, ihr Ausgang ungewiß. Daraus ergibt sich 1. die Bedeutung von *âventiure* als «gewagtes Unternehmen, Wagnis» und als «wunderbare, gefährliche Begebenheit» oder allgemein als «Ereignis, Begebenheit». Im höfischen Roman ist *âventiure* die gefährliche Begegnung, die zufällig (*von âventiure* heißt denn auch «zufällig») von außen auf den Ritter zukommt oder die er sucht, weil sie ihm die Bewährung im Kampf ermöglicht.

Im ‹Iwein› des Hartmann von Aue erzählt der Artusritter Kâlogrenant, wie er im Walde von Brezljân auf der Suche nach *âventiure* einem *walttôren* von großer Häßlichkeit, bewaffnet mit einem Kolben, begegnet sei. Der *gebûre* habe gefragt, was er suche. Die (simplifizierende) Antwort des Ritters (vv. 526–540):

‹*ich suoche âventiure.*›	«ich suche Abenteuer.»
dô sprach der ungehiure	Da sprach das Ungeheuer:
‹*âventiure ? waz ist daz ?*›	«Abenteuer, was ist das ?»
‹*daz wil ich dir bescheiden baz.*	«Das will ich dir genau erklären.
nû sich wie ich gewâfent bin:	Nun sieh, wie ich bewaffnet bin:
ich heize ein riter und hân den sin	Man nennt mich Ritter, und ich habe vor,
daz ich suochende rîte	auszureiten auf die Suche
einen man der mit mir strîte,	nach einem Mann, der mit mir kämpfe
der gewâfent sî als ich.	und der bewaffnet ist wie ich.
daz prîset in, und sleht er mich:	Schlägt er mich, so bringt ihm das Ruhm ein,

gesige aber ich im an,
sô hât man mich vür einen man,
und wirde werder danne ich sî.
sî dir nû nâhen oder bî
kunt umb selhe wâge iht,

des verswîc mich niht [. . .].›

siege aber ich über ihn,
so hält man mich für einen rechten Mann
und ich habe mehr Ehre als bisher.
Ist dir nun in der Nachbarschaft oder hier
eine Gelegenheit zu solchem Wagnis bekannt,
so verschweig mir nichts [. . .].»

2. ist *âventiure* der Bericht über *âventiuren* – die «Geschichte», die Dichtung oder «Erzählung» (*dem man dirre âventiure giht* «von dem diese Geschichte handelt» Pz. 4, 25), auch der Abschnitt einer Dichtung (die Erzähleinheiten des NL heißen *âventiuren*), oder die literarische «Quelle», die poetische Vorlage (*als uns diu âventiure saget* «wie uns die Quelle sagt» Pz. 12, 3). Im Literaturexkurs des ‹Tristan› ist *der âventiure meine* die Deutung, die der Geschichte und Quelle vom Dichter gegeben wird.

Als Personifikation der Dichtung begegnet seit Wolframs Pz. 433, 7 *Vrou Aventiure*. Der nhd. Begriff *Abenteuer* teilt mit dem mhd. das Moment des Außerordentlichen, der Gefahr.

Lit.: DWb. 1, 1984; K. Wölfel, Über ein Wörterbuch zur deutschen Poetik des 16.–18. Jahrhunderts. In: Arch. f. Begriffsgesch. 19 (1975), S. 28–49; M. Nerlich, Zur Begriffsgeschichte von «Abenteuer». In: WB 23 (1977), 8, S. 160–171.- J. Grimm, Frau Aventiure klopft an Beneckes thür. In: J. G., Kl. Schrr., Bd. 1, Berlin [2]1879, S. 83–112. – E. Köhler, Ideal und Wirklichkeit in der höfischen Epik, Tübingen [2]1970; R. R. Bezzola, Liebe und Abenteuer im höfischen Roman, Reinbek 1961; W. Haug, *Aventiure* in Gottfrieds von Straßburg Tristan. In: PBB 94 (1972), Sonderh., S. 88–125; K.-P. Wegera, *mich enhabe diu âventiure betrogen.* Ein Beitrag zur Wort- und Begriffsgeschichte von âventiure. In: Das Wort. FS für O. Reichmann, Tübingen 2002, S. 229–244; MWB 1, Sp. 389–392; F. Lebsanft, Die Bedeutung von altfranzösisch aventure. In: Im Wortfeld des Textes. Hrsg. v. G. Dicke u.a., Berlin 2006, S. 311–337; V. Mertens, Frau Âventiure klopft an die Tür, a.a.O., S. 339–346; M. Schnyder, Sieben Thesen zum Begriff der *âventiure*, a.a.O. S. 369–376.

bescheiden st. Vb. VII u. Adj.; **bescheidenheit** st. F.: Das Vb. *bescheiden* heißt «trennen, entscheiden, unterscheiden, bestimmen, erklären, Bescheid geben». Das Adj. ist der Form nach ein Part. und meint «fähig zu unterscheiden, urteilsfähig, einsichtsvoll, verständig».

Das Subst. *bescheidenheit* (vgl. lat. *discretio*) bedeutet v.a. «Unterscheidungsvermögen», nämlich zwischen Gutem und Bösem (so ist der Titel von Freidanks Spruchsammlung um 1230 zu verstehen), die «Urteilsfähigkeit, Einsicht; Lebensweisheit»; im Benehmen: das Wissen darum, was sich gehört – «Zurückhaltung». Erst nach Luther setzt die Bedeutungsverengung zu nhd. «Bescheidenheit» (lat. *modestia, moderatio*) ein.

Lit.: K. Berg, Zur Geschichte der Bedeutungsentwicklung des Wortes *Bescheidenheit*. In: Würzburger Prosastudien, Bd. 1, München 1968, S. 16–80.

biderbe Adj.: Das zu ahd. *bi-durfan* «bedürfen, nötig haben» gehörende Adj. ahd. *biderbi* «nützlich, brauchbar» hat im Mhd. die Bedeutung «tüchtig, brav, tapfer», auch «verständig, edel, vornehm» – im Gegensatz zu *bœse* «niedrig». *Erec was biderbe unde guot* «Erec war rechtschaffen und gut» Er. 2924. Heute wird «bieder» eher ironisch gebraucht, aber noch in der satirischen Barockliteratur wird das Ideal des «redlichen teutschen Biedermanns» dem unmoralischen «Welschen» entgegengesetzt.

bilde st. N.: Die ablautenden Endungen von ahd. *bilodi, -adi, -idi* sind an die germ. Wurzel *bil-* angetreten. Ob die allgemeinere Bedeutung «Gebilde, Gestalt» am Anfang steht oder die konkrete des Bildwerks, ist strittig.

Mhd. *bilde* meint jedenfalls ebensowenig wie mhd. *spiegel* (in ‹Sachsenspiegel› und im lat. Titel *speculum*) nur das «Bild, Abbild» (lat. *pictura*), sondern auch das «Vorbild», «exemplum» und «Sinnbild», «Zeichen».

dâ ensol niemer an dehein sündiger man genemen bœsez bilde «daran darf sich kein sündiger Mensch ein falsches Vorbild nehmen» Greg. 3965; *des sî guot bilde bâren beidiu der werlde unde gote* «dafür waren sie ein gutes Beispiel vor der Welt und vor Gott» Tr. 1804 f.

Spätahd. *bildunga*, mhd. *bildunge* ist vorwiegend «Schöpfung, Verfertigung», die «äußere Erscheinung» (des Gesichts). Der neuere Bildungsbegriff knüpft an das *înbilden* der Mystiker an, denen *bildunge* zunächst die «bildhafte Vorstellung» bedeutet.

Lit.: W. Foerste, Bild. Ein etymologischer Versuch. In: FS J. Trier, hrsg. v. W. Foerste u. K. H. Borck, Köln 1964, S. 112–145; J. E. Crean, bilden/beelden in the writings of Eckhart and Ruusbroec. In: ZfdSpr. 25 (1969), S. 65–95; E. Lichtenstein, Bildung. In: Arch. f. Begriffsgesch. 12 (1968), S. 7–29; Art. «Bildung». In: J. Ritter, Hist. Wb. d. Philos., Bd. 1, 1971, Sp. 921 ff.

bîspel st. N.: Das Grundwort ist *spel* «Erzählung», «Fabel», Gerücht« (vgl. engl. *gospel* < *gōd spel* »gutes Wort«). Ein *bîspel* ist demnach eine «Bei-Erzählung», eine Erzählung, die nicht für sich gültig ist, sondern die neben etwas anderem, und zwar dem »Eigentlichen« steht.

Das *bîspel* besteht aus einem Erzähl- oder Berichtsteil und einem erörternden, auslegenden Teil. Es steht mit seiner Zweiteiligkeit im weiteren Sinne geradezu für ein poetisches Prinzip der episch-didaktischen Darbietung. Im engeren Sinne ist das *bîspel* (alem. *bîschaft* in Ulrich Boners ‹Edelstein›) eine Gattung der spätmittelalterlichen Kleinepik, deren Hauptvertreter der Stricker ist. Vgl. *exemplum, Fabel, Gleichnis*.

Lit.: H. de Boor, Über Fabel und Bîspel, München 1966 (Bayer. AkdW., philos.-hist. Kl., SB. 19.966/1); K. Grubmüller, Meister Esopus. Untersuchungen zu Geschichte und Funktion der Fabel im Mittelalter, Zürich/München 1977, S. 9–47.

bœse Adj.: Ausgangsbedeutung «gering, wertlos». Ein *bœsez pfert* ist ein schwaches, minderwertiges Pferd, ein *bœsez ouge* ein schwaches

Auge; «von niedrigem Stande» sind *bœse knehte*, während ein *guot kneht* durchaus als Äquivalent für «Ritter» verwandt wird.

Als Gegenbegriff zu *guot* wird *bœse* auch schon im Mhd. gebraucht, aber daneben gibt es *arc, übel* «böse, schlimm», *valsch, swach* «kraftlos, geringwertig», → *kranc* «kraftlos, schwach, sündhaft, schlecht», *gehaz, gram*, ndd. *quad(e)* «übel, böse».

Mhd. *sleht* heißt dagegen «eben, gerade; schlicht, einfältig; aufrichtig». Durch Luthers Bibelübersetzung wird «böse» zum Gegensatz von dem, was vor Gott gut ist; vgl. «der alt böse Feind» vs. mhd. *der übel vâlant* «der böse Teufel».

brût st. F.: junge Frau, die zu einem Manne in eine geschlechtliche Beziehung tritt, ohne Rücksicht auf rechtliche Verhältnisse; meist die «Neuvermählte» (vgl. engl. *bride*, got. *brûps* auch «Schwiegertochter»), nicht die Verlobte.

Nuodunges wîp (1906, 3) und *Nuodunges briute* (1927, 4) sind im NL identisch.- Im Hildebrandslied v. 21 läßt Hildebrand seine junge Frau im Haus – *prût in bûre* – und ein kleines Kind zurück.- Im Straßburger Alexanderlied (v. 484, 504) meint *brût* die Konkubine. In der geistlich-mystischen Literatur spielt die Vorstellung von der Gottesbraut (lat. *sponsa*) und der Christus vermählten Seele eine Rolle.

Ahd. *brûtigomo* > mhd. *briutegome* ist ein Kompositum aus *brût* und ahd. *gomo* Mann (lat. *homo*): «junger Ehemann». Mhd. *brûtloft, -louf, -louft* M., F., N. bezeichnet die Hochzeit (eigentlich den «Tanz des Bräutigams auf die Braut zu») und wird im späteren Mittelalter abgelöst durch → *hôch(ge)zît* (< ahd. *diu hôha gizît* «Fest»), das seinerseits im 13. Jh. durch das kichliche Lehnwort mhd. *fest* ersetzt wurde.

Mhd. *gemahel(e)* M. und *gemahele* sw. F. sind «Bräutigam, Gemahl» und «Braut, Gemahlin», die auf der Gerichtsversammlung (ahd. *mahal*) öffentlich miteinander vermählt wurden.

Lit.: W. Braune, Nhd. Braut in den germanischen Sprachen. In: PBB 32 (1907), S. 30–59; E. Schröder, Brautlauf und Tanz. In: ZfdA 61 (1924), S. 17 ff.

bûhurt st. M.: ein Lehnwort aus afrz. *bo(u)hourt, behort*, ein ritterliches Schaureiten, bei dem die Teilnehmer gruppenweise den Zusammenprall mit den Schilden suchten – im Unterschied zur *tjost(e)*, afrz. *jouste* (< lat. *iuxta*), dem ritterlichen Zweikampf.

Lit.: F. Niedner, Das deutsche Turnier im XII. und XIII. Jahrhundert, Berlin 1881; J. Bumke, Höfische Kultur, Bd. 1, München 1986, S. 357 ff.; Das ritterliche Turnier im Mittelalter. Beiträge zu einer Formen- und Verhaltensgeschichte des Rittertums. Hrsg. v. J. Fleckenstein, Göttingen 1985 (u.a. U. Mölk, Philologische Aspekte des Turniers, S. 163–174; W. H. Jackson, Turnier, S. 257–295).

buoze st. F., *buoz* M.: steht im Ablautverhältnis zu *baz* «besser» und bedeutet ursprünglich «Besserung, Ersatz, Abhilfe». In unpersönlicher Form: *ez wirt mir buoz* «ich werde erlöst»; mit Gen. z.B. «Heilung, Erlösung» durch die Minne: *mir wirt sorgen buoz.*

Im Recht ist *buoze* die strafrechtliche Genugtuung, die Wiedergutmachung entstandenen Schadens (bei Straftaten, die nicht – wie Totschlag – durch Wergeld zu büßen waren); *ir sult es mir ze buoze stân* «dafür werdet ihr mir Schadensersatz leisten» Iw. 721; vgl. nhd. «Bußgeld».

Im kirchlichen Bereich dient der Rechtsterminus zur Wiedergabe von lat. *poenitentia*: *buoze* umfaßt die drei Teile des Bußsakraments, die *contritio cordis* «Zerknirschung des Herzens» (mhd. *riuwe*), die *confessio oris* (Beichte, mhd. *bigiht* zum st. Vb. V *jehen* «sagen, bekennen») und die *satisfactio operis* «Genugtuung» in der sühnenden Tat – *buoze nâch bîhte bestân.* Im nhd. Gebrauch von «Buße» herrscht die religiöse Bedeutung vor; bei «büßen» (mhd. *büezen*) ist der rechtliche Sinn noch erhalten: «für etwas bezahlen müssen».

Lit.: LThK; HRG; J. Weisweiler, Buße. Bedeutungsgeschichtliche Beiträge zur Kultur- und Geistesgeschichte, Halle 1930; G. Ising, Zur Wortgeographie spmal. dt. Schriftdialekte, T. 1, Berlin 1968, S. 62–66; H. Kolb, *Der wuocher der riuwe.* Studien zu Hartmanns Gregorius. In: Litwiss. Jb. d. Görres-Ges. 23 (1982), S. 9–56.

burc st. F.: bedeutet sowohl «Burg» (lat. *castellum, castrum, arx*) als auch «Stadt» (lat. *oppidum, civitas, urbs*). Entsprechend sind *burgære* sowohl die Bewohner einer Burg als auch die Stadtbewohner. Seit dem 11. Jh. und besonders in der Stauferzeit wird die Burg (mhd. *hûs, schastel/kastêl, veste*) mit Mauer, Tor, Turm und *Palas* zum repräsentativen Verwaltungs- und Herrschaftszentrum des Adels.

Mhd. *stat* st. F., zunächst «Ort, Stelle, Stätte», wird seit frmhd. Zeit auch für «Stadt» verwendet und hat allmählich *burc* in dieser Bedeutung verdrängt, vgl. *bürge, lant und stete* Pz. 746, 5.

Lit.: M. Pfütze, ‹Burg› und ‹Stadt› in der deutschen Literatur des Mittelalters. In: PBB (O) 80 (1958), S. 272–320; E. E. Metzner, Die mittelalterlichen ‹-burg›-Städte des mittleren Oderraums. Weiterführendes zur Wortgeschichte von mhd. *burc* und *stat.* In: BzNF 14 (1979), S. 412–463; R. Schmidt-Wiegand, Burgensis/ Bürger. Zur Geschichte von Wort und Begriff nach Quellen des ostmitteldeutschen Raums. In: Über Bürger, Stadt und städtische Literatur im Spätmittelalter. Hrsg., v. J. Fleckenstein u. K. Stackmann, Göttingen 1980, S. 106–126; K. Kroeschell, Art. «Bürger». In: Hwb. z. dt. Rechtsgesch. 1 (1971); M. Riedel, Art. «Bürger». In: GGB 1 (1972); J. Bumke, Höf. Kultur, Bd. 1, München 1986, S. 137 ff.

degen st. M.: germ. **Þegna-* ist in ahd. as. *thegan* zu «Knabe, Dienstmann, Krieger» entwickelt. Otfried von Weißenburg nennt den Diener Gottes, den Glaubenskämpfer *gotes thegan.* Im Ludwigslied v. 5 steht die Kollektivbildung *frônisc githigni* für das herrscherliche Gefolge (von

Kriegern). Im Mhd. gehört *degen* zu jenen «Heldenwörtern», die wie *helt*, → *recke*, → *wîgant und* → *ritter* den tapferen Krieger bezeichnen.- Nhd. «Degen» als Waffe geht dagegen auf frz. *dague* zurück.

diemuot, diemüete st. F.: «Milde, Herablassung, Demut, Bescheidenheit». Der christliche Zentralbegriff der Demut (lat. *humilitas*) wird im ags. Missionsbereich des Festlands mit *ōdmōd(i)* (ags. *éadmōd, éadméde*) wiedergegeben, während die irische Mission im obd. Raum *deomoti, diomuoti* bevorzugte. Diesem Kompositum liegt im Vorderglied ahd. **dio, deo* (got. *þius* Knecht) zugrunde. Die Grundbedeutung wäre also «Gesinnung eines Gefolgsmannes», wenn nicht gar «Knechtsgesinnung», im Gegensatz zu lat. *superbia*.

Die Demut bezieht sich zunächst auf die Haltung des Menschen gegenüber Gott, dann auch auf die anderen Menschen gegenüber. Sie ergänzt die ritterlichen Tugenden wie Mut und Tapferkeit im christlichen Sinne. Gurnemanz ermahnt Parzival: *vlîzet iuch diemüete* «bewahrt euch Demut» Pz. 170, 28; *wis diemüete und wis unbetrogen* «sei demütig und klug» Tr. 5029. Dem Exordialtopos der «affektierten Bescheidenheit» korrespondiert in der geistlichen Literatur die Demutsformel.

Lit.: RAC 3, 1957, Sp. 735 ff.; W. Betz. In: DWg. 1, S. 115 f.; W. Braune, Althochdeutsch und Angelsächsisch. In: PBB 43 (1918), S. 361–445; W. Besch, Sprachlandschaften und Sprachausgleich im 15. Jahrhundert, München 1967, S. 152–155; J. Schwietering, Die Demutsformel mittelhochdeutscher Dichter, Berlin 1921 (Abh. d. kgl. Ges. d. Wiss. zu Göttingen, phil.-hist. Kl. NF, Bd. 17, 3); R. Wisniewski, Demut und Dienst in einigen deutschen Texten des 8. bis 11. Jahrhunderts. In: Mediævalia litteraria. FS H. de Boor, hrsg. v. U. Hennig u. H. Kolb, München 1971, S. 55–66.

dienest st. M. (N.): postverbale Bildung zu ahd. *thionōn* > mhd. *dienen*. Das Wort ist verwandt mit *die-muot* und umfaßt die Pflichten eines Knechts und Gefolgsmannes; vgl. lat. *servitium – servus – servire*. Im allgemeinen bedeutet mhd. *dienest* «Dienst, Dienstwilligkeit, Ergebenheit», im besonderen meint es den aus dem vasallitischen Vertrag resultierenden Dienst des Lehnsmannes, der seinem Lehnsherrn gegenüber zu Rat und Hilfe (*consilium et auxilium*) verpflichtet ist.

Im Minnesang wird dieses Verhältnis übertragen auf dasjenige zwischen → *man* und → *vrouwe*: Sie wird als (Lehns-)Herrin gesehen, welcher der Mann als ergebener Vasall *dienest* leistet in der Hoffnung auf *lôn*.

dienestman ist die mhd. Bezeichnung des Ministerialen (lat. *ministerialis*), der durch einen geminderten Rechtsstatus, aber vielfach durch einen gehobenen Sozialstatus gekennzeichnet ist. Im Zuge des Territorialisierungsprozesses während des 13. Jhs. gelingt der Ministerialität der Aufstieg aus der persönlichen Unfreiheit in den Adel. → *ritter*.

Eike von Repgow, der die Lehnsfähigkeit dieser Gruppe für zweifelhaft hält, entschuldigt sich im ‹Sachsenspiegel› Ldr. III 42 § 2, *dat dit buk so luttel seget van denstlude rechte; went it is so mannichvolt, dat is neman to ende komen ne kan* (daß dies Buch so wenig vom Recht der Dienstleute enthält. Aber es ist so mannigfaltig, daß niemand damit zu Rande kommen kann).

Hartmann von Aue, ‹Der arme Heinrich›, v. 1–5:

Ein ritter sô gelêret was	Ein Ritter besaß solche Schulbildung,
daz er an den buochen las	daß er in den Büchern lesen konnte,
swaz er dar an geschriben vant:	was auch immer er darin geschrieben fand.
der was Hartman genant,	Er hieß Hartmann,
dienstman was er zOuwe	er war ein Dienstmann [Ministeriale] zu Aue.

Lit.: F. L. Ganshof, Was ist das Lehnswesen ? 7. Aufl. Darmstadt 1989; J. Bumke, Studien zum Ritterbegriff im 12. und 13. Jh., 2. Aufl. Heidelberg 1977; K. Bosl, Die Reichsministerialität der Salier und Staufer, 2 Bde., Stuttgart 1950/51.

diet st. F., aber auch M., N.: «Volk, Bevölkerung, Leute»,«Schar, Menge» und – als Volk der Erde – «Menschheit». Als idg. Wurzel wird **teuta* erschlossen. Verwandt ist got. *Þiuda*. (Theoderich, der *Diet-rich* von Bern der Heldensage, geht auf got. *Þiuda-reiks* «Volkskönig» zurück.)

Ahd. *deota/diet* ist eng mit der Bedeutungsgeschichte der Kollektiva → *liut* und → *volc* verflochten. Dabei haftet *deota* am ehesten die Vorstellung einer großen Menge, des Gesamtvolkes, an.

Im 9. Jh. werden in der Regel noch lat. *gens* (auch *natio*) mit *deota, populus* mit *liuti* und *plebs* mit *folk* übersetzt. In der Folgezeit wird *deota/diet* immer mehr von seinen Konkurrenten verdrängt. Es überlebt in Formeln wie mhd. *heidenische diet, cristen diet, elliu diet* (z.B. *mich schiltet elliu diet* «mich wird die ganze Welt tadeln» NL 2154, 3), *varndiu diet* (fahrendes Volk).

Nhd. *deutsch*, mhd. *tiu(t)sch:* Ahd. *diutisc* «zum Volke gehörig, volkssprachlich» (< ahd. *thiot(a), deot(a)* < germ. **Þeudō* «Volk» + Adjektivsuffix *-iska*, mlat. *theodiscus*, Adv. *theodisce*) ist eine Lehnübersetzung von lat. *lingua vulgaris* und westfränk. Ursprungs: Die Franken nannten ihre Sprache anfangs *frenkisc* und die ihrer roman. und kelt. Nachbarn *walhisk* «welsch», während **Þeudisk* die Volkssprache gegenüber dem Lateinischen abgrenzte. Nach der Romanisierung des Westfränkischen im 9. Jahrhundert hieß die Sprache der nicht romanisierten Franken **þeudisk (theodisce)*.

Ein Zeugnis für die sprachliche Trennung zwischen Romanen und Germanen im Karolingerreich sind die Straßburger Eide von 842: Karl der Kahle von Westfranken und Ludwig der Deutsche von Ostfranken beschwören ihre Verbindung gegen den älteren Bruder Lothar in einem Eid, den jeder in der Volkssprache des anderen leistet, um beiden Heeren verständlich zu sein – *alter teudisca, alter romana lingua.* Im 10. Jahrhundert ist *diutisc* der Sammelbegriff für die im *regnum Teutonicorum* vereinten Stammessprachen. Auf den deutschen Sprachraum eingeschränkt begegnet *in diutiskûn* «auf deutsch» bei Notker von St. Gallen († 1022). Das ‹Annolied› (um 1080) kennt dann auch *diutischi liuti* und *diutische lant.* Die Bedeutung von *diutisc/theodisce* hat sich damit von «volkssprachlich» über «germanisch» zu «deutsch» gewandelt.

Lit.: Der Volksname Deutsch. Hrsg. v. H. Eggers. Darmstadt 1970 (WdF 156); F. J. Worstbrock, Thiutisce. In: PBB 100 (1978), S. 205–212; K. H. Roth, «Deutsch». Prolegomena zur neueren Wortgeschichte, München 1978; I. Strasser, *diutisk – deutsch.* Neue Überlegungen zur Entstehung der Sprachbezeichnung, Wien 1984; H. Thomas, Theodiskus – diutiskus – regnum Teutonicorum. Zu einer neuen Studie über die Anfänge des deutschen Sprach- und Volksnamens. In: Rhein. Vjbl. 51 (1987), S. 187–303; ders., Der Ursprung des Wortes Theodiscus. In: HZ 247 (1988), S. 295–332; O. Ehrismann, Diet, liut und liute in mittelhochdeutscher und spätmittelhochdeutscher Zeit. In: ZfdSpr. 27 (1971), S. 61–80, 170–176; ders., Volk. Mediävistische Studien zur Semantik und Pragmatik von Kollektiven, Göppingen 1993 (GAG 575); ders., theodiscus/*thiudisk – Derivat und Basislexem. Überlegungen zur frühen Semantik und Pragmatik des Wortes *deutsch.* In: LiLi. 24 (1994), 94, S. 47–68; Th. Klein, Zum Alter des Wortes «deutsch». In: LiLi. 24 (1994), S. 12–25.

dörper, dörpel st. M., **dörperlich** Adj., **dörperheit** st. F.: Der Lautstand mit unverschobenem /p/ gegenüber hochdeutsch *dorf* verrät, daß diese Wörter auf dem Weg über den Niederrhein, wahrscheinlich aus Flandern, in die mhd. Dichtersprache gelangt sind. Mhd. *dörper* – mit Dissimilation *dörpel* – «Dorfbewohner», «Bauerntölpel» beruht auf der mnl. Lehnübersetzung *dorpere* von afrz. *vilain* «Bauer», «ungebildeter Kerl». Das Wort drückt die abschätzige Distanz des höfischen Adeligen gegenüber dem nichtadeligen, bäuerlichen Menschen aus, dann auch die gegenüber dem sich unhöfisch Verhaltenden, so z.B. in den Winterliedern Neidharts.

Als negative Gegenbegriffe zu mhd. →*hövesch* und *hövescheit* fungieren *dörperlich* «bäurisch» und *dörperheit* «bäurische Unhöfischheit/ Ungeschliffenheit» (afrz. *vilenie*).

Auch das mit mhd. *bû* «Hausbau», «bestelltes Feld» und *bûwen* «wohnen, bebauen» verwandte *gebûr, -bûre* bedeutet nicht nur «Nachbar», «Bauer», sondern auch «roher, ungebildeter Mensch» (lat. *rusticus*), ebenso verächtlich *der gebiurische man* Greg. 1125.

Lit.: H.-G. Maak, Mhd. *dörper* – nhd. *Tölpel.* Zur Frage des Fortlebens der höfisch-ritterlichen Lehnbildungen im Neuhochdeutschen. In: ZfdA 105 (1976), S. 318–333; Wort und Begriff ‹Bauer›. Hrsg. v. R. Wenskus u.a., Göttingen 1975

(Abh. d. AkdW. in Göttingen. Philol.-hist. Kl. F. 3, Nr. 89); Art. «Bauer». In: GGB; W. Rösener, Bauer und Ritter im Hochmittelalter. Aspekte ihrer Lebensform, Standesbildung und sozialen Differenzierung im 12. und 13. Jahrhundert. In: Institutionen, Kultur und Gesellschaft im Mittelalter. FS J. Fleckenstein, hrsg. v. L. Fenske u.a., Sigmaringen 1984, S. 665–692.

ê, êwe st. F.: «Recht, Gesetz»; «Ehebündnis, Ehe»; *kristen ê* ist der christliche Glaube; *altiu* und *niuwiu ê* heißen das Alte und das Neue Textament; *êhafte nôt* meint ein rechtsgültiges Hindernis, vor Gericht oder auf einem Hoftag zu erscheinen.

edel(e) Adj.: Ahd. *edili* ist eine Ableitung von ahd. *adal* und bedeutet ursprünglich «von hoher Geburt, vornehmer Herkunft», aber noch nicht «zum Adel gehörig», weil dieser Begriff rechtlich-ständisch im frühen Mittelalter noch nicht so festgelegt ist wie im späten. Nicht nur Personen, sondern auch Dinge wie Kleider und Waffen können *edel* «herrlich, kostbar, ausgezeichnet» sein.

Eine Verinnerlichung der Standesbezeichnung begegnet zuerst in der Mystik (*edeliu sêle* im 11. Jh., vgl. lat. *anima nobilis*). Nach dem Prolog ist Gottfrieds von Straßburg ‹Tristan› eine Erzählung von *edelen herzen* und *edelen senedæren* und zugleich eine für *edele herzen*. In der höfischen Literatur umfaßt *edel* als eigentlich soziale Qualität zugleich das Schöne, Wahre, Gute, aber letztlich entspricht der Adel der Gesinnung dann doch wieder einem Adel der Geburt. Im NL dominiert die ständische Komponente; Kriemhild handelt als *edeliu küneginne* am Ende keineswegs «edelmütig». Später wird *edel* zum Prädikat des Seelenadels, während das neu gebildete «adlig» den äußeren Adel meint.

Lit.: R. Wenskus, Art. «Adel». In: ^{2}RL d. Germ. Altertumskde. 1 (1973); W. Conze, Art. «Adel». In: GGB 1 (1972), bes. S. 11 ff.; F. Vogt, Der Bedeutungswandel des Wortes *edel*, Marburg 1908; F. Maurer, Über Adel und edel in altdeutscher Dichtung. In: F. M., Dichtung und Sprache des Mittelalters, 2. Aufl. Bern 1971, S. 463–468; K. Speckenbach, Studien zum Begriff ‹edelez herze› im Tristan Gottfrieds von Straßburg, München 1965; H. Kunisch, *edelez herze – edeliu sêle*. Vom Verhältnis höfischer Dichtung zur Mystik. In: Mediaevalia litteraria. FS H. de Boor, hrsg. v. U. Hennig u. H. Kolb, München 1971, S. 413–450.

ellende Adj. u. Subst.: Ahd. *elilenti (eli-* < germ. *alja-* «ander», got. *aljis*, vgl. lat. *alius*) bedeutet «in fremdem Land, fremd, verbannt». Dazu gehört das gleichlautende Adjektivabstraktum «anderes Land, Fremde, Ausland, Verbannung». In der an. Heldenepik ist der alte Starkađ der Prototyp des einsam und friedlos umherziehenden Kämpen (→ *recke*). Auch mhd. *ellende* bezeichnet denjenigen, der in oder aus einem fremden Lande ist, den Fremden, den Verbannten, etwa den geächteten Herzog Ernst. Tristan ist der *ellende gast*. Und in der historischen Diet-richepik spielen Vertreibung und Exil eine entscheidende Rolle.

Wer fern der Heimat ohne den rechtlichen Schutz der Sippe ist, ist infolgedessen «unglücklich, elend» (lat. *miser*), ein Zustand, den gerade verheiratete Frauen beklagen. Kriemhild muß am Hunnenhof hören, «daß mich die Leute immer nur ‹die Fremde› nennen» – *ich hœre mîn di liute niwan für ellende jehen* (1403, 4). Auch Isolde fühlt sich beim Gottesurteil *ellende und endarf hie niender vrâgen nâch vriunden noch nâch mâgen* Tr. 15.494ff. Aber allererst *ist* man im Mittelalter allein, man fühlt sich allein endgültig im 18. Jahrhundert, nämlich «einsam». → *gast*.

êre st. F.: Im ahd. *ēra* dominiert die religiöse Bedeutung: «Ehrerbietung» gegenüber Gott, «Verehrung», auch Gottes Ansehen, Würde, Majestät. In der mhd. Literatur bezeichnet *êre* zunächst und v.a. eine äußere Qua-lität, nämlich die «gesellschaftliche Geltung, Anerkennung», den Ruf, den man bei den anderen genießt. Erst allmählich wird daraus eine inne-re Qualität – die ehrenhafte Gesinnung und Haltung, das ehrenhafte Verhalten. In der germ. und in der dt. Heldenepik steht die Selbstbe-hauptung des Helden unter dem unausweichlichen Gebot der Ehre. Die äußere *êre* schließt – ähnlich wie in der Bedeutungsentwicklung von → *edel* – die innere ein. Im Nhd. hat sich der Begriff z.T. auf das Mora-lische hin verengt, besonders, wenn es um die «Ehre» einer Frau geht.

Hartmann von Aue, ‹Iwein›, v. 1–3	(Übers. Th. Cramer)
Swer an rehte güete	Wer nach dem wahrhaft Guten
wendet sîn gemüete,	von ganzem Herzen strebt,
dem volget sælde und êre.	dem wird Ansehen vor Gott und den
	Menschen als sicherer Lohn zuteil.

ich hân ûf êre lâzen nû lange mîniu dinc «ich habe mich immer vom Ehrgefühl leiten lassen» NL 1965, 2; *diu vil michel êre was dâ gelegen tôt* «der Stolz aller Länder...» (Pretzel)/«Die alte, große Herrlichkeit» (de Boor)/«Bestes Rittertum» (Brackert) NL 2315, 1.

Lit.: E. Karg-Gasterstaedt, Ehre und Ruhm im Althochdeutschen. In: PBB 70 (1948), S. 308 ff.; F. Maurer, Tugend und Ehre. In: F. M., Dichtung und Sprache des Mittelalters, Bern/München 1963, S. 335–345; ders., Leid, 2. Aufl. Bern/München 1961.

gast st. M.: wie lat. *hostis* nicht nur der «Gast», sondern auch der «Fremde», der «feindliche Krieger». Tr. 2921: *der ellende gast* «der hei-matlose Fremde». Das Verhältnis zwischen *wirt* und *gast* ist Kernthema der fahrenden Spruchdichter, vgl. Walther, L.- K. 31, 21.

dinc st. N.; **gedinge** st. M. F. N.: Ahd. *ding* – got. *Þeihs* «Zeit», an. *Þing* «die zu bestimmter Zeit stattfindende Volksversammlung» – ist zu-

nächst die «Versammlung», das «Gericht», die Gerichtsverhandlung und
der Gegenstand einer solchen Verhandlung (lat. *causa*), später allgemein
«Gegenstand, Angelegenheit, Sache». Mhd. *tagedinc, teidinc* ist dementsprechend die «auf den Tag angesetzte Verhandlung».

Mhd. *gedinge* ist «das zum Verhandeln gehörige» und die damit ver-
knüpfte zuversichtliche «Erwartung», die sichere «Hoffnung, Zuversicht» – im Gegensatz zum unsicheren → *wân*. Für Berthold von Regensburg (1210–72) konkurrieren bei der Übersetzung von lat. *spes* drei
Äquivalente miteinander: *unde heizet gedinge eteswâ und eteswâ heizet
ez hoffenunge, eteswâ heizet ez zuoversiht*. Luther bevorzugt das ndd.
und ostmd. Wort *Hoffnung* gegenüber dem alem. *Zuversicht;* das obd.
gedinge tritt zurück und bleibt nur noch als Rechtsterminus für «Gerichtsverhandlung», «Vertrag, Bedingung, Versprechen» geläufig.

Lit.: W. Besch, Sprachlandschaften, a.a.O., S. 235–237.

gelücke st. N.: Im 12. Jh. wird ein Begriff wie ahd. *wurt*, F. «Schicksal»
(zu *werdan*, vgl. *wēwurt* «Mißgeschick, Unheil» Hild. 49; an. *urðr*, ae.
wyrd), dem – obgleich ins Christliche umgedeutet – noch eine vor-
christlich-innerweltliche Schicksalsvorstellung anhaftete, zunehmend
verdrängt durch → *sælde*. Und dieses Wort wird später wiederum durch
gelücke abgelöst.

Auf *gelücke*, das anscheinend durch mittelniederländische Vermitt-
lung nach Deutschland gelangt ist, wurde der schicksalhafte Sinn von
afrz. *destinee* übertragen. Es meinte zunächst wohl die «Art, wie etwas
ausgeht», dann, «wie etwas gut ausläuft». Im Mhd. umschreibt *gelücke*
noch überwiegend neutral «Schicksal, Geschick, Zufall» (vgl. lat. *fatum,
fortuna*, engl. *luck*) und erst allmählich das günstige Schicksal, den Zustand des Beglücktseins.

Mhd. *heil* «Gesundheit, Wohlergehen, Glück» (im frühen Mittelalter
spielt der Glaube an die – Frieden und Fruchtbarkeit verheißende –
«Geblütsheiligkeit» königlicher Dynastien eine Rolle) und → *sælde*
«Glück, Heil, Segen» gehören ebenfalls in diesen Bereich, wobei *sælde*
nicht nur lat. *fortuna*, sondern auch *felicitas, beatitudo* umfaßt: *gelücke
müeze iuch sælde wern* «das Schicksal möge Euch Glück bescheren» Pz.
431, 15.

Lit.: R. Strümpell, Über Gebrauch und Bedeutung von *sælde, sælic* und Ver-
wandtem bei mittelhochdeutschen Dichtern, Phil. Diss. Leipzig 1917;
H. Beckers, *Gelücke* und *heil* bei Wernher von Elmendorf. In: PBB (O) 99
(1978), S. 175–181; W. Sanders, Glück. Zur Herkunft und Bedeutungsentwick-
lung eines mittelalterlichen Schicksalsbegriffs, Köln/Graz 1965; A. Hagenlocher,
Schicksal im Heliand. Verwendung und Bedeutung der nominalen Beziehungen,
Köln/Wien 1975 (Nd. Studien 21); Fortuna. Hrsg. v. W. Haug u. B. Wachinger,
Tübingen 1995 (Fortuna vitrea 15).

gemach st. M. N.: 1. «Gemach, Zimmer, Wohnung»; 2. «Ruhe, Bequemlichkeit» (vgl. mhd. *muoze, banekîe, ruowe, kurzewîle, spil, vreude*), im geistlichen Kontext auch negativ besetzt wie *luxuria*. Im Nhd. wieder zu «Wohnraum» verengt, vgl. jedoch «Gemächlichkeit».
Ungemach wie → *arbeit* «Unbequemlichkeit, Unannehmlichkeit, Leid».

Vgl.: [Gregorius] *enhete anderen gemach,*   [Erec] *sich vlizzen sîne sinne*
   niuwan der himel was sîn dach   *wie er alle sîne sache*
   (Greg. 3115 f.)   *wante zuo gemache.*
                                                          (Er. 2931 ff.)

gemeit Adj.: Ursprünglich «körperlich und geistig nicht normal»; wie bei nhd. «toll» erweitert sich die Bedeutung im Mhd. zu «lebensfroh, froh, heiter, erfreulich» – «keck, mutig, wacker, zuversichtlich» – «lieblich, schön, angenehm». Das in Verbindung mit anderen positiven Wertungen ungemein häufige Epitheton ist im Nhd. ausgestorben.

Lit.: J. Schwietering, Gemeit. In: ZfdA 56 (1918/19), S. 125–132; E. Gottschalk, Gemeit: Geschichte eines altdeutschen Wortes. Groningen 1972.

genâde st. F.: Als Grundbedeutung von germ. **neþ-* gilt «sich neigen», nämlich einerseits «sich zur Ruhe neigen», andererseits «sich huldvoll neigen»: «helfende Geneigtheit, Gunst, Huld, Liebe» und theologisch «Gnade, göttliche Barmherzigkeit, Vergebung, Hilfe, Liebe». Ahd. *ginâda* steht für den kirchlichen Terminus lat. *gratia* und verdrängt ahd. *anst* «Gunst», das aus der arianischen Mission stammt (got. *ansts*), sowie das von der ags. Mission getragene *geba*. Es konkurriert mit dem Gefolgschaftswort ahd. *huldi*, mhd. → *hulde*. Theologisch und rechtlich ist «Gnade» der frei geschenkte, nicht verdiente Gunsterweis, der Verzicht auf Strafe und Sühne trotz einer Verfehlung.
   Im Minnesang meint *genâde* die Huld und Gunst der Dame, die den Liebenden vom *trûren* befreien und *vrô* machen könnte, die ihn jedoch durch *ungenâde* in *trûren, kumber,* → *leit* und *sorge* stößt. Wenn der Mann um → *hulde,* → *milte,* → *trôst* und *genâde* fleht, so impliziert gerade dieser Begriff, daß ein Entgelt für den Minnedienst weder Anspruch noch Regel, sondern die Ausnahme bedeutet. Aus dieser Situation von «Dienst auf Gnade ohne Lohn» (H. Kuhn) resultiert jener unsichere Schwebezustand, der für die hohe Minne konstitutiv ist.

Lit.: P. Wahmann, Gnade. Der althochdeutsche Wortschatz im Bereich von Gnade, Gunst und Liebe, 1937; LThK; Ritter, Hist. Wb. d. Philos., Bd. 3, Sp. 679–707.

genôz, -nôze st. sw. M.: Germ. **ganauta-* ist eigentlich derjenige, der seinen Besitz (an. *naut* «wertvolle Habe, Nutzvieh») mit anderen gemeinsam hat, womöglich Reminiszenz an eine Phase wirtschaftlichen Gemeinbesitzes. Im Mhd. ist der rechtlich ebenbürtige «Gefährte» gemeint. Im Ssp., Ldr. III 45 § 3 gilt die Ehefrau als *des mannes nōtinne*. Im NL 821 hält Brünhild Siegfried als *'sküneges man* für *eigen*, während Kriemhild 819 ihn als *Gunthers genôz* ansieht. Ende des 19. Jhs. verengt sich der Begriff zum (*sozial*demokratischen) «Parteigenossen».

geselle sw. M., F.: Vorahd. **gasaljo* ist eigentlich der «Saal- und Hausgenosse», im Mhd. dann «Gefährte, Freund, Geliebter» bzw. als F. «Gefährtin, Geliebte». *Chume, chume, geselle mîn,* | *ih enbîte harte dîn* «Komm, komm mein Gefährte, ich warte sehr auf dich» CB 174ᵃ. Weitere Bezeichnungen für den Freund und Geliebten: → *âmîs/âmîe*, → *vriunt/vriundinne*, → *triutinne*, → *vriedel*, → *wine*.

gesellekeit: das Zusammensein nach *gesellen* Art, freundliches oder freundschaftliches Verbundensein; *geselleschaft*: «freundschaftliches Beisammensein, Gemeinschaft, Vereinigung».

gesinde, ingesinde st. N.: Die Bedeutung ist umfassender als nhd. «Gesinde». Ursprünglich den Weggenossen und Gefolgsmann bezeichnend, meint das Kollektivum im Mhd. alle zum Hause eines Grundherrn gehörigen Personen, die den Hofstaat und das Gefolge bildenden Diener, Ministerialen, Vasallen und Verwandten. Das lat. Äquivalent ist die *familia*, die eben als «Hausgenossenschaft» mehr umfaßt als die «Familie». Die rechtlich abgestufte *familia* ist charakteristisch für die vertikale Gliederung der mittelalterlichen Gesellschaft. Die *familia* des Artushofes ist ein Reflex solcher Wirklichkeit. Für *ingesinde* begegnet auch das aus dem Frz. übernommene Wort *massenîe, messenîe* (< *maison*).

guot Adj.: Grundbedeutung «passend, geeignet, richtig». Als wertendes und lobendes Epitheton in sehr vielfältiger Verwendung: «tüchtig, brav, gut, vortrefflich, tauglich, brauchbar», bei Personen auch «vornehm, edel», z.B. *guoter kneht* «edler/tapferer Ritter». Als Subst. «Besitz, Gutes, Nutzen», z.B. *varndez guot* fahrende Habe.

Das Subst. *güete* («das Passende») umfaßt mehr als nhd. «Güte»: «Trefflichkeit, Würde, Großmut, Milde, richtige höfische Gesinnung».

hêrre, *herre, hêre, hêr, her* sw. M.: Ahd. *hēriro, hērōro, hērro* «der Ältere, Ehrwürdigere» ist Komparativ zu *hēr* und eine Lehnbildung nach mlat. *senior* (vgl. afrz. *seignor*, it. *signore*, span. *señor*). Aus dem «Vornehmeren» wird der «Herr», nicht nur der Grundherr und Lehnsherr, sondern auch der «Herrgott»; *hêrre* gerät in Konkurrenz zu den Herrenbezeichnungen ahd. *frō* (vgl. nhd. Frondienst «Herrendienst», Fronleichnam «Leib des Herrn») und ahd. *truhtin/trehtin* (an. *dróttinn*, ags. *dryhten*). Der *truhtin* ist eigentlich der Herr der Gefolgschaft, der *truht* (vgl. Truchseß), aber im Mhd. wird der Begriff nur mehr für Gott gebraucht und wie *frō* schließlich durch *hêrre* verdrängt.

Im Unterschied zur allgemeinen Geschlechtsbezeichnung → *man* ist *hêrre* eine Standesbezeichnung für den Herrn von Adel (vgl. das Verhältnis zwischen → *wîp* und → *vrouwe*). Entsprechend ist *junchêrre* der junge adelige Herr, später – ohne Altersunterschied – der «Junker». In der Terminologie des Lehnswesens steht *hêrre* in Opposition zu → *man*, dem Vasallen.

Lit.: G. Ehrismann, Die Worte für ‹Herr› im Althochdeutschen. In: ZfdW 7 (1906), S. 173–202; A. Schirokauer, Die Wortgeschichte von Herr. In: GR 21 (1946), S. 55–60; H. Eggers, Dt. Sprachgeschichte I, Reinbek 1963, S. 113–117; GGB, s. v. «Herrschaft»; F. L. Ganshof, Was ist das Lehnswesen?, a.a.O.

herze sw. N.: Das Herz ist nicht bloß ein Körperorgan, sondern es gilt (u.a. nach Aristoteles) als Sitz der Seele und aller inneren, emotionalen und rationalen Kräfte, z.B. des Mutes. Es ist Zentrum sowohl der Empfindungen als auch – anders als im Nhd. – der Vernunft und des Verstandes, der Entscheidungen. Das Herz gilt als die Lebensmitte, als *fons vitae*. Rein fleischlich-leiblich sind dagegen die niederen Affekte, die Begierden.

Der Widerstreit zwischen *lîp* und *herze* wird in der mittelalterlichen Literatur immer wieder zitiert, besonders in der Gattung des Streitgespräches, aber auch variiert im Lied *Mîn herze und mîn lîp diu wellent scheiden* (MF 47, 9) des Friedrich von Hausen oder im sog. I. ‹Büchlein› Hartmanns von Aue.

Das *herze* als Sitz der Minne, ihrer Empfindungen und Reflexionen, wird zum Zentralbegriff des Minnesangs. Dabei wirkt nach mittelalterlicher Liebespsychologie das Auge als Spiegel des Herzens (*speculum cordis*). Das Herz wird zum Gegenstand einer reichen Metaphorik (Motiv des Wohnens im Herzen des liebenden Partners: *dû bist beslozzen in mînem herzen* MF 3, 1; Motiv der Herzensübergabe an die *vrouwe*, ganz konkret z.B. im sentimentalen ‹Herzmære› des Konrad von Würzburg; Motiv des Herzenstausches). Die Liebe von Tristan und Isolde gipfelt in der mystischen *unio* beider Herzen in einem Herzen.

Lit.: H. Kolb, Der Begriff der Minne und das Entstehen der höfischen Lyrik, Tübingen 1958; F. Wessel, Probleme der Metaphorik und die Minnemetaphorik in Gottfrieds von Straßburg ‹Tristan und Isolde›, München 1987; F. Heimstätter, Die Metaphorik des Herzens im Minnesang des 12. und 13. Jahrhunderts, Phil. Diss. (Masch.) Heidelberg 1953; X. von Ertzdorff, Studien zum Begriff des Herzens und seiner Verwendung als Aussagemotiv in der höfischen Liebeslyrik des 12. Jahrhunderts, Diss. (Masch.) Freiburg i. Br. 1958; dies., Die Dame im Herzen und das Herz bei der Dame. Zur Verwendung des Begriffs «Herz» in der höfischen Liebeslyrik des 11. und 12. Jahrhunderts. In: ZfdPh 84 (1965), S. 6–46.

hôch(ge)zît st. F.: ahd. *diu hōha gizīt*, allgemein das hohe kirchliche oder weltliche «Fest», dann auch die «Herrlichkeit» solcher Feste. Der Artusroman beginnt mit einem großen Fest zu Ostern oder Pfingsten, und er endet mit einem Fest, nachdem die gestörte Ordnung durch einen einzelnen Ritter wiederhergestellt worden ist. In Veldekes ‹Eneit› ist das Fest zugleich politischer Hoftag (*tagedink*, v. 13.100) und Hochzeit (*brûtlouft*, v. 13.101). Im Spätmittelalter tritt *hôchgezît* «Hochzeit» für das ältere *brûtlouf(t)* ein, während die allgemeine Bedeutung «Festlichkeit» auf das im 13. Jh. übernommene lat. Lehnwort «*Fest*» übergeht.

hövesch, *höfsch, hübesch* Adj.: Mhd. *hövesch* ist in seiner Bedeutungsgeschichte verflochten mit derjenigen von lat. *curialis, urbanus, aulicus* und mit derjenigen von afrz. *cortois*. Es ist eine Lehnprägung nach frz. Vorbild: Das mhd. Adj. *hövesch* und ebenso *hovelich, hovebære* im Sinne von «höfisch, höflich, hofgemäß, fein gebildet, gesittet», später auch «hübsch» und das Abstraktum *hövescheit* «höfisches Wesen, kultiviertes Verhalten» sind Ableitungen von mhd. *hof* – so wie afrz. *cortois* und *corteisie* solche von *cort* (< lat. *curtis*) sind.

Als Gegenbegriffe begegnen → *dörper, dörperlîch* «bäurisch», → *dörperheit* «unhöfisch-bäurisches Wesen», die von ndd. *dorp* abgeleitet, Lehnübersetzungen von afrz. *vilain* und *vilenie* sind.

Der Begriff des Höfischen verweist seiner Grundbedeutung nach auf die sozial- und rechtsgeschichtliche Institution des Hofes, sehr bald (so schon in der Kaiserchronik 1135–47) wird er aber auch für die Gesinnung einer Hofgesellschaft mit bestimmten Wertvorstellungen im Umfeld von Minne und Rittertum gebraucht. Sogar Gott wird in diesen Vorstellungskreis einbezogen. Es gilt nicht als Blasphemie, wenn die ehebrecherische Isolde vor dem Gottesurteil im Vertrauen auf Gottes höfische Vollkommenheit (*gotes höfscheit*) eine List ersinnt (Tr. 15.451 f.).

Frnhd. *hübsch* für «anmutig, schön» hat den semantischen Bezug zu «Hof» verloren. Noch greifbar bleibt dieser in *höflich*, aber der Bedeutungsumfang verengt sich auf «kultiviertes Benehmen»: ein Kennwort der Adelskultur bezeichnet jetzt auch einen bürgerlichen Wertbegriff.

Das im Frnhd. untergegangene *höfisch* ist im 19. Jh. wiederbelebt worden. In der Wissenschaftssprache fungiert «höfisch» zum einen als «ein literarhistorischer Begriff, der auf den Hof als den gesellschaftlichen Ort der Literatur» (J. Bumke) hinweist. Höfische Literatur ist insofern Hofliteratur von Hofdichtern für ein Hofpublikum.

Zum anderen kann «höfisch» auf die verschiedenen Aspekte des neuen Gesellschaftsideals bezogen werden, also auf den ganzen Bereich der «höfischen» Kultur. Hier tritt die soziologische Bedeutung hinter der ideologischen zurück.

Schließlich behält «höfisch» auch als literarischer Gattungsbegriff einen eigenen Sinn; denn «höfische» Epik und «höfische» Lyrik waren die Hauptformen der Dichtung, die an den großen Höfen gefördert wurde. «Höfisch» ist damit auch ein Stilbegriff der Literaturgeschichte.

Lit.: W. Schrader, Studien über das Wort ‹höfisch› in der mittelhochdeutschen Dichtung, Phil. Diss. Bonn, Würzburg 1935; P. Ganz, Der Begriff des ‹Höfischen› bei den Germanisten. In: Wolfram-Studien 4 (1977); ders., curialis/hövesch. In: Höfische Literatur, Hofgesellschaft, Höfische Lebensform um 1200. Hrsg. v. G. Kaiser u. J.-D. Müller, Düsseldorf 1986, S. 39–55; K. Grubmüller, höfisch – höflich – hübsch im Spätmittelalter. Beobachtungen an Vokabularien. In: *wortes anst.* FS G. de Smet, hrsg. v. W. L. Cox u.a., Leuven 1986, S. 169–181; J. Bumke, Höfische Kultur, 1986, Bd. 1, S. 81 f.; Curialitas. Studien zu Grundfragen der höfisch-ritterlichen Kultur. Hrsg. v. J. Fleckenstein, Göttingen 1990 (Veröffentlichungen des Max-Planck-Instituts f. Geschichte 100).

holt Adj., **hulde** st. F.: Das Adj. *holt* (ahd. *hold,* an. *hollr,* got. *hulþs*) ist gemeingerm. und bedeutet «sich neigend»; das Abstraktum *hulde* hat dementsprechend die Grundbedeutung «Geneigtsein». Dieses bedeutet im Verhältnis zwischen einem Höhergestellten und einem Niederen einmal die «Geneigtheit», das «Wohlwollen» (auch «Erlaubnis» in einem Pilgerlied und in Hartmanns *Ich var mit iuweren hulden, herren unde mâge* MF 218, 5) des Gefolgsherrn gegenüber dem Gefolgsmann, des Lehnsherrn gegenüber dem Lehnsmann, zum anderen die «Ergebenheit, Treue» des Gefolgs- oder Lehnsmannes gegenüber seinem Herrn. Zur Begründung des Lehnsverhältnisses gehört das *hulde swern* des Vasallen. Dieser schwört Treue (lat. *fides* – mhd. *hulde, triuwe*), meist stehend und unter Auflegen der Hand auf eine *res sacra.*

Das Wort wurde im Sinne von lat. *gratia* frühzeitig auf den religiösen Bereich übertragen, wenngleich später *genâde* vorherrscht. Walther fragt im Spruch L.-K. 8, 4 *wie man zer werlde solde leben* und antwortet, man müßte drei Dinge ohne Beeinträchtigung des einen oder des anderen erlangen können – *guot* (materiellen Besitz), *weltlîch êre* (Geltung in der Gesellschaft) und *gotes hulde,* die den beiden weltlichen Gütern übergeordnete Gnade Gottes. Im ‹Iwein› umschreibt Hartmann den Wahnsinn des Protagonisten als Verlust der Selbstachtung: *er verlôs sîn selbes hulde* (3221). Im Minnesang wird die *vrouwe* in der Rolle der Lehnsherrin gesehen, die dem minnenden *man* ihre *hulde* versagen oder ihm *holt* sein kan.

Vom Adj. *holt* abgeleitet ist ferner das Subst. *holde.* Damit ist in der mittelalterlichen Grundherrschaft der vom Grundherrn abhängige «Grundholde» gemeint. – Nhd. «Huld» bezieht sich dagegen einseitig auf das Verhältnis des Höher- zum Niedergestellten, während «huldigen» den umgekehrten Weg geht.

Lit.: G. Althoff, Huld. Überlegungen zu einem Zentralbegriff der mittelalterlichen Herrschaftsordnung. In: Frmal. Studien 25 (1991), S. 259–282.

huote st. F.: Das Subst. zum sw. Vb. *hüeten* bedeutet «aufmerksames Beobachten, Obhut, Aufsicht, Fürsorge», aber auch «Nachstellung,

Hinterhalt». Es bezeichnet nicht nur das Bewachen, sondern auch die Bewacher selbst, die *merkære*. Als der *huote* bedürftig gilt die Frau. Daß deren Überwachung nicht nur nutzlos, sondern sogar schädlich sei, behauptete schon Ovid. Sie wird zum Hauptmotiv der Schwankdichtung. Im Minnesang sind die *merkære* oder die *huote* die Feinde der Liebenden, die Wächter im Dienste der gesellschaftlichen Moral. Sie gehören zur Kulisse der Tageliedsituation, ohne selbst konkret in Erscheinung zu treten. Friedrich von Hausen (MF 50, 19 ff.) rechtfertigt die *huote*, Gottfried (Tr. 17.817–18.114) verurteilt sie aufs schärfste.

Lit.: L. Seibold, Studien über die huote, Berlin 1932; W. Hofmann, Die Minnefeinde in der deutschen Liebesdichtung des 12. und 13. Jahrhunderts. Eine begriffsgeschichtliche und sozialliterarische Untersuchung. (Diss. Würzb.), Coburg 1974.

juncvrouwe sw. F.: Standesbezeichnung für die «junge Dame, junge Herrin», ebenso das Diminutiv *vrouwelîn* für «Fräulein» (vgl. *junchêrre*). Sozial nicht festgelegt ist dagegen zunächst → *maget* für die unverheiratete und unberührte Frau.

Die weitere Entwicklung von *Jungfrau* verläuft parallel zu derjenigen von *Frau* (→ *vrouwe*). Deutlicher noch als bei *Fräulein* rückt zunehmend das Merkmal sexueller Unberührtheit in den Vordergrund. Mehr noch als *Fräulein* und die «alte» *Jungfer* werden überdies mhd. *dierne* und nhd. *Mädchen* mit «Jugend» verbunden.

Lit.: W. Kotzenberg, man, frouwe, juncfrouwe. Drei Kapitel aus der mittelhochdeutschen Wortgeschichte, Berlin 1907; W. König, dtv-Atlas zur deutschen Sprache, 10. Aufl. München 1994, S. 112 f.

kebese, kebse, kebes st. sw. F.: «Beischläferin», «Kebsweib». Im Ahd. steht *kebisa* für die Nebenfrau ohne Verlobung, Brautgabe und Mitgift, im Gegensatz zu *quena* (> mhd. *kone*) «Ehefrau».

Im Mhd. stehen im rechtlich-moralischen Bereich *kebese* und *huore* meist nicht mehr *kone*, sondern → *wîp, hûsvrouwe* (→ *vrouwe*) oder *wirtinne* gegenüber. Die Kinder aus solchen Minderehen, zu denen auch die Friedelehe (→ *vriedel*) gehörte, hießen «Kegel», so noch im Stabreim *Kind und Kegel*. Im Frauenstreit des Nibelungenliedes 839, 4 ist *mannes kebse* («Nebenfrau, Buhlerin eines Leibeigenen», vgl. an. *kefsir* «Sklave») genauso verächtlich gemeint wie *eigen mannes wine* 822, 2 (→ *wine*).

Für die Konkubinate des absolutistischen Adels bürgert sich im 17./18. Jh. *Mätresse* statt «Kebse » ein.

kiusche Adj. u. st. F.: Das Adj. ist vielleicht ein Lehnwort aus lat. *conscius* (vulgärlat. **coscius*) «bewußt» und bedeutet «rein, sittsam, sittlich», nicht nur wie im Nhd. «sexuell enthaltsam». Wie das Adj. zielt auch das Subst. auf «Reinheit, Tugendhaftigkeit, Selbstbeherrschung, Mäßigung» und steht dem Begriff der → *mâze* nahe. Bei Wolfram z.B. *ir kiusche was ein reiner touf* «die Reinheit ihres Herzens war der Taufe gleichwertig» Pz. 737, 20. Im ‹Jüngeren Titurel› (um 1275) ist *kiusche* schon das Gegenteil von Unkeuschheit und Unzucht.

Lit.: DWg., Bd. 1, S. 210 ff.; Th. Frings u. G. Müller, «Keusch». In: Erbe der Vergangenheit. Fg. f. K. Helm, Tübingen 1951, S. 109 ff.; H. Kolb, Vielfalt der kiusche. Eine bedeutungsgeschichtliche Studie zu Wolframs ‹Parzival›. In: Verbum et Signum, FS F. Ohly, hrsg. v. H. Fromm u.a., Bd. 2, München 1975, S. 233–246.

klein(e) Adj.: Die Bedeutungsentwicklung geht von «glänzend, glatt» über «rein, sauber» (vgl. engl. *clean*) zu «fein, zierlich, sorgfältig» (wie im Subst. mhd. *kleinôt*); neben mhd. *lützel* (engl. *little*) und *wênic* auch «klein, gering, schwach» im Gegensatz zu «groß». Das Adv. *kleine* wird oft für «wenig, gar nicht» gebraucht.

Ahd. *luzzil* > mhd. *lützel*, die Hauptbezeichung für «klein» an Umfang und an Menge, Zahl, stirbt auf dem Wege zum Nhd. ebenso wie das Gegenwort ahd. *mihhil* > mhd. *michel* aus. An ihre Stelle treten nhd. *klein* und *groß*.

Lit.: A. Stanforth, Die Bezeichnungen für ‹Groß›, ‹Klein›, ‹Viel› und ‹Wenig› im Bereich der Germania, Marburg 1967; G. Ising, Wortgeogr., S. 79–81.

kneht st. M.: Der Bedeutungsumfang von mhd. *kneht* (vgl. engl. *knight*) ist größer als der von nhd. «Knecht»: «Knabe, Jüngling, Knappe, Bursche, Ritter, Krieger». Gemeinsam ist allen Varianten die Funktion des Dienens. In Verbindung mit dem Attribut *guot* ist häufig «Ritter» gemeint; *kneht* kann auch der junge Bursche heißen, der Ritter werden will: *vil manec rîcher kneht und manec edel ritter* NL 32, 1 f., also gleichbedeutend mit mhd. *knappe*. Hartmann nennt sich im Er. 1603, 7480 noch *tumber kneht,* einen unerfahrenen, jungen Mann. Hilfsbedürftige Leute, Leibeigene heißen *arme knehte*, Mönche *gotes knehte*. Der «Bauernknecht» begegnet im ‹Helmbreht› und in Steinmars Tageliedparodie SMS XIX, 8; vgl. auch frnhd. *Landsknecht*.

Lit.: J. Bumke, Ritterbegriff, a.a.O.; W. H. Jackson, Zum Verhältnis von *ritter* und *kneht*. In: *Ja muoz ich sunder riuwe sin.* FS K. Stackmann, hrsg. v. W. Dinkelacker, Göttingen 1990, S. 19–35.

kranc Adj.: «schwach, geringwertig, schlecht». Seit dem 14. Jh. verdrängt *kranc* im Sinne von «leidend, krank» das bis dahin vorherrschende *siech* – so wie *siechtuom* und *siechtag(e)* (daneben: *suht* für Pest, Aussatz, Fieber, Wahnsinn) durch *krancheit* ersetzt werden.

Lit.: W. Besch, Sprachlandschaften, S. 206–209; G. Ising, S. 76–79.

künne st. N.: ahd. *kunni*, got. *kuni*; lat. *genus*. «Geschlecht, Familie, Verwandtschaft»; *künec* (germ. **kunja-*) ist ein Herrscher aus vornehmem Geschlecht, dazu das movierte Fem. *küneginne*. Im Frnhd. wird *künne* durch *geschlecht* (mhd. *geslehte/geslahte, slahte*) ersetzt. In ihrer Bedeutung verwandt sind → *art, sippe* und → *mâc*.

Lit.: W. Besch, Sprachlandschaften, a.a.O., S. 185.

kunst st. F.: «Kunst» ist ein Abstraktum zu dem Präterito-Präsens mhd. *kunnen, künnen*. Dieses Verbum bedeutet im Unterschied zu mhd. *mugen/mügen* («imstande sein, vermögen, können») zunächst «wissen, verstehen»; *kunst* hebt also das Wissen im Können hervor, eine geistige Fähigkeit gegenüber *maht* «Vermögen, Kraft». Mhd. *kunst* kann lat. *ars, scientia, doctrina, disciplina* vertreten und ist ein sehr komplexer Begriff, der nhd. «Wissenschaft, Gelehrsamkeit, Bildung, Kunst» umfaßt und der im Mhd. v.a. mit → *list*, z.T. auch mit → *wîsheit*, konkurriert.

«Diejenigen Wissens- und Könnensbereiche [...], die das höfische Leben entscheidend mit aufbauen, sind *künste,*» während *liste* all jene Kenntnisse, Fertigkeiten und Haltungen sind, «die den ritterlichen Menschen, so nützlich sie ihm sein mögen, als einen höfischen nichts angehen» (J. Trier). *Kunst* zielt also mehr auf die ritterlich-höfische Bildung, die Waffenübung ebenso umfaßt wie Dichtung und Musik; *list* meint allgemein «Weisheit, Klugheit», spezieller «Kenntnis, Wissen, Wissenschaft» (*liste* sind z.B. die *septem artes liberales*), «Kunstfertigkeit» und v.a. das außerhöfische Fachwissen wie Medizin und *zouberlist*. Im Spmhd. verschiebt sich die Bedeutung von *kunnen/künnen* in Richtung auf nhd. «können»; entsprechend tritt *kunst* als auch erlernte Tätigkeit an die Stelle des älteren Wortes *list*. Über die Bereiche von *kunst* und *list* erhebt sich die *wîsheit* (lat. *sapientia*).

Lit.: J. Trier, Der deutsche Wortschatz im Sinnbezirk des Verstandes. Von den Anfängen bis zum Beginn des 13. Jahrhunderts, 2. Aufl. Heidelberg 1973; ders., Die Idee der Klugheit in ihrer sprachlichen Entfaltung. In: Zs. f. Deutschkde. 46 (1932), S. 625 ff.; F. Scheidweiler, *Kunst* und *list*. In: ZfdA 78 (1941), S. 62–87; F. Dornseiff, List und Kunst. In: DVjs. 22 (1944), S. 231–236; B. Boesch, Die Kunstanschauung in der mhd. Dichtung von der Blütezeit bis zum Meistergesang, Bern/Leipzig 1936; G. Ising, S. 53–61; W. Schröder, *kunst* und *sin* bei Wolfram von Eschenbach. In: Euph. 67 (1973), S. 219–243.

leit Adj. u. st. N., *leide* st. F.: Das mhd. Adj. *leit* bedeutet «unangenehm, unerfreulich, widerwärtig, verhaßt» und «betrübend, schmerzlich, leid». Das substantivierte Neutr. bezeichnet dementsprechend zum einen das Unangenehme, Unerfreuliche, das angetane Leid, die «Beleidigung», zum anderen «Schmerz, Leid».

In der mhd. Epik wird *leit* als das angetane Unrecht und Böse, als Kränkung der *êre*, als «Beleidigung, Unrecht» verstanden, die das Verlangen nach Rache weckt. Die Beleidigung Kriemhilds im NL bedeutet dabei zugleich «Leid» und Schmerz (vgl. → *riuwe*) über den Verlust des geliebten Siegfried. Erec beklagt *sîn leit* (v. 111) und schämt sich der *unêre* und *schande*, daß der Zwerg ihn vor den Augen der Frauen mit der Peitsche schlug – *er tete als dem dâ leit geschiht* und will sich und die Königin rächen.

Im Minnesang ist *leit* wie → *arbeit, jâmer, kumber, nôt* und → *swære* der Schmerz des von seiner Dame nicht erhörten liebenden Mannes. In der frühen donauländischen Lyrik ist das Leid noch Gegenstand der Klage der von ihrem Geliebten getrennten oder verlassenen Frau. Hier wie im Nibelungenlied korreliert das *leit* antithetisch der Freude (mhd. *liebe*), im ‹Tristan› der Liebe: *als ie diu liebe leide z'aller jungeste* (zuallerletzt) *gît* NL 2378, 4 (ähnlich 17, 3) vs. *swem nie von liebe leit geschach, dem geschach ouch liep von leide nie* Tr. 204 f.

Lit.: F. Maurer, Leid. Studien zur Bedeutungs- und Problemgeschichte, besonders in den großen Epen der staufischen Zeit, 3. Aufl. Bern/München 1964.

liep Adj. u. st. N., **liebe** st. F.: Das aus dem Adj. ahd. *liob, liub*; mhd. *liep* «begehrenswert, angenehm, erfreulich, lieb» gewonnene Abstraktum *liep* bedeutet zunächst «Wohlgefallen, Freude, Lust», dann auch «das Liebe», dem man Neigung entgegenbringt, der oder die «Geliebte».

Das st. F. *liebe* ist ganz ähnlich «Lust, Glücksgefühl, Freude» und bes. «Liebe». In dieser Bedeutung konkurriert *liebe* mit → *minne*. Walther von der Vogelweide setzt in seinen Mädchenliedern der *hôhen minne* die *liebe* entgegen, die am Ende *minne* verdrängt hat.

Nach der Beweisführung von W. Besch handelt es sich «bei der Verdrängung von *minne* primär um ein sprachgeographisches, nicht um ein sprachgeschichtliches oder soziologisches Problem» (S. 195): Noch im 15. Jh. herrscht im Südosten und mitteldeutschen Osten *liebe* vor, westlich davon *minne*. Luther verwendet – seiner Herkunftslandschaft gemäß – *liebe*, z.B. bei der Übersetzung der biblischen Dreiheit von *fides, spes, caritas*. Die Ansicht, daß der Gebrauch von *minne* nicht mehr «gesellschaftsfähig» gewesen sei, bedarf der Revision: «Das Absinken von *minne* in den sexuellen Bereich ist Sekundäreffekt, nicht die Ursache für das Aufkommen des Wortes *liebe*» (W. Besch, S. 195). Im 15. Jh. begegnet *minne* im Südwesten und am Rhein noch in allen Anwendungsbereichen, auch in der geistlichen Literatur. Im 16. Jh. obsiegt *liebe* – ein Paradigma der für die Entstehung der nhd. Schriftsprache richtungweisenden ostmitteldeutsch-ostoberdeutschen Allianz (s.o. S. 10).

Lit.: W. Besch, Sprachlandschaften, S. 192–198 u. Karte 54; M. Isbasescu, Minne und Liebe. Ein Beitrag zur Begriffsdeutung und Terminologie des Minnesangs, Tübingen 1940; P. Schmid, Die Entwicklung der Begriffe ‹minne› und ‹liebe› im deutschen Minnesang bis Walther. In: ZfdPh 66 (1941), S. 137–163; H. Wallrabe, Bedeutungsgeschichte der Worte ‹liebe, trût, friedel, wine, minnære, senedære› nebst einem eingeschalteten Kapitel über die Formeln von ‹liebe› und ‹leide›, Phil. Diss. (Masch.) Lpzg. 1925.

lîp st. M.: Ahd. *lîb* > mhd. *lîp* – wie as., ags., an. *lîf* - bedeutet 1. das «Leben», z.B. *den lîp gewinnen* «geboren werden», *den lîp verliesen* «sterben» [ahd. *ferah* > mhd. *verch* als Sitz des Lebens, «Seele, Geist, Leben» gehört im Mhd. bereits zum veraltenden Wortgut]. Es bedeutet 2. «Leib, Gestalt» [ahd. mhd. *lîch* «Körpergestalt, Aussehen, Leib» ist nur mehr in der Bedeutung von nhd. «Leiche» und als Suffix vorhanden]. Sehr häufig bezeichnet 3. *lîp* den ganzen Menschen und dient zur Umschreibung der Person, z.B. *mîn lîp* «ich», *Sîvrides lîp* «Siegfried».

Lit.: H. Adolf, Wortgeschichtliche Studien zum Leib/Seele-Problem. Mittelhochdeutsch lîp «Leib» und die Bezeichnungen für corpus, Wien 1937; G. Ising, Wortgeographie, T.1, Berlin 1968, S. 70–73.

list st. M., seltener F.: ursprünglich das erlernte «Wissen»; denn zugrunde liegt (wie in nhd. «lehren»/«lernen») das Präterito-Präsens germ. **lis-* «wissen, verstehen» (vgl. got. *laisjan* «lehren»).

Im Mhd. bezeichnet *list* 1. «Weisheit, Klugheit»; 2. «Kunst, Wissenschaft, Kunstfertigkeit, Geschicklichkeit» (→ *kunst*). Zu diesem Bedeutungsbereich, der im Lat. mit *scientia, ars, disciplina* umschrieben wird, gehören *die siben liste* und das außerhöfische Fachwissen. 3. die weise, kluge, schlaue Absicht oder Handlung, «Lebensklugheit, Erfindung» und eben «List» (lat. *astutia, dolus*). Als solche begegnet sie in den Brautwerbungsfabeln der sog. Spielmannsepik, im ‹Tristan› und in den spätmittelalterlichen Ehebruchsschwänken.

Lit. (s.o. «kunst»): G. Hermans, List. Studien zur Bedeutungs- und Problemgeschichte, Phil. Diss. (Masch.) Freiburg i. Br. 1953; H. Ragotzky, Das Handlungsmodell der *list* und die Thematisierung der Bedeutung von *guot*. Zum Problem einer sozialgeschichtlich orientierten Interpretation von Strickers ‹Daniel vom blühenden Tal› und dem ‹Pfaffen Amis›. In: Literatur – Publikum – historischer Kontext, hrsg. v. G. Kaiser, Bern 1977, S. 183–203.

liut st. M. N., **liute** st. M. Pl.: im Sg. «Volk, Menschengeschlecht», im Pl. «Völker», «Menschen, Leute». Ursprünglich bezeichnete der Pl. die heer- und dingberechtigten Mitglieder des Volkes der Freien; mlat. *leudi, leudes; leodi, leodes* (< lat. *liber*) heißen in den Quellen die fränk., burgund. und westgot. Freien. Die Begriffe umschreiben lat. *populus*, das «Staatsvolk», nicht die Unterschicht wie lat. *plebs* und z.T. nhd. «Volk». Im frühmittelalterlichen deutschen Reich repräsentieren näm-

lich zuerst die fränkischen, dann auch die sächsischen Freien das Staatsvolk. Im Hoch- und Spätmittelalter erstreckt sich Herrschaft über *lant
unt liute*, über das Land und die das Land bebauenden Leute, die – so
auch im Mainzer Landfrieden *die gemeinen liute* – mehrheitlich gerade
keine Freien sind. → *diet*, → *volc*.

Lit.: O. Ehrismann, Diet, liut und liute, a.a.O.; ders., Volk, a.a.O.; A. Dopsch,
Die *leudes* und das Lehnswesen. In: MIÖG 41 (1926), S. 35 ff.; O. Brunner, Land
und Herrschaft, 5. Aufl. Darmstadt 1965, Nachdr. 1990 [über «Land und Leute»].

mâc st. M., seltener *mâge* sw.: ahd. *māg* «Verwandter» (an. *mágr* angeheirateter Verwandter: «Schwager, Schwiegersohn, Schwiegervater»; got.
mêgs «Schwiegersohn»). Im Mhd. häufig in der alliterierenden Formel
mâge unde man «Verwandte und Vasallen» gebraucht. Vgl. auch
→ *vriunt*.

Die männlichen Verwandten der männlichen Linie, die Agnaten, heißen *swertmâge; spinnelmâge* (< *spindel-mâge*) oder *konemâge* (< *kone*
«Ehefrau, Frau») sind die Verwandten von weiblicher Seite, die Kogna-
ten. Die Familie des Frühmittelalters ist eine Abstammungsgemein-
schaft. Erst im 13. Jh. wird die Sippenfamilie vornehmlich Hausfamilie,
nämlich Gemeinschaft von Wohnung und Besitz. Zu den individuellen
Vornamen tritt jetzt ein eigener Familienname.

Mhd. Verwandtschaftstermini (z.B. im ‹Parzival›): *vater – muoter –
sun – tohter – swester – bruoder – base* (Schwester des Vaters) – *muome*
(Mutterschwester, weibliche Verwandte überhaupt) – *veter* (Bruder des
Vaters, Sohn des Bruders, «Vetter») – *neve* (nicht nur der Neffe, sondern auch der Schwestersohn) benennt wie *œheim* auch losere Ver-
wandtschaftsgrade; vgl. lat. *nepos* «Enkel» – *niftel* (nicht nur die Nichte,
sondern die Verwandte überhaupt; vgl. lat. *neptis* «Enkelin») – *ane*
(«Ahn», Ur-Großvater, Ur-Großmutter) – *swâger* (Schwager, Schwiegervater, Schwiegersohn) – *œheim* (ursprünglich – vgl. lat. *avus* – Bezeichnung des Großvaters, im Ahd./Mhd. v.a. des Mutterbruders, s.
Tac., Germ. 20; auch Neffe).

Für das Kind im Mittelalter gelten Taufpate und -patin als geistliche
Eltern: Demgemäß heißen sie mhd. *gote/göt(t)e* (vgl. anord. *guðfaðir, -
móðir*) oder auch *tot(t)e*. Aus lat. *pater spiritualis* sind mhd. *pfetter* und
pate entlehnt; ahd. *givatero* > mhd. *gevater* ist eine Lehnübersetzung
von kirchenlat. *conpater* «geistlicher Mitvater».

Vereinzelt begegnen in nhd. Dialekten noch Erbwörter wie *Schwieger*
für «Schwiegermutter», *Schwäher* für «Schwiegervater», *Schnur* für
«Schwiegertochter», die sich auf eine alte Schicht von idg. Verwandtschaftsbezeichnungen innerhalb der patriarchalischen Großfamilie zu-
rückführen lassen, wo nur die Verwandtschaft des Ehemannes zählte.

Eidam für Schwiegersohn ist dagegen eine westgerm. Neubildung aus einer Zeit, als die Einheirat des Mannes in die Familie der Frau möglich wurde.

Lit.: G. Ruipérez, Die strukturelle Umschichtung der Verwandtschaftsbezeichnungen im Deutschen. Ein Beitrag zur historischen Lexikologie, diachronen Semantik und Ethnolinguistik, Marburg 1984; K. Sprengel, Semantische Merkmale und Universalien am Beispiel der Verwandtschaftswörter. In: Akten des 11. Ling. Kolloquiums. Aachen 1976. Tübingen 1977, T. 2, S. 135–146; C. L. Gotzmann, Sippe. In: Sprachwiss. 2 (1977), S. 217–258; E. E. Müller, Großvater, Enkel, Schwiegersohn. Untersuchungen zur Geschichte der Verwandtschaftsbeziehungen im Deutschen, Heidelberg 1979; W. J. Jones, German kinship terms (750–1500). Documentation and analysis, Berlin 1990; G. Althoff, Verwandte, Freunde und Getreue. Zum politischen Stellenwert der Gruppenbindungen im frühen Mittelalter, Darmstadt 1990; K. Schmid, Zur Problematik von Familie, Sippe und Geschlecht beim mittelalterlichen Adel. In: Zs. f. Gesch. d. Oberrheins 105 (1957), S. 1–62; W. König, dtv-Atlas zur deutschen Sprache, 10. Aufl. München 1994, S. 168–171 (mit Karten).

mære Adj. u. st. N., md. auch F.: Das Adj. ahd. *māri* ist das, «wovon man viel spricht», und bedeutet im Mhd. «berühmt, berüchtigt, bekannt, beachtenswert, kostbar, lieb». Das Gegenteil ist *unmære*, «unwichtig, gleichgültig, verhaßt».

Das Subst. bezeichnet die mündliche oder schriftliche Mitteilung, «Nachricht, Neuigkeit, Kunde, Bericht, Erzählung, Rede, Gerücht». Im engeren Sinne meint *mære* (vgl. → *âventiure, rede*) die erzählende Dichtung oder deren Gegenstand, die «Geschichte», z.B. *uns ist in alten mæren wunders vil geseit* NL 1, 1; *hie hât daz mære ein ende* NL 2379, 4.

Mære hat sich auch als Rahmenterminus für eine epische Kleinform eingebürgert, «eine in paarweise gereimten Viertaktern versifizierte, selbständige und eigenzweckliche Erzählung mittleren [...] Umfangs, deren Gegenstand fiktive, diesseitig-profane [...] Vorgänge sind» (H. Fischer, S. 62 f.). Das *mære* kann implizit oder explizit (als Epimythion) eine Belehrung enthalten, aber es ist nicht wie das → *bîspel* um deretwillen verfaßt. Wie die *Novelle* erzählt das *mære* von neuen (unerhörten) Begebenheiten. Im Nhd. lebt es in den Diminutivformen «Predigtmärlein» und «Märchen» weiter.

Lit.: H. Fischer, Studien zur deutschen Märendichtung, 2. Aufl. bes. v. J. Janota, Tübingen 1968; Das Märe, hrsg. v. K.-H. Schirmer, Darmstadt 1983 (WdF 558).

maget st. F., (kontrahiert *meit*): Ahd. *magad* und mhd. *maget* bezeichnen wie ahd. *diorna* und nd. *Deern*, obd. *Dirndl* die unverheiratete Frau, die «Jungfrau» (lat. *virgo*) – im Unterschied zu → *wîp*, der verheirateten Frau und Frau als allgemeiner Geschlechtsbezeichnung, im Unterschied auch zu → *juncvrouwe* als Standesbezeichnung. So wird die Jungfrau Maria oft *maget* genannt.

Daneben entwickelt sich im Mhd. für *maget* auch die heutige Bedeutung «Dienerin», die für mhd. *dierne* sogar ausschließlich gilt. Das altertümliche *diu, -we* st. F. «Leibeigene, Dienerin», das es noch im NL 828, 4 gibt, stirbt aus. Das nhd. Diminutiv «Mädchen» (mhd. *magetîn, magedîn*) teilt diese soziale Festlegung nicht. Mhd. *dierne* verengt sich pejorativ im Nhd. zu «Dirne», während nd. «Deern» und obd. «Dirndl» ganz unverfänglich die Bedeutung «Mädchen» bewahren.

Lit.: W. König, dtv-Atlas zur deutschen Sprache. Tafeln und Texte, 10. Aufl. München 1994, S. 112 f., 167.

man st. M., Wurzelnomen: ahd. as. *man*, an. *maðr*, got. *manna*. 1. «Mensch», 2. «Mann» als Geschlechtsbezeichnung im Gegensatz zu → *wîp*; 3. «Ehemann» (auch *gemahel(e))*; 4. «Vasall, Lehnsmann» (lat. *homo, vasallus, vassus*; afrz. *(h)ome, vassal*). Dazu: mhd. *manschaft* (lat. *hominium, homagium*; afrz. *(h)omage)* «Mannschaft», die Selbstübergabe des Vasallen im vasallitischen Vertrag, bestehend aus der *immixtio manuum*, der Willenserklärung und dem Treueid (→ *hulde, triuwe*); 5. unpersönl. Pron. «man».

mâze st. F.: Ahd. *māz(z)a* zum st. Vb. *mezzan* «ab-, zu-, ermessen, schätzen, vergleichen» hat zunächst eine Quantitäts- und Modalbedeutung. Es bezeichnet das «Maß», eine bestimmte Größe in bezug auf Raum, Zeit, Gewicht, Kraft, auch den «Maßstab», die «Richtschnur» (lat. *mensura, modus*). Aber schon in der Benediktinerregel zeichnet sich die Verwendung des Wortes im ethischen Sinne des rechten Maßes ab, nicht zuletzt unter dem Einfluß der christlichen Kardinaltugend der *temperantia*. In der Theologie vertritt *mâze* den Ordogedanken. Vgl. lib. sap. XI, 21 *omnia in mensura et numero et pondere disposuisti* und Freidank, ‹Bescheidenheit› 3, 1 f. *Got hât allen dingen gegeben/die mâze, wie sie sulen leben.*

In der höfischen Dichtung zielt *mâze* – vgl. auch die aristotelische *mesótes* als die Mitte zwischen einem Zuviel und einem Zuwenig – auf das Ideal des Maßhaltens zugunsten der Mitte. Damit ist kein Mittelmaß (lat. *mediocritas*) gemeint, sondern die Kontrolle der Affekte. Das Überschreiten bestimmter Grenzen gilt als unhöfisch, auch als unchristlich (vgl. die Verurteilung der *curiositas*), als *vermezzen* («kühn», aber auch «anmaßend») – als *unmâze*. Die → *zuht* als Vorgang und Ergebnis der ritterlich-höfischen Erziehung ist auf *mâze* gerichtet. All das, was in der höfischen Literatur unter → *tugent* subsumiert und als vorbildliches Verhalten besonders in der Minne und im Kampf interpretiert wird, resultiert aus *zuht* und *mâze*.

Die Artusromane Hartmanns kreisen um das Finden der *mâze*. In Walthers programmatischem Lied L.-K. 46, 32 f. *Aller werdekeit ein füegerinne, /daz sît ir zewâre, frowe Mâze* («Ordnerin aller Werte /alles

Guten und Schönen, das wahrlich seid Ihr, Frau Mâze») geht es um die Vereinbarkeit von *minne* und *herzeliebe* mit der *mâze*, ist diese doch die Instanz, die allem, was sich ordo-gemäß verhält, die ihm gebührende Geltung zuordnet. Thomasin von Zirklære liefert in seinem ‹Welschen Gast› um 1215/16 die erste schulmäßig diskursive Ausbildung einer *mâze*-Lehre. Im Spätmittelalter verengt sich der Begriff zur bloßen «Mäßigung» und zum Mittelmaß.

Lit.: H. Rücker, Mâze und ihre Wortfamilie in der deutschen Literatur bis um 1200, Göppingen 1975 (GAG 172); S. Eichler, Studien über die Mâze. Ein Beitrag zur Begriffsgeschichte und Geistesgeschichte der höfischen Kultur, Würzburg 1942; Ritter, Hist. Wb. d. Philos., Bd. 5, Sp. 807–825.

milte Adj. u. st. F.: Das Adj. bedeutet «freundlich, gütig, barmherzig» und vor allem «freigebig». Dem entspricht das Subst. *milte* als «Güte, Milde, Freundlichkeit, Wohlwollen» und «Freigebigkeit».

Die mittelalterlichen Fürstenspiegel zählen die *milte* (lat. *liberalitas, clementia, largitas*; aprov. *largueza*) zu den vornehmsten Tugenden eines Herren und Herrschers. Das Ideal der *milte*, in dem sich antike, biblisch-patristische und germanische Traditionen vereinen, entspricht durchaus konkreten Interessen in der Realität; denn wie das germ. Gefolgschafts- ist das mittelalterliche Lehnswesen auf Gegenseitigkeit gegründet: Der Herr ist geradezu gegenüber seiner Umgebung zur *milte* verpflichtet. Herrschaft bedarf der öffentlichen Repräsentation. Die *milte* ist ein Medium solch öffentlicher Selbstdarstellung und Verkörperung von Herrschaft.

Reminiszenzen an die Fürstenspiegel-Literatur finden sich z.B. im ‹Tristan› (v. 5029–5040) bei der Schwertleite und bei der Begegnung mit Gurnemanz im ‹Parzival› (170, 13 ff.). König Artus gilt im Artusroman als Inbegriff der *milte*.

In Hartmanns ‹Gregorius› gibt der Fürst von *Equitanja* vor seinem Tode dem Sohn einen ganzen Katalog von Herrschertugenden mit auf den Weg (vv. 244–258):

244 *er sprach: ‹sun, nû wis gemant*	Er sprach: «Mein Sohn, nun laß dich mahnen,
daz dû behaltest mêre	behalte im Gedächtnis
die jungisten lêre	die letzte Lehre
die dir dîn vater tæte,	deines Vaters:
wis getriuwe, wis stæte,	Sei aufrichtig, sei beständig,
wis milte, wis diemüete,	sei freigebig, sei bescheiden,
250 *wis vrävele mit güete,*	sei kühn aber zugleich freundlich,
wis dîner zuht wol behuot,	sei auf deine guten Sitten bedacht,
den herren starc, den armen guot.	sei stark gegenüber den Mächtigen und gut zu den Schwachen.

die dînen soltû êren,	Die Deinen halte in Ehren,
die vremeden zuo dir kêren.	die Fremden gewinne dir.
255 *wis den wîsen gerne bî,*	Halte dich an die Erfahrenen,
vliuch den tumben swâ er sî.	meide den Toren, wo immer er sei.
vor allen dingen minne got,	Vor allen Dingen liebe Gott,
rihte wol durch sîn gebot.›	herrsche gerecht nach seinem Gebot.»

Der Appell an die *milte* als Lohn für das Herrscherlob in der *kunst* begegnet v.a. in der mhd. Spruchdichtung; denn Walther von der Vogelweide und andere fahrende Dichter sind als Berufsdichter in ihrer Existenz vom Wohlwollen der großen Herren abhängig; sie thematisieren gern das Verhältnis von *gast* und *wirt*. So tadelt Walther den kargen Philipp und hält ihm den *milten* Salatîn als Vorbild vor (L.-K. 19, 23). Nach Erhalt eines Lehens preist er Friedrich II.: *Der edel künec, der milte künec hât mich berâten* «Der edelmütige, der freigebige König hat mich versorgt» (28, 34). Im Minnesang ist es die *vrouwe* in der Rolle der Lehnsherrin, die der werbende *man* um *milte* bittet.

Über die Bedeutung «freundlich» hat sich nhd. «mild» im Gegensatz zu «streng» entwickelt; vgl. jedoch «eine milde Gabe». Beim Subst. hat sich die allgemeinere Bedeutung «Milde» durchgesetzt.

Lit.: J. Bumke, Mäzene im Mittelalter. Die Gönner und Auftraggeber der höfischen Literatur in Deutschland 1150–1300, München 1979, S. 455 ff.: Texte; E. Köhler, Reichtum und Freigebigkeit in der Trobadordichtung. In: E. K., Trobadorlyrik und höfischer Roman, Berlin 1962, S. 45–72; E. R. Curtius, Europäische Literatur und lateinisches Mittelalter, 3. Aufl. Bern/München 1961; E. Kleinschmidt, Herrscherdarstellung, Bern/München 1974; C. Ortmann, Der Spruchdichter am Hof. Zur Funktion der Walther-Rolle in Sangsprüchen mit *milte*-Thematik. In: Walther von der Vogelweide. Hamburger Kolloquium 1988, hrsg. v. J.-D. Müller u. F. J. Worstbrock, Stuttgart 1989, S. 17–35; H. Ragotzky, Die Kunst der *milte.* Anspruch und Funktion der *milte*-Diskussion in Texten des Strickers. In: Gesellschaftliche Sinnangebote mittelalterlicher Literatur, hrsg. v. G. Kaiser, München 1980, S. 77–100; H. H. Anton, Fürstenspiegel und Herrscherethos in der Karolingerzeit, Bonn 1968; W. Berges, Die Fürstenspiegel des hohen und späten Mittelalters, Leipzig 1938.

minne st. F.: Ahd. *minna* > mhd. *minne* «Liebe» heißt zunächst eigentlich «liebendes Gedenken»; denn zugrunde liegt die idg. Wurzel **men-* «denken, im Sinn haben» (vgl. lat. *memini, reminiscor, monere, mens*; got. *gaminþi*, an. *minni*, engl. *mind*).

Der Begriff ist nach Umfang und Inhalt sehr komplex. Er meint einmal die unbegründet schenkende, erbarmende, helfende Liebe wie lat. *caritas* und griech. *Agape* - die Nächstenliebe und die Liebe Gottes zu den Menschen. Zum anderen ist *minne* wie lat. *fraternitas* die Brüderlichkeit, nämlich «Eintracht, Verbundenheit, gütliches Übereinkommen.» Schließlich und vor allem aber bedeutet *minne* die verlangende, begehrende Liebe (lat. *amor*, griech. *Eros*).

In der Feudalgesellschaft und ihrer Literatur ist *minne* der Leitbegriff für die höfische Liebe. Als eine spezifisch historische Erfahrung und Deutung des Phänomens Liebe meint hier die **hôhiu minne** die dienende und werbende Verehrung einer Dame durch den Mann: ein Verhältnis der Unterordnung, nicht eines zweier gleichberechtigter Partner wie in *ich bin dîn, dû bist mîn*, aber eine personale Beziehung, in der sich zugleich das Ich und das Du als *ritter* und *vrouwe*, als Mitglieder der ständischen Gesellschaft präsentieren.

Die höfische Liebe (frz. *amour courtois* oder *fin 'amor*) ist einerseits als liebendes Begehren individueller Affekt, anderseits als Anerkennung gesellschaftlicher Restriktionen normgemäßer höfischer Verzicht. Gleichwohl ist die höfische Liebe durchaus keine «platonische» Liebe, weil die sexuelle Erfüllung als Möglichkeit präsent bleibt. Konstitutiv für die Minnedichtung ist die permanente, unerlöste Spannung zwischen Begehren und Erfüllung. Der Mann dient der Dame in *triuwe* und *stæte*, um sein Ziel zu erreichen: *ze werder minne [...] dâ hœret dienst vor unde nâch* (Pz. 511, 15 f.). In dieser Anstrengung liegt die erzieherische Funktion der Minne und der Frau für den Mann, der an seiner Leidenschaft leidet mit allen Symptomen einer Krankheit (vgl. Ovid und Veldekes ‹Eneit›).

Dieses Ideal der «Hohen Minne» haben die deutschen Minnesänger seit etwa 1170 im wesentlichen unverändert aus der provenzalischen Troubadourlyrik übernommen. Entscheidend ist in beiden Literaturen der Bezug des Frauendienstes zum außerliterarischen Lehensdienst: Das Zeichensystem des Minnesangs beruht weitgehend auf der Vasallitätsterminologie → *man,* → *dienest, lôn,* → *hulde,* → *milte,* → *triuwe.* – Im 15./16. Jh. wird *minne* durch → *liebe* verdrängt.

Lit.: H. Kusch, ‹Minna› im Althochdeutschen. In: PBB 72 (1950), S. 265–297; D. Wiercinski, Minne. Herkunft und Anwendungsschichten eines Wortes, Köln/ Graz 1964; D. Klein, Der caritas-minna-Begriff im Psalmenkommentar Notkers des Deutschen, Diss. Freiburg 1963; H. Taigel, Minne bei Mechthild von Magdeburg und bei Hadewijch, Diss. (Masch.) Tübingen 1955; L. Seppänen, Zur Liebesterminologie in mittelhochdeutschen geistlichen Texten, Tampere 1967; J. F. Poag, Heinrich von Veldeke's ‹minne›, Wolfram von Eschenbach's ‹liebe› and ‹triuwe›. In: JEGP 61 (1962), S. 721–735; F. Neumann, Hohe Minne. In: Zs. f. Deutschkde. 39 (1925), S. 81–91; U. Liebertz-Grün, Zur Soziologie des ‹amour courtois›. Umrisse der Forschung, Heidelberg 1977.

muot st. M., ahd. auch N.: Germ. **mōđa-* (vgl. *got. môþs* «Zorn») umschreibt eine «starke Seelenstimmung», auch «heftige Erregung». Im Ahd. vertritt *muot* lat. *anima, cor, spiritus* und v.a. *mens, animus.* Ahd./mhd. *muot* bezeichnet das gesamte Seelenleben, bes. die Gemütsverfassung, die «Stimmung» (engl. *mood*), im Unterschied zum weniger emotionalen → *sin,* doch kann es auch «Gesinnung, Sinn, Verstand, Absicht, Entschluß, Wunsch» heißen. Im Nhd. hat «Mut» eine Bedeutungsverengung erfahren. Ebenso umfaßt *gemüete* als «Inbegriff der geistigen Fähigkeiten und Tätigkeiten» mehr als «Gemüt».

ze muote werden «einen Entschluß fassen»; *mit lachendem muote entwurte Rüedegêr* «voll Freude antwortete Rüdiger»; *dô gedâhte diu guote vil dicke in ir muote* «da bedachte die Vortreffliche wiederholt bei sich»; *daz meine ich an den muot* «in meinem Herzen» MF 142, 20; *an dem muote wil ich mangiu jâr belîben* «an dieser Gesinnung werde ich immer festhalten»; *valsch geselleclîcher muot* «die Gesinnung eines treulosen Freundes».

Der *hôhe muot* in der Minne, beim Turnier und Fest umschreibt die Hochstimmung und das Hochgefühl der adelig-höfischen Gesellschaft, z.B. *dô wart im von dem gruoze vil wol gehœhet der muot* NL 292, 4. Der *hôhe muot* als Inbegriff der Daseinsfreude des Rittertums wird meistens vom *hôchmuot* als «Hochmut, Vermessenheit, Überheblichkeit» unterschieden, während *übermuot* im Nibelungenlied teils positiv, teils negativ verstanden werden kann. Auch *hôchvart* ist nicht ohne weiteres der «Hoffart» gleichzusetzen, sondern meint ursprünglich die Art, vornehm und selbstsicher zu leben. Diese Begriffe können auch gegeneinander ausgetauscht werden, und in der geistlichen Literatur werden sie ohnehin der *superbia* zugeordnet.

Lit.: A. Arnold, Studien über den Hohen Mut, Leipzig 1930.

orden st. M. : Aus dem Lat. entlehnt, bedeutet ahd. *ordo (ordena)* «Ordnung, Reihenfolge, Regel». Im Mhd. umfaßt *orden* auch das Gesetz, unter dem eine Gruppe steht: den Stand als «ein Stehen in einem größeren Ganzen» – lat. *status, gradus, ordo, conditio*; mhd. auch *ê, ambet, name, reht, leben*, z.B. Freidank, ‹Bescheidenheit› 27, 1: *Got hât driu leben geschaffen: gebûre, rıtter unde pfaffen.*

Im ‹Helmbreht› (v. 289–291) von Wernher dem Gartenære mahnt der Meier seinen Sohn:

wan selten im gelinget,	Denn niemals hat der Erfolg gehabt,
der wider sînen orden ringet.	der gegen seinen Stand aufbegehrt.
dîn ordenunge ist der phluoc	Deiner Herkunft (Lebensordnung) nach gehörst du hinter den Pflug.

Lit.: H. W., Med., S. 155–161 [S. 336 mit Literaturhinweisen zum ordo-Gedanken].

rât st. F.: einmal in der konkreten Bedeutung «Vorrat, vorhandene Mittel», zum anderen in der abstrakten «Rat, Abhilfe, Ausweg, Hilfe». Der lehnsrechtlichen Formel *auxilium et consilium* entspricht mhd. *rât und helfe*, aber die beiden Begriffe sind nicht immer zu trennen; denn oft bedeutet *rât* auch konkret *auxilium*. *Rât* ist daneben der «Ratgeber, Berater», die «beratende Versammlung».

Feste Verbindungen: *ez wirt rât* m. Gen. «es wird abgeholfen», z.B. *es wirt rât, daz man [...] gedienet hât* «man wird belohnt für das, worum man gedient hat» MF 84, 26; *rât hân* «verzichten, entbehren», z.B. *er wolde sîner reise haben deheiner slahte rât* «er wollte auf keinen Fall auf seine Fahrt verzichten» NL 65, 4; *dîner übermüete solde ich von rehte haben rât* «möchte ich mir verbitten» NL 825, 4; *ze râte tuon* «Abhilfe schaffen», z.B. *wol mich deich sîner hêrschaft hân ze râte getân* «gut, daß ich seiner Herrschaft ein Ende gemacht habe» NL 993, 4.

recke sw. M.: Ahd. *wreckeo > recch(e)o* (an. *rekkr*, as. *wrekkio*) gehört zum st. Vb. ahd. *rehhan* «rächen, vergelten, strafen» (vgl. got. *wrikan* «verfolgen», lat. *urgere* «bedrängen») und bedeutet «Verbannter, Vertriebener, Landflüchtiger, Fremdling». So im Hildebrandslied, 46–48:

‹*wela gisihu ih in dinem hrustim, dat du habes heme herron goten,*	«An deiner Rüstung sehe ich deutlich, daß du zu Hause einen mächtigen Herrn hast
dat du noh bi desemo riche reccheo ni wurti.›	und daß du dieses Herrschers wegen noch nicht in die Verbannung hast gehen müssen.»

Der *recke* ist ursprünglich der allein → im *ellende* umherziehende Krieger. Daran erinnert eine Szene im Nibelungenlied 341, 1, in der nur vier Ritter *in recken wîse* die Brautwerbungsfahrt um Brünhild antreten. In der Regel sind jedoch mhd. → *degen, helt,* → *ritter* und *wîgant* synonyme «Heldenwörter» für den «Helden, Ritter» geworden.

Lit.: G. Weber, Das Nibelungenlied. Problem und Idee, Stuttg. 1963, S. 212–238; E. Wiessner/H. Burger, Die höf. Blütezeit. In: DWg., Bd. 1, ³1974, S. 229–233.

rîche Adj. u. st. N.: Das Adj. ahd. *rîhhi*, mhd. *rîch(e)* heißt allererst «vornehm, mächtig», dann auch «reich, begütert». Das Subst. *rîche* steht als «das Reich» für lat. *imperium*, aber auch für den «Herrscher, König» (vgl. got. *reiks*, lat. *rex,-gis*).

Lit.: J. Trier, Vorgeschichte des Wortes Reich. In: Nachr. d. AkdW. in Göttingen, Philol.-hist. Kl. 1943, Nr. 14, S. 535–582; R. Ris, Das Adjektiv *reich* im mittelalterlichen Deutsch. Geschichte – semantische Struktur – Stilistik, Berlin/New York 1971; E. Nellmann, Die Reichsidee in deutschen Dichtungen der Salier- und frühen Stauferzeit, Berlin 1963.

ritter, *rîter, rîtære* st. M.: Das Nomen agentis zu «reiten» meint ursprünglich den schwergepanzerten Reiter zu Pferde (vgl. frz. *chevalier* < spätlat. *caballarius*). In der mhd. höfischen Dichtung ist aus dem «Reiter» ein «Ritter» geworden – ein Begriff, nicht weniger komplex als der des *miles* in den historiographischen Quellen:

Hartmann von Aue etwa nennt sich in seinem Prolog zum ‹Armen Heinrich› sowohl «*ritter*» als auch «*dienestman*» (Ministeriale). Ein Ritter kann also einem Herrn dienen. Auf der anderen Seite heißt in Hartmanns Artusroman ein *herre* und *künec* wie Erec gleichfalls «*ritter*». Herrschaft und Dienst, die in der sozial- und rechtsgeschichtlichen Realität grundverschieden sind, schließen in der Fiktion einander nicht aus – der Ritterbegriff integriert beide zu einer idealen Einheit. Dies wird möglich durch die Aufwertung des Dienstes in der höfischen Epik und Lyrik. Hier heißen alle, die einer Dame dienen, die dem Nächsten in der Gefahrensituation einer *âventiure* helfen und die für Gott im Kreuzzug kämpfen, «Ritter».

Joachim Bumke erschließt folgende Merkmale des Ritterbegriffs:
«Im militärischen Sinn hieß jeder schwergepanzerte Reiter so, gleich ob er ein Fürst oder ein Söldner war.

Ritter waren zweitens alle, die zum Gefolge der Könige und der großen Herren gehörten; hier war der Dienst das einzige allen gemeinsame Element: je höher der Herr stand, um so mehr waren diejenigen ausgezeichnet, die sich in seinem Gefolge befanden.

Drittens wurde dann der gesamte Adel zu den Rittern gezählt; in diesem Sinn bezeichnete das Wort eine Gesellschaft gleicher Lebensformen und gleicher Ideale.

Schließlich stand das Wort auch noch für die unterste Schicht des Adels, die sich seit dem 13. Jahrhundert in den Territorien als Ritterstand nach unten abzugrenzen begann.

Mindestens mit diesen vier Bedeutungen – dazu kommt fünftens der religiöse Sinn des ‹miles christianus› – hat man es in den Quellen zu tun» (S. 181).

Die ritterliche Gesellschaft der Stauferzeit umfaßt den ganzen Adel, aber das Rittertum ist eine gesellschaftliche, keine ständerechtliche Erscheinung. Der Ritter im geburts- und herrschaftsständischen Sinne begegnet erst im Spätmittelalter. Auch das Fest der Schwertleite, das im Zeitalter der Kreuzzüge mit dem kirchlichen Weiheakt des Schwertsegens verknüpft wurde, bleibt ein rein gesellschaftliches Ereignis ohne rechtliche Relevanz. Der «Ritter» ist ein Erziehungs- und Bildungsideal der Literatur, das nicht fraglos mit der Realität gleichgesetzt werden kann:

Der *tumbe* Parzival begegnet im Walde vier Reitern, unter ihnen Karnahkarnanz, den er für «Gott» hält. Der Fürst belehrt ihn, daß er und seine Begleiter «Ritter» seien (Pz. III, 123, 3–11):

der knappe frâgte fürbaz	Der Knabe fragte weiter:
‹*du nennest ritter: waz ist daz ?*	«Du sagst ‹Ritter›. Was ist das?
hâstu niht gotlîcher kraft,	Wenn Du nicht die Stärke Gottes hast,

sô sage mir, wer gît ritterschaft ?›	dann sage mir, wer verleiht Ritterschaft?»
	[Darauf antwortet Karnahkarnanz:]
‹*daz tuot der künec Artûs.*	«Das tut der König Artus.
junchêrre, komt ir in des hûs,	Wenn Ihr an seinen Hof kommt, Junker,
der bringet iuch an ritters namn,	wird er Euch den Titel eines Ritters verleihen,
daz irs iuch nimmer durfet schamn,	und zwar so, daß Ihr Euch dessen nie werdet zu schämen brauchen.
ir mugt wol sîn von ritters art.›	Ihr mögt wohl das Zeug zum Ritter haben.»

Nach dieser «Definition» verleiht Artus den Titel eines Ritters demjenigen, der *von ritters art* ist: Man wird nicht von vornherein als Ritter geboren, aber man bringt die Anlage zum Ritter mit. In der Fiktion legitimiert sich der Ritter nicht einfach durch adelige Geburt, sondern – und das meint ja auch der alte Topos vom Seelenadel – durch eigene Leistung. Verdienst ist an Dienst gebunden; Verdienst durch Dienst bringt die verdiente Anerkennung bei Hofe – *êre.*

Diese Auffassung, die im Artusroman, im ‹Tristan› und im Nibelungenlied immer wieder demonstriert und – wie der Streit über Siegfrieds Status zeigt – problematisiert wird, läßt sich als Postulat an die historische Wirklichkeit verstehen: Dieses Ideal kam den Aufstiegsbestrebungen der Ministerialität mit ihrem gehobenen Sozial- und geminderten Rechtsstatus entgegen. Die Bejahung des Dienstes mußte auf der anderen Seite auch im Interesse der großen Herren liegen. An deren Höfen formiert sich im Zuge des Territorialisierungsprozesses seit dem 13. Jh. eine neue Hofgesellschaft, in welcher die ursprünglich unfreien Ministerialen und die altfreien Adeligen nach und nach zu einer Gesellschaft gleicher Lebensform und gleicher Ideale zusammenwachsen. Bei diesem Integrationsprozeß spielt das allen gemeinsame Ritterideal eine bedeutsame Rolle. Die großen Leitbilder der folgenden Jahrhunderte, der *cortegiano* des 16., der *honnête homme* des 17., der *gentil 'homme* des 18. Jahrhunderts und noch der *Kavalier* und *gentleman* haben hier ihre Wurzeln.

Lit.: J. Bumke, Studien zum Ritterbegriff, 2. Aufl. mit einem Anhang: Zum Stand der Ritterforschung, Heidelberg 1977; W. Schröder, Zum Ritter-Bild der frühmittelhochdeutschen Dichter. In: GRM 53 (1972), S. 333–351; J. Fleckenstein, Zum Problem der Abschließung des Ritterstandes. In: FS W. Schlesinger. Historische Forschungen, hrsg. v. H. Beumann, Köln/Wien 1974, S. 252–271; ders., Rittertum und ständische Ordnung. In: Mitt. a. d. Max-Planck-Gesellsch. 3 (1972), S. 157–170; ders., Friedrich Barbarossa und das Rittertum. Zur Bedeutung der großen Mainzer Hoftage von 1184 und 1188. In: FS H. Heimpel, Bd. 2, Göttingen 1972, S. 1023–1041; H. G. Reuter, Die Lehre vom Ritterstand. Zum Ritterbegriff in Historiographie und Dichtung vom 11. bis zum 13. Jahrhundert,

2. Aufl. Köln/Wien 1975; J. Johrendt, ‹Milites› und ‹Militia› im 11. Jahrhundert. Untersuchungen zur Frühgeschichte des Rittertums in Frankreich und Deutschland, Phil. Diss. Erlangen/Nürnberg 1971; A. Borst (Hrsg.), Das Rittertum im Mittelalter, Darmstadt 1976 (WdF 349) [mit Bibliographie]; K. O. Brogsitter, *Miles, chevalier, ritter.* In: Sprachliche Interferenz. FS W. Betz, hrsg. v. H. Kolb u. H. Lauffer, Tübingen 1977, S. 421–435; Die geistlichen Ritterorden Europas. Hrsg. v. J. Fleckenstein u. M. Hellmann, Sigmaringen 1980 (Vorträge u. Forschungen 26).

riuwe st. F.: ahd. *(h)riuwa* gibt sowohl allgemein lat. *dolor* «seelischer Schmerz» als auch das kirchenlat. *poenitentia* «Reue, Buße» wieder. Im Zusammenhang mit → *buoze* wird die *wâre riuwe* zum Leitbegriff im ‹Gregorius› (v. 74 ff., 2701 f., 3369–72). Im Minnesang ist *riuwe* der «Minneschmerz». Erst im Spätmittelalter wird die umfassende Bedeutung von «Schmerz, Kummer, Leid» verengt zu «Schmerz über etwas, das man selbst getan oder unterlassen hat» – zu «Reue».

Lit.: W. Schröder, Zum Wortgebrauch von *riuwe* bei Hartmann und Wolfram. In: GRM 40 (1959), S. 228 ff.; G. Ising, Wortgeogr., I, S. 62–66.

sælde st. F., auch *sælecheit*: Mhd. *sælde* bedeutet wie schon ahd. *sâlida* «Glück, Heil, Segen» und im religiösen Sinn «Seligkeit». Es ist verwandt mit dem Adj. *sælec, sælic* «wohlgeartet, beglückt, glücklich, gut, fromm, selig». In der höfischen Dichtung bezeichnet *sælde*, die auch personifiziert als *vrou Sælde* auftritt (so bei Hartmann und Walther), die guten Eigenschaften von Mann und Frau, die vom Schicksal, Glück oder durch Gottes Segen mit allen Tugenden begabt sind:

diz was Erec fil de roi Lac, der vrümekeit und sælden phlac «der tüchtig und von Fortuna begünstigt war» Er. 3 f.; *mîn sælde hât mich wol bedâht* «das Schicksal hat es gut mit mir gemeint» Tr. 498; *swer an rehte güete wendet sîn gemüete, dem volget sælde und êre* «himmlisches Glück» Iw. 3; *mit sælden müeze ich hiute ûf stên, got hêrre* «mit Deinem Segen möchte ich heute aufstehen, (Herr-) Gott» Wa. 24, 18.

Sælde vertritt einerseits lat. *beatitudo, felicitas*, andererseits *fortuna*, wobei *sælde* zumeist ein freundliches Geschick meint. Der Begriff berührt sich mit *heil* und → *gelücke*: «Das *heil* fällt einem zu, das *gelücke* ereignet sich, die *sælde* hat man» (R. Strümpell). *Gelücke* hat im Spätmittelalter *sælde* verdrängt, nur nhd. «Seligkeit» hat sich behauptet.

Lit.: R. Strümpell, a.a.O.; Th. Scharmann, Studien über die ‹Sælde› in der ritterlichen Dichtung des 12. und 13. Jahrhunderts, Würzburg 1935; A. Salzer, Der Schicksalsbegriff in der mittelhochdeutschen Dichtung. (Untersuchung der Wörter gelücke, heil, sælde), Phil. Diss. (Masch.) F. U. Berlin 1953; Ritter, Hist. Wb. d. Philos., s. v. «Glück».

sene st. F.: «Schmerz», bes. Schmerz aus Liebe, das liebende, schmerzliche Verlangen – «Liebe». So bedeutet auch das Vb. *senen* «seelischen Schmerz leiden», liebend, schmerzlich «nach etwas verlangen». Das Part. Prät. *senende > senede > sende* begegnet in Bezeichnungen für den Liebesschmerz: *senediu nôt, senedez leit/ – ungemach, senediu arbeit/ – swære.* Eine Erzählung von Liebe und Liebesleid ist im ‹Tristan› ein *senedez mære,* ein *senemære.* Der Liebende, der *sene* empfindet, ist ein *senedære,* die Liebende eine *senedærin(ne).* Nhd. «Sehnsucht» ist also ursprünglich das schmerzliche Verlangen nach Liebe.

sin st. M.: Ahd./mhd. *sin* (vgl. lat. *sensus, sententia, sentire*; afrz. *sen(s)/ san*) gehört zu den Wörtern aus dem «Sinnbezirk des Verstandes» (J. Trier). Auf die Ausgangsbedeutung verweist das ahd. Vb. *sinnan* «eine Richtung nehmen, gehen, reisen» und «nach etwas streben, begehren». Mhd. *sin* ist die Richtung hin zur Wahrnehmung, die Fähigkeit einmal der sinnlichen Wahrnehmung, der Sinn als einer der fünf Sinne, zum anderen der «innere Sinn» als Fähigkeit und Ergebnis dieser Tätigkeit: «Geist, Verstand, Vernunft, Weisheit, Einsicht; Bewußtsein, Besinnung, Meinung, Ansicht, Absicht.»

Unsin ist dagegen «Raserei, Torheit, Unverstand; Bewußtlosigkeit». Während → *muot* eher im emotionalen Bereich anzusiedeln ist, zielt *sin* mehr auf die intellektuellen und rationalen Kräfte, auf das Vermögen des Erkennens und Denkens, doch hier gibt es mannigfaltige Überschneidungen.

Mhd. *sin* ist wie afrz. *san /sen(s)* ein poetologischer Zentralbegriff, um dessen Klärung sich bes. E. Köhler und W. Haug bemüht haben. Chrétien de Troyes z.B. unterscheidet nach dem Vorgehen der Rhetorik und der geistlichen Exegese für den Artusroman zwischen *san* und *matiere.* Der Dichter verfügt über einen ihm von Gott verliehenen *sen(s)*; kraft seines *sen(s)* findet er in der *matiere* («Stoff») einen *sen(s)* («Sinn, Bedeutung») und stellt diesen an der vorgefundenen Materie in seiner Interpretation dar.

Ähnlich lobt Gottfried von Straßburg an Hartmann von Aue, *wie der diu mære beide ûzen unde innen mit worten und mit sinnen durchverwet und durchzieret! wie er mit rede figieret der âventiure meine!* «wie der den Stoff seiner Geschichten außen und innen mit Worten und Gedanken koloriert und schmückt! Wie er mit seiner Aussage den Sinn der Erzählung trifft!» Tr. 4621ff. – Wort und Sinn sind identisch. W. Haug (S. 214f.) folgert: «*sin* ist zum einen die subjektive Fähigkeit des Autors, sinnvoll zu gestalten, *sin* ist zum anderen objektiv das sinnvoll Gestaltete [...] des Wortes im einzelnen wie als Sinn des ganzen Werkes. Und drittens muß dem wiederum der *sin* auf seiten des Hörers entsprechen».

Lit.: J. Trier, a.a.O.; B. Boesch, a.a.O.; W. Schröder, a.a.O. [→ *kunst*]; E. Köhler, Zur Selbstauffassung des höfischen Dichters. In: E. K., Trobadorlyrik und höfischer Roman, Berlin 1962, S. 9–20; W. Haug, Literaturtheorie im deutschen Mittelalter von den Anfängen bis zum Ende des 13. Jahrhunderts, 2. Aufl. Darmstadt 1992; Chr. Huber, Wort – Ding – Entsprechungen. Zur Sprach- und Stiltheorie Gottfrieds von Straßburg. In: Befund und Deutung. Zum Verhältnis von Empirie und Interpretation in Sprach- und Literaturwissenschaft. FS H. Fromm, hrsg. v. K. Grubmüller u.a., Tübingen 1979, S. 268–302.

stæte Adj. u. st. F.: Das Adj. ahd. *stāti* > mhd. *stæte*, das mit dem Vb. *stân* verwandt ist (lat. *stare*), heißt «beständig, fest, unveränderlich, anhaltend». Im Sinne von «Beständigkeit, Festigkeit, Beharrlichkeit» steht mhd. *stæte* der Tugend der *constantia* nahe. In Verbindung mit → *triuwe* betont *stæte* die Dauer im Treueverhältnis zum Lehnsherrn, zur Minneherrin oder zum geliebten Mann. Ist *stæte* das Beharren im Guten, so *unstæte* das Festhalten am Bösen, der Mangel an Festigkeit und Stetigkeit (vgl. den Prolog zum Pz.). Im Nhd. erhalten haben sich der adv. Gen. «stets» und die Ableitungen «stetig», «Stetigkeit».

Lit.: V. Vollmer, Der Begriff der Triuwe und der Stæte in der höfischen Minnedichtung, Phil. Diss. Tübingen 1914.

süeze Adj. u. st. F.: Das Adj. ahd. *suozi* > mhd. *süeze* ist dem lat. *suavis* verwandt und bedeutet «süß, wohlschmeckend», aber auch wie lat. *dulcis* «angenehm, lieblich, reizend, schön» und im religiösen Bereich «gnädig, gütig, freundlich, heilig». Entsprechendes gilt für das Subst.

diu süeze sumerzît; ein edel süeze wîp; der junge süeze künec («schöne»); *got der süeze* («gnädige»); *der süezen Herzeloyde barn* «der Sohn der seligen Herzeloyde».

Lit.: W. Armknecht, Geschichte des Wortes «süß», Berlin 1936, F. Ohly, Geistige Süße bei Otfried (1969). In: F. O., Schriften zur mittelalterlichen Bedeutungsforschung, 2. Aufl. Darmstadt 1983; ders., Süße Nägel der Passion. Ein Beitr. zur theologischen Semantik, Baden-Baden 1989 (Saecula Spiritalia 21).

swære Adj. u. sw. F.: Das Adj. bedeutet im konkreten Sinn «gewichtig, schwer», im übertragenen «drückend, schmerzlich, unangenehm, beschwerlich», das Subst. gleichfalls entweder «großes Gewicht, Schwere» oder «Beschwernis, Bedrängnis, Kummer, Leid, Schmerz». Im Minnesang ist *swære* Ausdruck des Minneleids: *ich hân mir selber gemachet die swære, daz ich der ger, diu sich mir wil entsagen* Rudolf von Fenis, MF 83, 11.

tiure Adj.: «wertvoll, kostbar», im Hinblick auf Personen «hochgeachtet, angesehen, ausgezeichnet». Da das Kostbare meist einen hohen Preis hat, ergibt sich auch die Bedeutung «teuer», im Unterschied zu «wohlfeil, billig». Da das, was *tiure* ist, nicht zahlreich vorhanden zu sein pflegt, ist es «selten», «in geringem Maße» oder «gar nicht vorhanden,» z.B. *der imbiz was im tiure* «er hatte nichts zu essen». Dagegen dient das Adv. *tiure* der Verstärkung: «sehr, dringend, heftig, innig», z.B. *tiure klagen.*

Das faktitive Verb *tiuren* bedeutet einmal «an Wert erhöhen, ehren», z.B. *des dûhte sich getiuret des künec Guntheres lîp* «dadurch fühlte sich König Gunther geehrt» NL 396, 4, zum anderen «selten machen, entziehen, berauben» bzw. intransitiv «selten sein, fehlen», z.B. *ich tiure allen wîben.*

triuwe st. F.: Ahd. *triuwa* > mhd. *triuwe* (as. *treuwa*, got. *triggwa*) geht zurück auf gemeingerm. **trewwo/trûwō* «Vertrag, Versprechen». Aus dem Germ. entlehnt sind mlat. *treuga* (seit dem Ende des 11. Jhs. verkündet die Kirche wiederholt die *pax Dei* und eine Waffenruhe an bestimmten Tagen, die *treuga Dei*) und afrz. *trieve* «Waffenstillstand».

Das Versprechen der *triuwe* impliziert «Zuverlässigkeit, Wahrheit, Aufrichtigkeit, Vertrauen, Zuversicht» und «Hilfe». Die Treue als ein vertragliches Verhältnis auf Gegenseitigkeit ist konstitutiv sowohl für das germ. Gefolgschafts- als auch für das mittelalterliche Lehnswesen. Sie verpflichtet zur Unterlassung aller Handlungen, die zum Nachteil von Herrn und Mann ausschlagen könnten. Der feudalrechtliche Begriff der Herrentreue wird übertragen auf das Verhältnis zwischen Mensch und Gott sowie auf das zwischen Frau und Mann, und zwar sowohl in der Ehe als auch in der Minne (→ *stæte*).

Gegenbegriff ist die Verletzung der Bindungen in Akten der *untriuwe* wie z.B. bei der Ermordung Siegfrieds, NL 915, 4.

sît got selbe ein triuwe ist «da Gott selbst Inbegriff der Liebe ist» Pz. 462, 19; *so velsche durch got nieman mîne triuwe* «so zweifle doch niemand an meiner Aufrichtigkeit» MF 133, 19; *hâstu triuwe und stætekeit* «bist Du aufrichtig und treu» Wa. 15, 13; *ich gibe iu mîne triuwe und sicherlîche hant* «ich gebe Euch mein Wort und meine Hand dafür» NL 2277, 1; *bî mînen triuwen, in triuwen, entriuwen* «wahrhaftig, wirklich» sind Formeln zur Beteuerung der Glaubwürdigkeit.

Lit.: F. L. Ganshof, a.a.O.; W. Schlesinger, Randbemerkungen zu drei Aufsätzen über Sippe, Gefolgschaft und Treue. In: Alteuropa und die moderne Gesellschaft, FS O. Brunner, Göttg. 1963, S. 11–59; H. Helbig, Fideles Dei et regis. In: AfK 33, S. 275–306; G. Spiess, Die Bedeutung des Wortes ‹triuwe› in den mittelhochdeutschen Epen ‹Parzival›, ‹Nibelungenlied› und ‹Tristan›, Phil. Diss. (Masch.) Hamburg 1957; H. Albrand, Untersuchungen über Sinnbereich und Bedeutungsgeschichte von ahd. *triuwa* und mhd. *triuwe* bis einschließlich Hartmann von Aue, Phil. Diss. (Masch.) Göttingen 1964; F. G. Gentry, Triuwe and vriunt in the Nibelungenlied, Amsterdam 1975.

trût Adj., **triuten** sw. Vb.: Vom Adj. *trût* «traut, lieb, geliebt» ist das Faktitivum *triuten* «lieben, liebhaben, liebkosen» (mit stark sinnlicher Konnotation) abgeleitet, z.B. *des morgens er nider lac, daz er sîn wîp trûte* Er. 2938 f. Die *triutinne* ist die Geliebte, die Gattin. Der Minnesang begegnet zuerst um 1160 in einer *Memento mori*-Bußpredigt (›Von den tôdes gehügede‹) des sog. Heinrich von Melk, der als Beispiel der neuen höfischen Mode Liebeslieder – *troutliet (trûtliet)* – tadelt.

trôst st. M.: Im Ahd. bedeutet das mit «trauen» (ahd. *trūēn, trūwēn*) und «treu» verwandte Wort 1. «Vertrauen, Hoffnung, Zuversicht» (engl. *trust*, vgl. lat. *spes*); 2. «Hilfe, Beistand, Unterstützung» (lat. *auxilium*) und 3. – ausgehend von der Klostersprache – «Trost» (lat. *consolatio*). Im Mhd. bezeichnet es auch den «Helfer, Schützer», z.B. Gott, Christus und Maria, aber im NL 1626, 2 auch Hagen, auf den man seine Zuversicht setzt – *er was den Nibelungen ein helflîcher trôst*. Im Minnesang ist es die Dame, von der *trôst*, «Erfüllung», erhofft wird.

Lit.: H. Götz, Leitwörter des Minnesangs, Berlin 1957 (Abh. d. Sächs. AkdW. zu Leipzig, Philolog.-hist. Kl. 49, H. 1).

tugent st. F.: Ahd. *tugund, tuged, tugid* ist gebildet vom Prät.-Präs. *tugan* «taugen, nützen» und bedeutet dementsprechend «Tauglichkeit, Brauchbarkeit, (kriegerische) Tüchtigkeit». Das Wort wurde dann für lat. *virtus* (vgl. griech. *Arete*) verwandt, ein Oberbegriff für die römischen Tugenden der *temperantia, fortitudo, sapientia, iustitia* und zugleich für die christlichen der *fides, spes* und *caritas*.

In der höfischen Literatur umfaßt *tugent* (oft im Pl.) alle guten Eigenschaften, die höfische Vorbildlichkeit und Vollkommenheit schlechthin, die «sachgerechtes, weltläufiges und religiöses Verhalten in eins» setzt (H. Kunisch). So wird Rüdiger im Nibelungenlied 2202, 4 der *vater aller tugende* («aller ritterlichen Vollkommenheit») genannt. Im Minnesang heißt es von der Dame: *si hât mich mit ir tugende* («Güte») *gemachet leides vrî* MF 4, 21.

Die *tugent*, oft mit → *mâze* und → *zuht* verbunden, beruht auf Anlage und Erziehung *(lêre)*. Es gibt in der höfischen Literatur Ansätze zu einer Tugendlehre und eine Rangordnung der Güter, aber kein «ritterliches Tugendsystem» (G. Ehrismann, 1919), keine förmlich systematische Grundlegung des ritterlich-höfischen Verhaltens, vielmehr ein «Schweben zwischen vielen, teils nahe verwandten, teils auch polaren Idealen» (E. R. Curtius).

Tugend als Inbegriff des Sittlichen wird im Nhd. – außerhalb der philosophischen Wertethik (M. Scheler) – zum Moralbegriff verengt, vgl. z.B. die «Tugend» einer Frau.

Lit.: H. Kunisch. In: DWb. u. DWg. 1, S. 213 ff.; W. Bopp, Die Geschichte des Wortes «Tugend», Phil. Diss. (Masch.) Heidelberg 1934; G. Eifler (Hrsg.), Ritterliches Tugendsystem, Darmstadt 1970 (WdF 56).

tump Adj.: Die Grundbedeutung ist «stumpf an Sinnen» (got. *dumbs* «stumm»), aber schon im Ahd. geht die Richtung mehr auf «unerfahren, unverständig, einfältig, ungelehrt» als auf «dumm, töricht, unsinnig». Die Jungen gelten als unerfahren, «unerschlossen», die Alten als → *wîse*, «erfahren, verständig, besonnen, weise».

Im Unterschied zu den *clerici vel litterati* sind die *illitterati vel idiotae* ungelehrte *tumbe leien.* So auch in Rugges Leich: *ein tumber* («schlichter, einfältiger») *man iu hât gegeben disen wîsen rât* MF 96, 1. Parzivals *tumpheit* ist nicht nur mangelnde Weltkenntnis, sondern auch mangelnde Gotteskenntnis (H. Rupp), doch solche *tumpheit* ist *einvalt* im christlichen Sinne. Das lat. Äquivalent für *tump* ist dementsprechend nicht nur *stultus*, sondern auch *simplex*; insofern sind der *tumbe* Parzival und *Simplicius Simplicissimus* Geistesverwandte. Im Minnesang beklagt der Minnende seinen *tumben* → *wân*, seine «törichte Hoffnung (Illusion)». Im Nhd. ist *tump* einseitig auf die pejorative Bedeutung von «dumm» verengt worden.

Lit.: H. Rupp, Die Bedeutung des Wortes ‹tump› im ‹Parzival› Wolframs von Eschenbach. In: GRM 38 (1957), S. 97–106; R. Gruenter, Parzivals ‹einvalt›. In: Euph. 52 (1958), S. 297–302; B. Könneker, Wesen und Wandlungen der Narrenidee im Zeitalter des Humanismus. Brant – Murner – Erasmus, Wiesbaden 1966, S. 5–28.

urloup st. M., N.: Die Nominalbildung *úrloup* verhält sich zum Vb. *erlóuben* wie *úrteil* zu *ertéilen.* Allgemein die «Erlaubnis», im besonderen auch die «Erlaubnis zu gehen, Abschied», die der Herr oder die Dame gibt. Die Tageliedsituation kulminiert seit Wolfram häufig im *urloup*, wenn es im Augenblick des Abschieds noch einmal zu einer letzten Vereinigung der Liebenden kommt. Im Nhd. ist «Urlaub» auf die zeitweilige Befreiung vom Dienst u.a.m. ausgedehnt worden.

veige Adj.: Die Grundbedeutung ist wie im an. *feigr* «zum Tode bestimmt» (vgl. lat. *moribundus*). Wenn es im Nibelungenlied 150, 2 *dâ sterbent wan die veigen* heißt, so entspricht dies ganz dem heroischen Denken und ist nicht mit mhd. *zage* «feige» zu verwechseln. Aus mhd. *veige* entwickelt sich offensichtlich nhd. «feige», weil derjenige, der weiß, daß er sterben muß, sich womöglich doch nicht wie ein Held, sondern furchtsam verhält.

volc st. N.: Im Ahd. überschneiden sich die drei Kollektiva *folk*, → *deota* und → *liuti*, zumal bei der Übersetzung von lat. *gens, populus* und *plebs* (s. o. *diet*).

In den Straßburger Eiden von 842 beginnt die Invocatio *romana lingua*: ‹*Pro deo amur et pro christian poblo et pro nostro commun saluament [. . .], teudisca lingua:*›*In godes minna ind in thes christianes folches ind unser bedhero gehaltnissi [. . .]* «Aus Liebe zu Gott und zur Erlösung des christlichen Volkes und unser beider». Im Hildebrandslied v. 27 ist die Kriegerschar gemeint: *her was eo folches at ente* «immer ritt er dem Heer voran». Vom 9. bis ins 13. Jh. schränkt das dominierende *liut* den Gebrauch von *volk* ein.

Im Mhd. bedeutet *volc* v.a. die «Heerschar», das «Kriegsvolk», ähnlich mhd. *her, here* st. N. «Heer, Kriegerschar»: *ich wæne daz volc deheinez grœzer angest ie gewan* «Ich glaube, keine Kriegerschar geriet je in größere Bedrängnis» NL 2111, 4.

Für das gemeine Volk im verächtlichen Sinne bürgern sich *povel* «Pöbel» (lat. *populus*, frz. *peuple*, engl. *people*) und *haufen* als Synonyma ein. *Volc* konkurriert auch mit *natio*, einem Begriff, der als Synonym für «Volk, Stamm, Landsmannschaft» zunächst nur eine geographische Basis für gemeinsame Herkunft voraussetzt, sich dann im 16. Jh. aber vornehmlich auf die Repräsentanten des Volkes bezieht. Die ungeheure Aufwertung, die der Begriff «Volk» um 1800 erfährt, beginnt bereits bei den barocken Sprachgesellschaften.

Lit.: O. Ehrismann, Volk, a.a.O., S. 73 ff.

vriedel st. M., (*vriedele* sw. F.): der «Geliebte», auch der geliebte Ehemann. Das Wort ist in der Heldenepik (NL 847, 3; 2372, 3: *daz truoc mîn holder vriedel, do ich in jungest sach*) und im Minnesang bei Dietmar von Eist (*Slâfest du, vriedel ziere* MF 39, 18), Walther 39, 22 und Neidhart (49, 6; 68, 31; 78, 22) belegt, also im bairisch-österreichischen Raum.

Eine «Friedelehe» beruht lt. H. Meyer (vgl. jedoch E. Ebel) auf der freiwilligen Übereinkunft beider Partner; sie respektiert beider Gleichwertigkeit (die Frau steht nicht unter der *munt* des Mannes) und ist jederzeit lösbar. Ein Mann wohnt mit seiner Geliebten zusammen und «geht bei Licht in ihr Bett». Die Offenkundigkeit der Verbindung (Heimführung, Beilager, Morgengabe) scheidet die Friedelehe vom reinen Kebsverhältnis (→ *kebese*, → *wine*).

Lit.: E. Ebel, Der Konkubinat nach altwestnordischen Quellen. Philologische Studien zur sogenannten «Friedelehe», Berlin/New York 1993.

vriunt st. M., **vriundinne** st. F.: Das Wort ist eigentlich wie *heilant*, *wîgant*, *vîant*, *vâlant* («Teufel») ein substantiviertes Part. Präs.: ein «Liebender» (vgl. got *frijôn* «lieben» – *frijônds* «Freund»). Die älteste Bedeutung ist «Verwandter» (an. *froendi* «Blutsverwandter» vs. *mágr* «angeheirateter Verwandter»); im Mhd. sind jedoch häufiger der

«Freund» und/oder der «Geliebte» gemeint, gelegentlich auch der Vasall. Walther (L.-K. 79, 22–24) über *mâc* und *vriunt*:

mâgschaft ist ein selbwahsen êre:	Verwandtschaft ist eine Ehre, die einem von selbst/ohne Verdienst zufällt.
sô muoz man friunde verdienen sêre.	Freunde muß man sich mühevoll verdienen.
mâc hilfet wol, friunt verre baz	Nützlich ist ein Verwandter, doch ein Freund um vieles mehr.

Das movierte Fem. *vriundinne* ist die «Freundin» und/oder die «Geliebte». In einem Lied der Neuen Hohen Minne Walthers soll «sie» ihm *friundîn* und *frowe in einer wæte* (in einem Kleid/einer Erscheinung) sein, *friunt* und *geselle* will er ihr sein (L.-K. 63, 8).
→ *mâc;* → *âmîs,* → *geselle* etc.

vrouwe st. F., vor Namen und in der Anrede auch in der abgekürzten Form *vrou*: Ahd. *frouwa* ist (wie an. *Freya* zu *Freyr*) die Femininbildung zu ahd. *frô* «Herr» (got. *frauja*), also die «Herrin, Dame», auch die Gottesmutter («Unsere liebe Frau», «Notre Dame»). In der Regel ist mhd. *vrouwe* eine Standesbezeichnung, mhd. → *wîp* eher eine Geschlechtsbezeichnung, und dieser Unterschied gilt auch für das Verhältnis von → *juncvrouwe, vrouwelîn* und → *maget*.
Zu Beginn des 13. Jhs. scheint der Minnekult um die *vrouwe* das ständisch indifferente *wîp* in den Schatten gestellt zu haben, jedenfalls wird die Bewertung von *wîp* und *vrouwe* zum Gegenstand dichterischer Auseinandersetzung. Walther von der Vogelweide: *wîp muoz iemer sîn der wîbe hôchste name, und tiuret baz dan frowe, als ichz erkenne* («›Frau‹ wird immer die höchste Bezeichnung für das weibliche Geschlecht sein und ehrt meiner Meinung nach mehr als ‹Dame›») L.-K. 48, 38 f., und *wîp dêst ein name ders alle krœnet* L.-K. 49, 11. In der Spruchdichtung um 1300 nimmt Frauenlob das Thema wieder auf und beharrt gegen Barthel Regenbogen auf *frouwe* als Ehrenbezeichnung für die Frau, während Rumelant den Streit für überflüssig erklärt.
Seit dem Spätmittelalter verliert «Frau» die ständische Bedeutung, es bezeichnet das weibliche Geschlecht und heute auch die unverheiratete Frau. Für die vornehme Frau («Gnädige Frau» in der Anrede) hat sich seit dem 17./18. Jh. «Dame» gehalten.
W. König hat versucht, die Entwicklung des Wortfeldes *Frau* vom Althochdeutschen zum Neuhochdeutschen graphisch darzustellen:

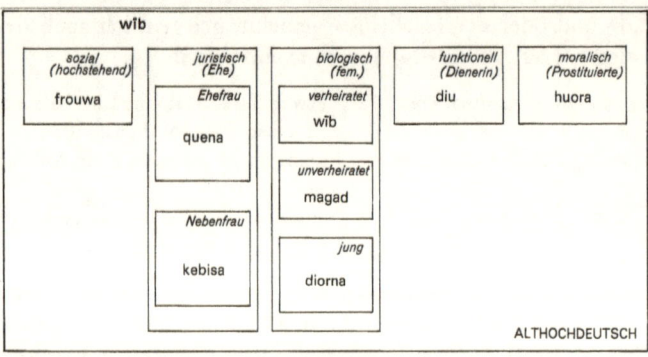

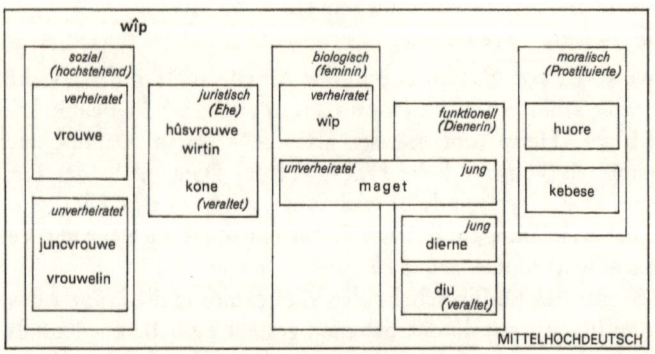

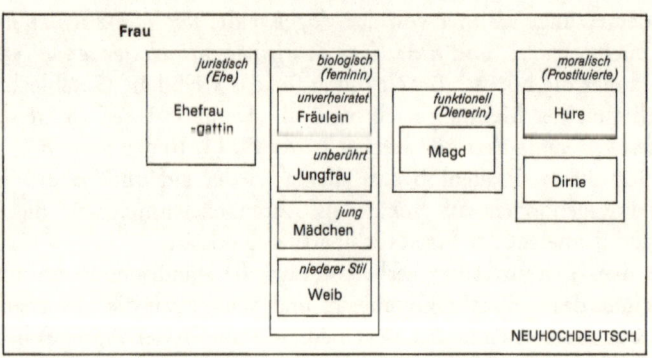

Abb. 7: Entwicklung des Wortfeldes Frau *vom Althochdeutschen zum Neuhochdeutschen (In: W. König, dtv-Atlas zur deutschen Sprache. 10. Aufl. München 1994, S. 112)*

Lit.: W. Kotzenberg, a.a.O.; W. Mohr, Die «vrouwe» Walthers von der Vogelweide. In: ZfdPh 86 (1967), S. 1–10; B. Wachinger, Sängerkrieg. Untersuchungen
zur Spruchdichtung des 13. Jahrhunderts, München 1973, S. 188–246.

vrum Adj.: Das Wort, das mit got. *fruma* «erster» und lat. *primus* verwandt ist, bedeutet «brauchbar» (ahd. *fruma* st. F. «Nutzen, Vorteil»),
«rechtschaffen, tüchtig, tapfer, brav». *Erec dô ahten begann, der ritter
wære dehein vrum man* «Erec gewann danach den Eindruck, der Ritter
könne kein anständiger Mensch sein» Er. 66 f. Die im Mhd. noch seltene
Variante «gottgefällig, gottesfürchtig» (lat. *pius*) hat sich seit dem 16. Jh.
mit nhd. «fromm» durchgesetzt. Das Subst. *vrümecheit* «Tüchtigkeit,
Tapferkeit, Trefflichkeit» wird auf nhd. «Frömmigkeit» eingeengt.

Lit.: E. E. Müller, Das mittelalterliche und das reformatorische «fromm». In:
PBB(W) 95 (1973), S. 333–357.

wân st. M.: Aus der Grundbedeutung «Erwartung» ergeben sich zwei
Bedeutungskomponenten:
1. auf Zukünftiges bezogen: «Hoffnung, unsichere Erwartung, Zuversicht», auch «Absicht». Im Minnesang ist der *tumbe wân* die
   «vergebliche, trügerische Hoffnung, Illusion». Vgl. die Kritik Hartmanns von Aue: *Ir minnesinger, iu muoz ofte misselingen, daz iu den
   schaden tuot, daz ist der wân* «Ihr Minnesänger, Ihr müßt ja scheitern.
   Ihr seid erfolglos, weil Ihr Euch auf die bloße Hoffnung verlaßt» MF
   218, 21 f.
   (Für die biblische *spes* konkurrieren dagegen mhd. → *gedinge, hoffenunge* und *zuoversiht* miteinander.)
2. auf Gegenwärtiges gehend: «Vermutung, Meinung, Ansicht». Davon
   ist das sw. Vb. *wænen* abgeleitet: «meinen, glauben, vermuten»; vgl.
   z.B. im ‹Tristan›, v. 18.222 ff. Markes Schwanken zwischen *wizzen*
   und *wænen.* (*âne wân, sunder wân* «gewiß»; *nâch wâne* «aufs Gera-
   tewohl»).

Lit.: I. Ruttmann, Die Bedeutungskomponente des Trügerischen in mhd. ‹wân›
und ‹wænen›, Phil. Diss. (Masch.) Frankfurt a.M. 1965; H. Götz, a.a.O.

wîgant st. M.: Eigentlich das Part. Präs. eines Verbs für «kämpfen»: ahd.
ubar-wehan «siegen, widerstehen», got. *weihan*, vgl. lat. *vincere*. Es ist
verwandt mit dem st. M. *wîc* «Kampf, Krieg, Schlacht»; *wîcgewant*
«Streitgewand», *einwîc* «Einzelkampf», *volcwîc* «Kampf zweier Heere».
Mhd. *wîgant* wird wie *helt,* → *recke,* → *ritter,* → *degen* als Bezeichnung
für den tapferen Krieger gebraucht. Im Laufe des 13. Jhs. veraltet das
Wort.

wine st. M. F.: Das in der höfischen Sprache ungebräuchliche Wort bedeutet «Freund, Geliebter, Gatte» bzw. «Geliebte, Beischläferin, Gattin». Im Frauenstreit des Nibelungenliedes beschimpft Brünhild ihre

Schwägerin Kriemhild als Beischläferin eines Leibeigenen, als *eigen mannes wine* 822, 2.

In der dörperlichen Tanzdichtung Neidharts kehrt der Terminus *wineliedel* wieder, der sich zuerst in einem karolingischen Kapitular von 789 findet, wo Klosterfrauen untersagt wird, *uuinileodos scribere vel mittere*. Obgleich ahd. *wini* sowohl den «Freund» als auch den «Geliebten» meinen kann, werden hier doch wohl eher Liebeslieder als gesellige Lieder unter Freunden verboten. → *amîs/amîe*, → *geselle*, → *kebese*, → *triutinne*, → *vriedel*, → *vriunt/vriundinne*

Lit.: H. de Boor, Art. «winileod». In: RL, Bd. 3, 1928/29, S. 503; G. Baesecke, Vorgeschichte des deutschen Schrifttums, Halle 1940, S. 340–353; P. B. Wessels, Zur Wesensbestimmung des Wineliedes. In: Neophilologus 41 (1957), S. 19–25.

wîp st. N.: 1. Allgemein «Frau» als Bezeichnung für das weibliche Geschlecht – wie → *man* für das männliche: *ein man ein wîp, ein wîp ein man, Tristan Isolt, Isolt Tristan*. Anders als bei → *vrouwe* kann von *wîp* ohne Rücksicht auf den Stand gesprochen werden: *jâ muget ir an der vrouwen/daz schœniste wîp schouwen*. Wenn allerdings von einer Frau niederen Standes die Rede ist, so heißt sie *wîp* und nicht *vrouwe*.

Im besonderen ist 2. *wîp* die Frau, die mit einem Manne verkehrt (im Gegensatz zu → *maget*). Für *(êlich) wîp* «Ehefrau» sind im Alemann. daneben die Bezeichnungen *wirtinne* und *hûsvrouwe*, im Bair.-Österr. *hûsvrouwe* und *kone* (< ahd. *quena*) gebräuchlich. Zu mhd. *gemahele/ gemahel* «Braut, Gemahlin» das sich als sw. st. Fem. (u. frnhd. Neutr.) zum gleichlautenden Mask. stellt, s. o. → *brût*.

In der Gegenwartssprache wird «Weib» als abwertend empfunden und durch «Frau» ersetzt – im Unterschied zu «weiblich» (vgl. «fraulich») und «Weiblichkeit».

Lit.: G. A. R. de Smet, ‹Ehefrau› in den altdeutschen Originalurkunden bis zum Jahre 1300. Eine historisch-wortgeographische Skizze. In: FS K. Bischoff. Hrsg. v. G. Bellmann u.a., Köln/Wien 1975, S. 27–39; J. Erben, «Ehefrauen» in der Sprache Martin Luthers. In: wortes anst. FS G. de Smet, ed. H. L. Cox u.a., Leuven 1986, S. 137–142; K. Bischoff, *wif, vrowe* und ihresgleichen im mittelalterlichen Elbostfälischen. Eine wortgeschichtliche Studie, Wiesbaden 1977 (Mainz. AkdW u. Lit., Abh. d. geistes- u. sozialwiss. Kl. 1977, Nr. 6).

wîse, wîs Adj.: Die Grundbedeutung ist «wissend», nicht nur «abgeklärt, abwägend, einsichtig, weise» (wie lat. *sapiens*), sondern auch «klug» (wie lat. *prudens*), und zwar v.a. durch Erfahrung, im Gegensatz zu → *tump*. Das seltenere *kluoc* meint nicht nur «geistig, fein, klug», sondern auch «zart, nett, artig, hübsch». Mhd. *wîsheit* umfaßt «Erfahrung, Gelehrsamkeit, Wissen» und «Verstand, Klugheit, Weisheit». Als letztere zählt sie zu den vornehmsten Herrschertugenden.

Lit.: J. Trier, a.a.O.; Renate Schmitt-Fiack, Wise und wisheit bei Eckhart, Tauler, Seuse und Ruusbroec, Meisenheim/Gl. 1972; G. Ising, I, S. 53–61.

witze st. F.: Das Abstraktum zu «wissen» umfaßt schon im Ahd. ähnlich wie → *wîsheit* «Verstand, Vernunft, Einsicht, Klugheit, Weisheit». Bei Otfried von Weißenburg und Notker entspricht ahd. *wizzi* lat. *mens* und *ratio*. Die mhd. Hauptbedeutung ist «Verstand». Der «puer senex» Gregorius ist z.B. *der jâre ein kint, der witze ein man* (v. 1180). Das Wort steht auch der *fruotheit* (< Adj. *fruot* «gesund, frisch; klug, ur- teilsfähig») nahe – vgl. lat. *strenuitas, prudentia*. Im Spmhd. stellt Kon- rad von Megenberg (1350) *wishait* zu *sapientia* und *witz* zu *prudentia*. *Der Pawr wirt witzig* (seiner selbst bewußt) lautet ein Schlagwort von 1525. Im 18. Jh. erfährt «Witz» unter dem Einfluß von lat. *ingenium*, frz. *esprit* und engl. *wit* eine Bedeutungsverengung: Man hat Witz, nämlich das Talent zu geistreichen Einfällen, die dann auch als «Witze» kursie- ren.

Lit.: W. Schmidt-Hidding, K. O. Schütz, W. Hempel, Humor und Witz, Mün- chen 1963.

zuht st. F.: Das Verbalabstraktum zu ahd. *ziohan* «ziehen» meint einmal das «Aufziehen, Versorgen», zum anderen das Ziehen in eine bestimmte Richtung, nämlich das «Erziehen, Bilden, Belehren, Züchtigen», und schließlich die «Erziehung, Bildung» als Ergebnis.

In der höfischen Literatur drückt *zuht* die Übereinstimmung von innerer Gesinnung und äußerem Benehmen aus: «edle Bildung, Fein- gefühl, Liebenswürdigkeit, Höflichkeit» und «feine Lebensart, An- stand, höfische Manieren», geprägt von → *mâze*. Der Mangel an *zuht* ist *unzuht*, der Verstoß gegen die guten und feinen höfischen Sitten, das ungehörige Betragen, keineswegs nur nhd. «Unzucht». Im Spätmittelalter zeichnet sich wie bei → *tugent* eine Verengung aufs Moralische ab: «Zurückhaltung, Sittsamkeit, Keuschheit» – eine Tendenz, die vorschnell als «Verbürgerlichung» interpretiert worden ist.

Lit.: H. Kunisch, DWg., Bd. 1, ²1959, S. 215 ff.

5.6 Zum Übersetzen aus dem Mittelhochdeutschen

Das Mittelhochdeutsche als Ausgangssprache ist im Vergleich zum Neuhochdeutschen als Zielsprache einer Übersetzung keine Fremdspra- che, sondern eine ältere – uns mehr oder minder fremd gewordene – Sprachstufe des Deutschen. In dieser historischen Distanz und zugleich

Nähe zur Gegenwartssprache liegt das spezifische Problem, dem sich jeder Übersetzer eines mittelhochdeutschen Textes zu stellen hat.

Es geht auch hier um das hermeneutische Problem geschichtlichen Verstehens: Der Übersetzer muß sich der Geschichtlichkeit seines Gegenstandes und seines eigenen – gleichfalls geschichtlich bedingten – Vorverständnisses bewußt sein. Er versucht, das Original nach Sinn und Form so genau wie möglich zu verstehen und zu bewahren und zugleich in der veränderten Sprache der Gegenwart verständlich zu machen. Ob und inwieweit dies überhaupt möglich sei, ist in der Übersetzungstheorie[22] umstritten. Soll man z.B. mhd. *minne* und *âventiure* mit «Liebe» und «Abenteuer» übersetzen oder «minne» und «âventiure» beibehalten? Beides ist unbefriedigend – das eben ist das Dilemma.

In der mediävistischen Übersetzungspraxis jedenfalls werden verschiedene Wege der Annäherung und «Äquivalenz» erprobt: von Nachdichtungen, die das Original ersetzen wollen, bis zu philologisch-kommentierenden Lesehilfen, die nur zum Verständnis des Originals hinführen sollen. Bei der mhd. Dichtung kommt erschwerend hinzu, daß sie zumeist in gebundener Rede gehalten ist. Aber nicht nur deshalb sollte man sich im Vortrag mittelhochdeutscher Texte üben: Schon das bloße Hören erleichtert das Verstehen ungemein! Wer sich jedoch beim Übersetzen nicht nur um Sinntreue, sondern auch um Form- und Klangtreue bemüht, läuft Gefahr, über der Beachtung der einen Seite die der anderen zu verfehlen. Das belegen die gereimten Übersetzungen des 19. Jahrhunderts von Karl Simrock u.a. mit ihrem Gemisch von Mittel- und Neuhochdeutsch, aber auch die Wiederbelebungsversuche selbst eines Wolfgang Mohr zur Genüge. Ziel des akademischen Unterrichts ist allemal nicht die Um- und Nachdichtung, sondern die Erarbeitung einer genauen und unprätentiösen neuhochdeutschen Prosa-Fassung, die die Ergebnisse philologischer Texterschließung zu einem ersten Interpretationsentwurf zusammenfaßt.

Die Übersetzung soll für den heutigen Leser «selbständig lesbar und am Original kontrollierbar» sein (Max Wehrli). Darum empfiehlt eine alte Schulregel, «so wörtlich wie möglich, so frei wie nötig» zu übersetzen. Das «So wörtlich wie möglich» meint bei einem mhd. Text keine mechanische Wort-für-Wort-Übersetzung, die womöglich bloß den älteren Lautstand dem neueren anglice, sondern auch hier gilt der Satz des Hieronymus (420), daß er «abgesehen von den heiligen Schriften, wo selbst die Anordnung der Worte ein Geheimnis ist, nicht Wort für Wort, sondern Sinn für Sinn», also sinngemäß, zu übertragen versucht habe;

---

[22] W. Wiss (Hrsg.): Übersetzungswissenschaft, Darmstadt 1981 (WdF 535); W. Koller, Einführung in die Übersetzungswissenschaft, Heidelberg [4]1992 (UTB 819); R. Stolze, Übersetzungstheorien. Eine Einführung, Tübingen 1994.

denn «übersetze ich wörtlich, so tritt Unsinn zutage.» Gerade angesichts der engen Verwandtschaft zwischen dem Mittel- und dem Neuhochdeutschen verkennt man nur allzuleicht die Bedeutungsdifferenz. Deshalb sollte man tunlichst beim Übersetzen die vieldeutigen mhd. Begriffe umschreiben und klar zu erkennen geben, wie man sie im jeweiligen Kontext versteht.

Gewiß haben sich Konventionen des Übersetzens eingebürgert, die gelegentlich nicht einer gewissen Pedanterie entbehren mögen, doch in der Regel bewahren sie zumindest vor krassen Fehlinterpretationen. Ein tüchtiger (mhd. *vrum*) Ritter braucht nicht gleich «fromm», ein freigebiger (mhd. *milte*) Herrscher nicht gütig und «milde» zu sein; und wenn die Burgunden in Bedrängnis (mhd. *angest*) geraten, so haben sie deshalb noch längst keine «Angst». Man sollte also mögliche Verengungen oder Erweiterungen, Aufwertungen und Abwertungen in der Bedeutungsentwicklung eines Wortes bedenken. Daß darüber hinaus eine genaue Übersetzung grammatikalische Korrektheit (z.B. in der Beachtung der Zeitstufen eines Verbums) impliziert, versteht sich von selbst. Jedes Wort, auch die unscheinbarste Partikel (wie *dô*, *nû*), verdient Aufmerksamkeit. Und schließlich: Die Beibehaltung von Vers und Reim ist zumeist ein untrügliches Indiz für Ungenauigkeiten. Man muß sich vom Raster der Versgliederung lösen und auf reimbedingte Satzfügungen verzichten, wenn eine Übertragung in nhd. Prosa das Ziel ist.

Bei einer Übertragung in die «Sprache der Gegenwart» verfehlen nicht nur archaisierende, sondern auch salopp-modernisierende Anpassungsversuche die Historizität mittelalterlicher Texte. Dem Original angemessen wäre wohl am ehesten eine hochsprachliche Fassung, die auch jenem «gebildeten und interessierten Laien» verständlich bliebe, an den sich die Vorreden mediävistischer Übertragungen und Anthologien ja so gerne wenden.

Man sollte die Stillage des Originals zu erhalten suchen, sie weder unterbieten noch «verschönernd» überhöhen. «So frei wie nötig» übersetzen heißt nicht, daß man allein schon dem Erzählfluß zuliebe Sätze beliebig kürzen oder erweitern dürfte. Stereotype Wendungen bedürfen keineswegs der Variation; denn Wiederholungen von Epitheta ornantia (vgl. z.B. Homers «erfindungsreichen» Odysseus oder den Schwank von der «bösen» Adelheid und dem «guten» Markhart) können ein Stilzug des Originals sein. Erst wenn die Rohfassung einer Übersetzung des gesamten Textes erarbeitet ist, wird es möglich sein, den Ton zu finden, der dem Original angemessen ist. Ein Schwank bewegt sich nun einmal auf einer anderen Stilebene als eine Bußpredigt, ein Heldenepos oder ein Lied der hohen Minne.

Ein wissenschaftlicher Kommentar hat die Aufgabe, den Zugang zum Text zu bahnen, schwierige Textstellen zu erläutern und ggf. die verschiedenen Übersetzungsmöglichkeiten aufzuzeigen. Hier kann sich der Übersetzer sachkundig machen, aber am Ende muß er sich mit einer prägnanten Formulierung und viel Einfühlungsvermögen und Erfahrung für eine Version entscheiden. In einer gelungenen Übersetzung gelangen Kunst und Wissenschaft zur Einheit.

Es gibt kein Patentrezept zum guten und richtigen Übersetzen, es sei denn die regelmäßige Übung. In der Praxis pflegt man vor allem die Konstruktions- und die Wort-für-Wort-Methode miteinander zu kombinieren:

Die in der Klassischen Philologie bevorzugte Konstruktionsmethode folgt der Hierarchie der Satzglieder. Sie fragt zunächst nach Subjekt und Prädikat, dann nach den jeweils rangnächsten Satzgliedern. Die Wort-für-Wort-Methode dagegen ersetzt ein Wort nach dem anderen durch ein nhd. Äquivalent und stellt im nachhinein den wirklichen Satz- und Sinnzusammenhang her.

Mit einer wörtlichen Übersetzung wird man am ehesten sicheren Boden gewinnen. Aber auch bei dieser Rohfassung empfiehlt sich von vornherein zumindest die stückweise Übertragung zusammenhängender Wortgruppen; denn die rein additive Wort-für-Wort-Übersetzung läuft Gefahr, daß die einzelnen Wörter am Ende keinen sinnvollen Satz ergeben. Bei einer Geschichte wird man sich die erzählte Situation vorzustellen versuchen. Dabei kann es freilich auch zu vorschnellen Festlegungen und irrtümlichen Antizipationen kommen. Dagegen hilft nur genaues Lesen. Wenn im übrigen einmal eine «Vokabel» nicht geläufig ist, so sollte man nicht sogleich vor der ganzen Zeile oder Strophe kapitulieren, sondern einfach vorläufig das fragliche mhd. Wort in Anführungszeichen dem nhd. Satz einfügen – vielleicht findet sich am Ende vom Textganzen her doch noch eine Lösung.

Instruktiv ist nicht zuletzt der Vergleich der eigenen Interpretation mit den Interpretationen anderer. Zur mhd. Klassik gibt es zahlreiche Übersetzungen, fast 40 allein zum Nibelungenlied (u.a. von H. Brakkert). Miteinander konkurrierende Übersetzungen sind besonders aufschlußreich. Vgl. z.B. W. Höver/E. Kiepe, M. Wehrli, G. Schweikle und M. Curschmann/I. Glier zum Minnesang; P. Wapnewski, F. Maurer, J. Schaefer und G. Schweikle zu Walther von der Vogelweide; Th. Cramer und M. Wehrli zum ‹Iwein›; X. von Ertzdorff, R. Krohn und P. Knecht zum ‹Tristan›. Als vorbildlich können die Übertragung von H. de Boor zum ‹Armen Heinrich›, die von D. Kartschoke zum Rolandslied, die von Th. Cramer zum ‹Erec› und die von P. Knecht zum ‹Parzival› gelten. Zum Selbststudium am besten geeignet sind freilich mhd. Textausgaben mit Worterläuterungen wie die von K. Bartsch/ H. de Boor zum Nibelungenlied und die von K. Stackmann zur ‹Kudrun›.

Übungstexte

An den folgenden Textstücken läßt sich im Selbstunterricht das Übersetzen aus dem Mittelhochdeutschen üben. Der unterschiedliche Schwierigkeitsgrad bestimmt z.T. die Anordnung: Um sich für die anfangs fremde Sprache zu sensibilisieren, sollte man mit den Texten 1, 2, 4, 5 und 7 d getrost ohne Lexer, Grammatik und Kommentar den «Sprung ins kalte Wasser» wagen. Der ‹Arme Heinrich› (3) und das Nibelungenlied (7) haben sich als Einführungstexte bewährt, entsprechend ist der Kommentar angelegt. Im übrigen sollte man stets versuchen, sich zunächst eine eigene Rohfassung zu erarbeiten, mit möglichst sparsamem Gebrauch des Lexer. Der ausführliche Kommentar dient der philologischen Feinarbeit und der Selbstkontrolle im nachhinein. Zum Schluß sollte man die Probe aufs Exempel mit den ersten beiden Strophen von Walthers sog. Elegie machen – für die Übersetzungsfähigkeit und für textkritische Übungen wohl der Test schlechthin.

Die Auswahl stützt sich vornehmlich auf Beispiele aus der mhd. höfischen Literatur. Das «klassische Mittelhochdeutsch», das die «normalisierten» Schreibungen der meisten Editionen und Grammatiken vortäuschen, hat es bekanntlich so nicht gegeben. Um einen Eindruck von der tatsächlichen Überlieferung zu vermitteln, werden einigen Texten in normalisierter Form diplomatische Transkriptionen zur Seite gestellt. Im Kommentar verweist das Pfeilzeichen → auf die Behandlung des betr. Lexems in den Worterläuterungen.

1. ‹Dû bist mîn, ich bin dîn›

[Der Codex latinus Monacensis 19411 der Bayer. Staatsbibliothek München stammt aus dem Kloster Tegernsee und ist gegen Ende des 12. Jhs. entstanden. Die Handschrift enthält eine Mustersammlung von Briefen und Urkunden für den Unterricht. Darunter findet sich fol. 114ᵛ ein lateinischer Liebesbrief einer Dame mit einigen deutschen Versen am Schluß, die nach der historisch-kritischen Edition von ‹Des Minnesangs Frühling› (MF) wiedergegeben werden:]

Dû bist mîn, ich bin dîn.   *3, 1 – T bl. 114ᵛ*
des solt dû gewis sîn.
  dû bist beslozzen
  in mînem herzen,
verlorn ist daz sluzzelîn:
dû muost ouch immêr darinne sîn.

Das < z > in *herzen* bezeichnet Affrikata, das in *beslozzen* und *sluzzelîn* Reibelaut. Das Diminutivsuffix -*lîn* kann im Nhd. durch -*chen* ersetzt werden. In der
2. Pers. Sg. Ind. Präs. *dû solt* begegnet wie bei anderen Präterito-Präsentien (*du
darft, maht*) und wie bei *du wilt* eine alte Perfektendung mhd. -*t*, die im Nhd.
durch Analogie zu -*st* umgebildet wurde.

2. Mnd. ‹Sachsenspiegel› Landrecht II 59 §§ 3–4: «Vorfahrtsrecht»

[Sachsenspiegel. Landrecht. Hrsg. v. K. A. Eckhardt. Göttingen 1955. (Län-
genzeichen eingefügt). Vgl. die Abb. in der Dresdener Bilderhs., hrsg. v. K. v.
Amira, Bd. 1, 1902, T. 66.]

II 59 § 3. Des koniges strâte scal sîn alsô breit, dat ên wagen deme anderen rûmen moge. De îdele wagen scal rûmen deme geladenen, unde de
min geladene deme swâren. De ridene wîke deme wagene, unde de gân-
de deme ridene; sint se aver in ênem engen wege oder op êner brugge,
oder jaget men ênen ridene oder tô vute, sô scal de wagen stille stân bit
dat sê mogen vore komen. Swelk wagen aller êrst op de brugge kumt, de
scal aller êrst ôver gân, hê sî îdel oder geladen.
II 59 § 4. De ôk êrst tô der molen kumt, de scal êrst malen.

Das Mnd. verharrt auf dem Stand der 1. Lautverschiebung, z.B. *strâte, wîke, dat,
op, brugge, vute, bit, swelk, ôk.- îdel* «eitel», «leer»; *hê* vgl. engl *he* (Ingwäo-
nismus); *min, minner* Komparativ zu *lüttik*, vgl. die Suppletivsteigerung von
mhd. *lützel – minner(e), minre – minn(e)st(e), minste*.
  Des koniges strâte: Die großen Land- und Heerstraßen unterstanden der Aufsicht des Reiches. Der König, seit 1231 bzw. 1235 auch der Landesherr, wachte
darüber, daß sie dem öffentlichen Verkehr erhalten blieben. Dafür brachte das
Straßenregal als nutzbares Hoheitsrecht auch Einnahmen.

3. Hartmann von Aue, ‹Der arme Heinrich› (um 1195)

a) Heidelberger Handschrift Cpg. 341: Überschrift und Prolog, v. 1–21

[Die Sammelhs. in einer Textualis aus dem ersten Viertel des 14. Jhs. enthält 213
Reimpaargedichte, u.a. vom Stricker und von Konrad von Würzburg. Auf die-
sem Blatt sind die Überschrift Z. 1–2 und die Initiale rot hervorgehoben;
Versanfänge mit Majuskeln. Südl. Omd. mit bair. Einschlag. H. v. A., ‹Der arme
Heinrich›. Abbildungen und Materialien zur gesamten Überlieferung. Hrsg. v.
Ulrich Müller. Göppingen 1971 (Litterae, Nr. 3).]

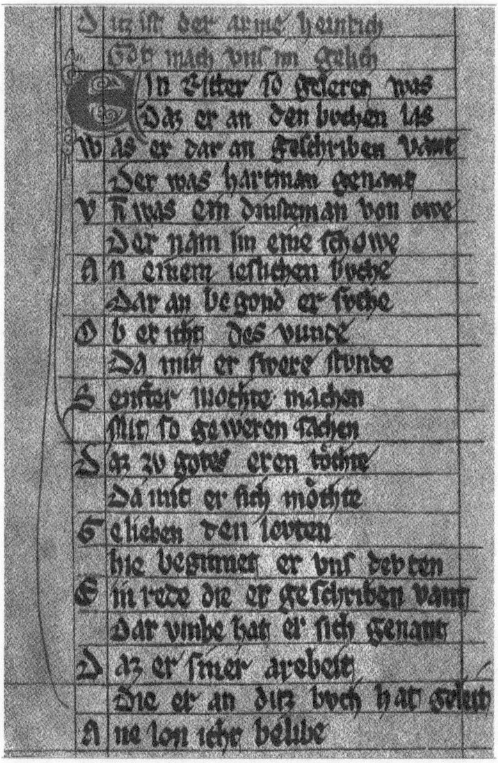

Diplomatische Transkription

Ditz iſt der arme heinrich
  Got mach vnſ im gelich
Ejn Ritter ſo geleret was
  Daz er an den bvchen las
Was er dar an geſchriben vant
  Der was hartman genant
Vñ was ein dinſteman von owe
  Der nam im eine ſchowe
An einem ieſlichen bvche
  Dar an be gond er ſvche
Ob er icht des vunde
  Da mit er ſwere ſtvnde
Senfter mochte machen
  Mit ſo geweren ſachen
Daz zv gotes eren tȯchte
  Da mit er ſich mȯchte
Gelieben den levten
  hie beginnet er vnſ devten
Ein rede die er geſchriben vant
  Dar vmbe hat er ſich genant
Daz er ſiner arebeit
  Die er an ditz bvch hat geleit
Ane lon icht belibe

Abb. 8: Cpg. 341, fol. 249ra [Sigle: B^a]

b) Der kritisch hergestellte Text des Prologs, v. 1–28

[Aus: Hartmann von Aue, Der arme Heinrich. Hrsg. v. H. Paul. 16., neu bearb. Aufl. bes. v. K. Gärtner. Tübingen 1996 (Altdt. Textbibl., Nr. 3). Der kritische Text weicht z.T. stark von B^a ab, weil der Herausgeber unter den Varianten der gesamten Überlieferung auswählt und sich hauptsächlich auf eine andere Redaktion stützt, die durch die Straßburger Handschrift A vertreten wird.]

Ein ritter sô gelêret was
daz er an den buochen las
swaz er dar an geschriben vant;
der was Hartman genant,
5 dienstman was er ze Ouwe.
er nam im manige schouwe
an mislîchen buochen;

dar an begunde er suochen
ob er iht des vunde,
10 dâ mite er swære stunde
möhte senfter machen,
und von sô gewanten sachen,
daz gotes êren töhte
und dâ mite er sich möhte
15 gelieben den liuten.
nu beginnet er iu diuten
ein rede die er geschriben vant.
dar umbe hât er sich genant,
daz er sîner arbeit
20 die er dar an hât geleit
iht âne lôn belîbe,
und swer nâch sînem lîbe
si hœre sagen oder lese,
daz er *im* bitende wese
25 der sêle heiles hin ze gote.
man giht, er sî sîn selbes bote
und erlœse sich dâ mite,
swer vür des andern schulde bite.

1. «Ein Ritter besaß solche Schulbildung, daß er in den Büchern lesen konnte». Ähnlich lautet der Titulus des ‹Iwein›, v. 21–30; *selbe er den brief las, wande er wole geleret was* RL 2113 f.- 2. *an* in, *buochen* D. Pl. (*a*-Stamm, im Nhd. Pl. der *er*-Stämme mit Umlaut).

Zur Quellenberufung vgl. Gottfried von Straßburg: *als Thomas von Britanje giht, der âventiure meister was und an britûnschen buochen las*, Tr. 150–52; *begunde ich sêre suochen in beider hande buochen walschen und latînen* Tr. 157–59 – dagegen Wolfram: *swaz an buochen stêt geschriben, des bin ich künstelôs beliben. niht anders ich gelêret bin: wan hân ich kunst, die gît mir sin*. Wh. 2,19–22; *Ine kan decheinen buochstap* Pz. 115,26.

3. «Alles, was er darin geschrieben fand/was er an Geschriebenem finden konnte».- 5. *ze Ouwe*: im Dienstverhältnis «zu Aue». Dagegen v. 48 f.: *und hiez der herre Heinrich, und was von Ouwe geborn.*- 6. *im* Dat. Sg. ist reflexiv zu *er*, aber *sich* in v. 27 ist Akk.; *schouwe* «er tat manchen Blick/er sah sich vielfach um/er nahm häufigen (intensiven) Einblick».- 7. *mislîch* verschieden.- 9. *iht des* «etwas dessen/davon»: Indefinitpron. + Demonstr.; *vunde* Konj. Prät. von *vinden* als Ausdruck des Wunsches.- 10. *swære* lästig, unangenehm, bedrückkend.

[Zum Exordialtopos eines «Trostgedichtes in schwerer Zeit» vgl. *senfte sô die stunde* Tr. 100; *daz sî mit mînem mære ir nâhe gênde swære ze halber senfte bringe* «damit sie mit meiner Erzählung ihren Kummer wenigstens halbwegs lindern» Tr. 72–75.]

12. und von solcher Beschaffenheit, von der Art.- 13. *töhte* taugte, angemessen wäre, Konj. Prät. des Prät.-Präs. *tugen/tügen.*- 15. *sich gelieben einem* sich einem

lieb und angenehm machen.- 16. *diuten* «deuten», «wiedererzählen» und/oder «übersetzen»: Der Dichter versteht sich nicht als Erfinder, sondern als *diutære*, als Übersetzer und als Interpret seiner Vorlage, die er in deutsche Verse bringt.- 17. *rede* Erzählung, Geschichte – wie v. 29. *mære*.
  20. *geleit* < *geleget* Kontr., *arbeit dar an legen* Mühe darauf verwenden.- 21. *daz – iht* «damit nicht», final.- 22. *nâch sînem lîbe* nach seinem Ableben.- 24–25. «daß er für ihn bittend sei um das Heil der Seele hin zu Gott»/«daß er für seiner Seele Heil sich bittend (im Gebet) zu Gott wende/sich für ihn wegen seines Seelenheiles bei Gott verwende.»- 26. *giht* 3. Sg. Ind. Präs. zu *jehen* st. Vb. V. «bekennen, gestehen, sagen»; *sîn selbes* «seiner selbst», *sîn selbes bote wesen* in seinem eigenen Interesse werben oder handeln, für sich selbst Fürbitte einlegen.

c) Die Exposition der Fallhöhe im ‹Armen Heinrich›, v. 29–119

    Er las d*a*z selbe mære,
30 wie ein herre wære
    ze Swâben gesezzen;
    an dem enwas vergezzen
    deheiner der tugent
    die ein ritter in sîner jugent
35 ze vollem lobe haben sol.
    man sprach dô nieman alsô wol
    in allen den landen.
    er hete ze sînen handen
    geburt unde rîcheit;
40 ouch was sîn tugent vil breit.
    swie ganz sîn habe wære,
    sîn geburt unwandelbære
    und wol den vürsten gelîch,
    doch was er unnâch alsô rîch
45 der geburt und des guotes
    so der êren und des muotes.
    Sîn name was gnuoc erkennelîch:
    er hiez der herre Heinrich
    und was von Ouwe geborn.
50 sîn herze hâte versworn
    valsch und alle dörperheit,
    und behielt ouch vaste den eit
    stæte unz an sîn ende.
    âne alle missewende
55 stuont sîn êre und sîn leben.
    im was der rehte wunsch gegeben
    von werltlîchen êren;
    die kunde er wol gemêren
    mit aller hande reiner tugent.

60   er was ein bluome der jugent,
     der werltvreude ein spiegelglas,
     stæter triuwe ein adamas,
     ein ganziu krône der zuht.
     er was der nôthaften vluht,
65   ein schilt sîner mâge,
     der milte ein glîchiu wâge:
     im enwart über noch gebrast.
     er truoc *den arbeitsamen* last
     der êren über rücke.
70   er was des râtes brücke
     und sanc vil wol von minnen.
     alsus kunde er gewinnen
     der werlte lop unde prîs.
     er was hövesch unde wîs.
75   Dô der herre Heinrich
     alsus geniete sich
     êren unde guotes
     und vrœlîches muotes
     und werltlîcher wünne
80   – er was vür al sîn künne
     geprîset unde gêret –,
     sîn hôchmuot wart verkêret
     in ein leben gar geneiget.
     an im wart erzeiget
85   als ouch an Absalône,
     daz diu üppige krône
     werltlicher süeze
     vellet under vüeze
     ab ir besten werdekeit,
90   als uns diu schrift hât geseit.
     ez sprichet an einer stat dâ:
     ›mêdia vîtâ
     in morte sûmus.‹
     daz diutet sich alsus,
95   daz wir in dem tôde sweben,
     so wir aller beste wænen leben.
       Dirre werlte veste,
     ir stæte und ir beste
     und ir grœste magenkraft,
100 diu stât âne meisterschaft.
     des muge wir an der kerzen sehen

ein wârez bilde geschehen,
daz si zeiner aschen wirt
iemitten *daz* si lieht birt.
105 wir sîn von brœden sachen.
nû sehet wie unser lachen
mit weinenne erlischet.
unser süeze ist gemischet
mit bitterer gallen.
110 unser bluome der muoz vallen
so er aller grüenest wænet sîn.
an hern Heinrîche wart wol schîn:
der in dem hœhsten werde
lebet ûf dirre erde,
115 derst der *versmâhte* vor gote.
er viel von sînem gebote
ab sîner besten werdekeit
in ein smæhlîchez leit:
in ergreif diu miselsuht.
120 dô man die swæren gotes zuht
ersach an sînem lîbe,
manne unde wîbe
wart er dô widerzæme.
nû sehet wie genæme
125 er ê der werlte wære,
und wart nû als unmære, [...]
daz in niemen gerne sach;
als ouch Jôbe geschach,
dem edeln und dem rîchen,
130 der ouch vil jæmerlîchen
dem miste wart ze teile
*ie*mitten in sînem heile.

33–34. *enwas – nie deheiner* doppelte Verneinung, *vergezzen* m. Genitivobj. *deheiner der tugent.*- 35. *ze vollem lobe* um vollen/vollkommenen Ruhm zu erwerben.- 36. *nieman/niemanne* Indefinitpron. Dat.- 38. *ze sînen handen haben* verfügen über, besitzen.- 40. *breit* groß.- 42. *unwandelbære* ohne Wandel, makellos.- 44–46. *unnâch alsô ... sô* kaum so/bei weitem nicht so ... wie; *rîch* m. adnominal. Gen. «in bezug auf», «an».-

47. *erkennelîch* erkennbar, bekannt.- 50. *versworn,* Inf. *verswern* st. V. VI m. Gen., abschwören, verzichten auf, sich lossagen (Aufhebung des Simplexbegriffs durch *ver*-).- 51. *dörperheit* Ungeschliffenheit, bäurisches Wesen, → *dörper.*- 52. *vaste* Adv. vs. *veste* Adj.- 54. *missewende* st. F. Makel, Vorwurf.- 56. *wunsch* st. M., das Höchste, das Beste, die Vollkommenheit.- 59. *aller hande* Gen.Pl.- 61. *spiegelglas* Spiegel, Abbild.- 62. *adamas* st.M., Diamant.- 64. *nôthaft* bedrängt, *fluht* Zuflucht.- 65. → *mâc* st. M. Verwandter.- 66. *ein glîchiu wâge* eine gleich-

schwebende/gleichmäßig abmessende Waage.- 67. «Er hatte weder Überfluß noch litt er Mangel»; *gebrast*, Inf. *gebresten* st.V. IV m. Gen., «mangeln».- 70. «Brücke des Rates»: er war die Brücke, über welche anderen Rat zukam (er verstand es, mit seinem Rat Schwierigkeiten zu überbrücken).- 76. *sich (ge)nieten* m. Gen., sich einer Sache bedienen/erfreuen.- 78. *vrœliches* st. Adj.-Flexion in attrib. Stellung.- 80. *vür* über, über – hinaus; → *künne* st. M. Geschlecht.- 82. *hôchmuot* hohes Selbstgefühl, nicht ohne weiteres *superbia* (→ *muot*).- 83. *in ein leben gar geneiget* in eine sehr herabgedrückte Lage/in ein tiefgebeugtes Leben.- 85. Absalom hier als Exempel für Fallhöhe, im Er. 2817 ff. für *schœne* (so wie Samson für *sterke* u. Alexander für *milte*).- 88. «[in den Staub] unter den Füßen/zu Boden fällt».- 89. *ab* von – herab.- 90. *geseit* < *gesaget* Kontr.- 92–93. Kirchl. Hymne, Ort u. Zeit unsicher.- 97. *dirre* < *diser(e)* Assimilation des /s/ an /r/; *veste* Festigkeit, Beständigkeit.- 99. *magenkraft* st.F. Kraftfülle, Macht, Herrlichkeit.- 100. *âne meisterschaft* hier: machtlos.- 101. *muge wir* in der 1. Ps. Pl. kann das /n/ bei folgendem Pron. *wir* entfallen.- 102. Infin. *geschehen* abh. v. *sehen*; → *bilde* Gleichnis, Exempel.- 104. *birt*, Inf. *bern* st.Vb. IV hervorbringen, gebären, geben.- 105. *brœde* brüchig, hinfällig.- 107. *mit weinenne* Dat. des flektierten Infinitivs (Gerundium).- 110. *bluome* sw. M. F., hier: Blüte.- 112. *schîn werden* offenbar, augenscheinlich werden.- 113. *wert* st.N., Herrlichkeit, Glück, Glanz, Ansehen.- 115. *derst* < *der ist* Enklise.- 119. *miselsuht* Aussatz (*misel* st.M.N. < mlat. *misellus* Aussatz, *suht* Krankheit).- 120. *zuht* hier: Züchtigung, Strafe.- 122. *widerzæme* zuwider, widerwärtig.- 126. *alsô, alse, als* so; *unmære* unlieb.- 128. *als(o)* vergleichend-modal «wie»; Hiob als Exempelfigur des von Gott geprüften Dulders.

4. Spätmittelalterliche Kleinepik: *mære*

> Von der übeln Adelheit und irem man‹

[Unbekannter, wohl Augsburger Dichter. Ende 13. Jh.- Hs. Karlsruhe 408, fol. 121rb–122vb, um 1430/35. Abdr.: Codex Karlsruhe 408, bearb. v. U. Schmid. Bern/München 1974, S. 484–488. Krit. Ausg.: Novellistik des Mittelalters. Märendichtung. Hrsg., übers. u. komment. v. K. Grubmüller. Frankfurt a. M. 1996, S. 208–219 (Bibl. d. MAs., Bd. 23)]

> In einem dorf was gesezzen ein man,
> *der nie kein guoten tac gewan.*
> daz geschach von sînem wîbe:
> si swuor bî irem lîbe,
> 5 daz si nimmer wolt werden guot.
> daz beswêrt im sînen muot.
> er was geheizen der guot Markhart
> – wê im, daz er ie geborn wart! –
> und sî diu übel Adelheit.

10 si tet im *jârlanc* leit.
    Eins tages sâzens ob dem viure;
    der imbiz was im tiure.
    er sprach: «liebe Adelheit,
    ist der imbiz iht schier bereit?
15 gip uns zessen, daz dir got lône;
    ez nâhet schier diu zît der nône.»
    «und wær ez dîn grimmiger tôt,
    du enbîzest tâlanc kein gebrôt,
    du muost noch hiut vasten,
20 biz dir dîn ougen glasten.»
    guot Markhart het ein pfenninc,
    dâmit schafft er sîn dinc.
    er wolt in daz dorf loufen
    und im ein brôt koufen.
25 dô muost er sich ê roufen,
    mit dem übeln wîb boufen.
    si sluoc in und stiez,
    daz *im* nieman gehiez
    sîn leben vür den tôt,
30 hæt er genomen daz brôt.
    er gedâht in *sînem* sinne:
    «wes sol ich beginnen,
    daz ich die vâlentinne
    ûf mînen weg bringe?»
35   Dô er sîn nôt überwant,
    der guot Markhart gienc zuohant
    hin under sîn selbes tür.
    dâ gienc manec man hin vür,
    die gen Auspurc wolten gân.
40 daz merk vrouwe und man:
    der guot Markhart moht niht lân,
    er huop von ezzen wider an.
    er sprach: «liebe Adelheit
    – daz dir geschehe nimmer leit! –
45 sich, dâ gât manec man hin,
    mich trieg dann mîn sin,
    belib er *heim*, ez dûht mich guot.
    er vertrinkt hiut mantel und *huot*.»
    si sprach: «du wirst niht erlôn,
50 du muost ouch zuo *markt* gôn.»
    er sprach: «liebe Adelheit
    – dir geschehe *nimmer* leit! –

daz best ich dir râten sol:
belîp hie heim und hüet wol!»
55 si sprach: «hab dir den rât,
wan durch dich nieman lât!
kanstu mich verstân?
ich wil ouch zuo markt gân.»
er sprach: «merkz, wie ichz meine:
60 lâ die pfenninge hie heime,
darum ich *gap mîn* guot rint!
des hânt schaden mîniu kint.»
si sprach: «ich wil dir sagen:
ich wil si selbs mit mir tragen
65 und wil dâvon zern;
daz kan mir nieman *entwern*.»
   Diu wîle wert unlange,
dô kam ein man gegangen,
den het ein rock umbvangen
70 (der selbe rock, der was blâ)
und ein zwîfachen schaprûn grâ.
er truoc ein guot swert
und einen niuwen huot wert.
der guot Markhart gemeit
75 sprach zuo sîner Adelheit:
«nu luoc zuo disem affen!
wie ist er geschaffen!
er wirt ûz im machen,
daz man sîn beginnet lachen.
80 er tregt einen blâwen rock,
man wirt in ankaffen *als ein bock*;
ein swert tregt er und einen huot.
ez dunkt mich niht guot.»
si sprach: «du wirst es niht erlân,
85 du muost ouch ein blâwen rock hân.»
er sprach: «guot Adelheit,
als liep ich dir sî geseit,
des erlâz mich durch got,
wan ich würd der liute spot!»
90 si sprach: «du wirst es niht erlân!
du muost ein blâwen rock hân.»
er sprach: «liebe Adelheit
– dir geschehe *nimmer* leit! –
so kouf mir des bœsten!»
95 si sprach: «*nein*, des besten,

des ich zuo Auspurc vinde
veil umb mîn pfenninge.»
   Diu wîle wert unlange:
si kâmen in die stat gangen.
100 si kouft des besten siben eln,
so siz an dem markte mohte weln,
und hiez daz snîden schier
umb guoter pfennige vier
und hiez in machen wol,
105 als in ein biderman tragen sol.
dô der rock was bereit,
er sprach: «liebe Adelheit,
wollen wir iht schier heim?»
sî sprach aber: «nein!»
110 «so kouf uns ein rockebrôt!
im hûse ist uns manges nôt.
des *schœnen* hân ich keine pfliht.
ich wil ouch *hinz dem* wîne niht.
wîn ich niht trinken sol,
115 wazzer tuot mir alsô wol.»
si sprach: «wær ez dîn grimmer tôt,
du muost ezzen weizbrôt
und trinken den besten wîn,
sô er iendert hie mac gesîn.»
120 dâmit wolt si in tœten;
si wolt in vröuden nœten.
si vuort in zuohant
dâ si den besten wîn vant.
dâ selbst si nider sâzen,
125 trunken unde âzen,
daz ir dinc wol stuont,
als noch vil liute tuont.
er sprach: «trût Adelheit
– dir geschehe *nimmer* leit! –
130 merk, waz ich dir sage:
wir suln trinken *unz* ze tage!»
   Dô Adelheit die rede vernam,
bald huop si sich von dan.
Adelheit diu vil vreche
135 lief ze tal bîm Leche.
si trat ze *nâch* ûf daz gestat
und gienc ein vil engez pfat.
er sprach: «*tritâ* herdan baz!»

si sprach: «warumbe tæt ich daz?
140 *sît du mich sîn hâst gebeten,*
ich wil hinzuo baz treten!»
daz schuof ir unreiner haz,
daz si hinîn blatzte baz.
der Lech truoc si an der stunt
145 vast an den tiefen grunt,
daz er si niemer mêr gesach.
daz was im ein klein ungemach.
er sprach: «du woltst nie volgen mir,
daz ist zuo schaden komen dir.
150 nu suocht ich gern, west ich wâ,
beidiu hie und anderswâ.
du *wære* ie sô widerspæne,
daz ich gedenk und wæne,
du sîest an der stunde
155 hin wider berc gerunnen.»
der guot Markhart niht enlie,
hin wider berc er gie.
ein rechen nam er in die hant.
wider berc suocht er zuohant
160 die ungetriuwen Adelheit.
    Ein her im engegen reit:
«guoter man, waz wirret dir?
daz soltu hie sagen mir.»
«her, daz ist niht lanc,
165 daz mir ein wîp ertranc.»
der her sprach: «wann oder wâ?»
«daz tet si ver dort niden dâ.»
«so suoch sie ouch dort niden!
wes suochstu sie hie oben?»
170 «herre, si was sô widerspæne,
daz ich gedenk und wæne,
si sî zuo disen stunden
hie zuo berc gerunnen.»
er sprach: «het si solhen muot,
175 sô ist lîht dîn suochen guot.
daz best ich dir râten wil,
und volg in kurzem zil
und tuo ir nimmer suochen:
den tievel lâz ir geruochen!»
180 dô volgt er sîner lêre
und gesuocht sie nimmer mêre.

und liez si ligen, als si lac,
und lebt hernâch mangen tac.

4. *swuor,* Inf. *swern* st. Vb. VI. (j-Präsens m. Umlaut des /a/).- 6. *beswêrt* Prät. m. Umlaut; im Normalmhd. *beswârte* m. Rückumlaut, Inf. *beswæren* sw. Vb. bedrücken, betrüben.- 9. *übel* böse vs. → *bœse* v. 94 gering, minderwertig.- 10. *jârlanc* das ganze Jahr hindurch.

12. → *tiure* Adj. wertvoll, selten; hier: «er bekam nichts zu essen».- 14. *iht* Indefinitpron. «etwas, irgendetwas»; adverbial «in irgendeiner Weise»; *iht* und *niht* sind auswechselbar, hier: «nicht».- 15. *zessen < ze ezzen* Proklise; *essen:* vom Alem. ausgehender Zusammenfall von altem /s/ u. Verschiebungs-/ȥ/.- 16. *nône* die neunte Stunde (des Breviers, von 6 Uhr morgens ab gerechnet), vgl. engl. *noon.*- 20. *glasten* sw. Vb. glänzen, glasig werden.- 22. *dinc* st. N. Versammlung, Verhandlung, Angelegenheit; hier: «damit setzte er sein Vorhaben ins Werk».- 26. *boufen* wohl Nbf. v. *buffen* swv. Vb. stoßen, prügeln.- 28. *daz* konsekutiv; *gehiez* hätte verheißen/zusichern können.- 33. *vâlentinne* Teufelin, moviertes Fem. zu *vâlant* Teufel (substantiv. Part. Präs. auf -*nt* wie *vîant, vîent* Feind, *heilant*).

37. *sîn(es) selbes tür* wörtl. «die Tür seiner selbst», «seine eigene Tür»; nach dem Gen. des Personalpron. wird *selp* stark flektiert; adv. Gen. *selbes* + spätmhd. /t/ > nhd. *selbst.*- 41. *lân* kontrah. aus *lâzen,* entsprechend Sg. Prät. *lie* neben *liez.*- 46. exzipierender Nebensatz im Konjunktiv (hier ohne Negationspartikel): «wenn ich mich nicht täusche».- 47. *dûht(e)* Prät. m. Dentalberührung u. Ersatzdehnung, Inf. *dunken/dünken.*- 49. *du wirst es niht erlôn* wörtl. «du wirst dessen nicht erlassen», «das wird dir [...]»; *erlôn* wie 50. *gôn* im Alem. u. andernorts Rundung von /â/ zu /ô/, vgl. dagegen v. 90f.- 55. *habe dir* behalte für dich.- 56. *wande, want, wan* wie v. 89 kausal «denn, da, weil»; *durch* «um...willen», «wegen».- 61f. «für die ich hergegeben habe [...]. Davon haben sonst Schaden [...]».

66. *entwern* verwehren.- 70. *blâ* blau, unflektiert auch 71. *grâ* grau; mhd. /âw/ in den flektierten Formen wie *blâwer, grâwer* wird im Nhd. zu /au/. Die Kleidung war ein von den Kleiderordnungen genau festgelegtes Standesattribut; der Bayer. Landfrieden von 1244 gestattete den Bauern nur «graue und billigere blaue» Kleider.- 71. *schaprûn* (< frz. *chaperon*) kurzer Mantel, Kapuze.- 74. → *gemeit* fröhlich, belustigt.- 81. «Man wird ihn angaffen wie einen Geißbock».- 94. *des bœsten* vom schlechtesten.

99. *gangen < gegangen,* im Obd. oft Synkope des /e/ in ge- u. Assimilation des /g/ an folg. Konsonanten.- 101. *siz < si ez* Enklise.- 105. *biderman → biderbe.*- 111. «zu Hause fehlt es uns an vielem».- 112. «mit dem feinen (Brot) habe ich nichts im Sinn».- 119. *sô* relativ; *iendert* irgendwo, irgend; *gesîn* Infin. m. Präfix ge- nach *mugen* u. bei verallgemeinerndem *iendert.*- 120. *tœten* hier: «zu Tode ärgern».- 121. «sie wollte ihn zur Freude nötigen».-

134. *vrech* im Mhd. auch anerkennend: «mutig», hier «vorlaut, störrisch».- 136. *ze tal* hinab, flußabwärts.- 138. *tritâ* m. intensivierendem /â/: «Tritt doch weiter zurück!»- 140. *sît* temporal «seit, seitdem», hier kausal «da, weil»; *sîn* Gen. «darum».- 150. *west(e)* Prät. des Prät.-Präs. *wizzen.*- 152. *wære* - die 2. Sg. Ind. Prät. der st. Vb. wird nach dem Wurzelvokal des Plurals mit Umlaut gebildet, aber ohne -*st.* - 168. *ver dort niden* dort weit unten.- 176f. «Dem besten Rat, den ich Dir geben kann, dem folge auf der Stelle».- 180. *ir* (Gen.) *geruochen* sich um sie kümmern.

5. Späthöfische Epik: Heldenepik/aventiurehafte Dietrichepik

›Laurin‹

Abb. 9: Der Beginn des ‹Laurin› in der Kopenhagener Handschrift, Arna-magnæanske Institut, AM 32 fol., fol. 2ʳ [Pergament, 15. Jh., erstes Viertel, aus Venedig, bair.; Sigle: L₁]

Diplomatische Transkription, v. 1–6

E z waz zv pern geſeſſen
Ein ritter gar vnfermeſſen
der waz geheiſen dietreich
Nindert vond man ſein geleich
pey den ſelben zeiten
Jn ſturmen noch in ſtreiten [. . .]

Obd. Kennzeichen ist u.a. die nhd. Diphthongierung in *dietreich, ſein, geleich, pey, zeiten, ſtreiten*. Für das Bair. im besonderen sind typisch die Fortis-Verschiebung *b > p* im Anlaut in *pern, pey*, die Annäherung des /a/ an offenes /o/ in *vond* sowie die Abneigung gegen den Umlaut in *ſturmen*. Graphematisch wird zwischen den Dentalspiranten /s/ und /ʒ/ nicht mehr unterschieden: *geheiſen*.

Der Aufbruch im ‹Laurin› nach dem Herausforderungsschema, v. 1–80

[Laurin und der kleine Rosengarten, hrsg. v. G. Holz. Halle 1897]

Ze Berne was gesezzen
ein degen sô vermezzen,
der was geheizen Dietrîch.
niender vant man sîn gelîch
5 bî den selben zîten.
in stürmen und in strîten

torste in nieman bestân.
er was ein wunderküene man;
er lebete ân alle schande.
10 die besten in dem lande
die wâren im alle undertân.
er was ein vürste lobesam.
die sînes landes pflâgen,
wie selden si verlâgen
15 êre unde vrümekeit!
schande und laster was in leit.
und swâ si gesâzen,
wie selden si vergâzen,
si prîsten in vür alle man,
20 den edeln Berner lobesam.
Dô sprach Witege, Wielandes sun,
ein ritter biderbe unde vrum:
«ich weiz in niht in allen landen,
der sô gar lebe ân alle schande
25 alsô der edel Dietrich.
niender vint man sîn gelîch,
der sô grôziu dinc habe getân.
man sol in prîsen vür alle man.»
Dô sprach meister Hildebrant:
30 «der getwerge âventiure ist im unbekant
in den holn bergen,
der dâ pflegent diu getwerge.
des muoz man in von schulden jehen:
swer ir âventiur wil sehen,
35 der kumt in angest und in nôt.
si slahent manegen helt tôt.
dâ hât er selden mite gestriten
oder keinen kumber dâ erliten.
hête er den gesiget an,
40 ich wolde in prîsen vür alle man.»
Die wîle was der Bernær komen
und hête ir beider rede vernomen.
er sprach: «meister Hildebrant,
von arte ein wîser wîgant,
45 und wære diu rede ein wârheit,
du hêtest mir's lange vor geseit.»
Hildebrande tete diu rede zorn,
er strâfte den vürsten hôchgeborn.
er sprach: «swer wil sîn ein biderman,

50   der sol sîn rede verborgen hân,
      unz er gehœret, wie man'z kêre:
      sô hât er tugent und êre.
      ich weiz einen kleinen man,
      dem ist vil wunders undertân,
55   der ist kûme drîer spannen lanc.
      er hât manegem âne sînen danc
      hant und vuoz abe geslagen,
      daz wil ich iu vürwâr sagen,
      der grœzer was dan sîn drî;
60   den machte er aller êren vrî.
      er ist Laurîn genant.
      im dienent alliu wildiu lant,
      alliu getwerge sint im undertân.
      er ist ein künec lobesam,
65   küenest aller manne.
      in dem Tiroldes tanne
      hât er im erzogen zarte
      einen rôsengarten.
      daz diu mûre solde sîn,
70   daz ist ein vadem sîdîn:
      swer ime den zerbræche,
      wie balde er daz ræche!
      der müeste im lâzen swæriu pfant,
      den rehten vuoz, die linken hant.»
75   Dô sprach von Berne her Dietrîch:
      «ist ez ein degen hêrlîch,
      ich habe dan iender einen gesellen,
      der ez mit mir wâgen welle,
      ich wil suochen die rôsen rôt,
80   und solde ich komen in grôze nôt.»

2. *sô* wie *vil, harte, gar* zur Steigerung eines adjektivischen Ausdrucks: «sehr».- 4. *niender* nirgends.- 4. *sîn gelîch* m. vorangestelltem Gen.- 5. *zîten* die pluralische Bezeichnung von Zeitabschnitten braucht im Nhd. nicht beibehalten zu werden.- 7. *torste* Prät. des Prät.- Präs. *turren/türren* wagen.- 14. *verlâgen*, Inf. *verligen, -licken* st. Vb. V. (j-Präs. m. kombinator. Lautwandel *e > i*) versäumen, vernachlässigen.- 15. → *vrümekeit* Tapferkeit, ebenso 22. → *vrum.-*

32. *der* Gen., bezieht sich auf *bergen.-* 33. *von schulden jehen* mit Recht zugestehen.- 38. *keinen* hier «irgendeinen».- 39. *sigen an* besiegen m. Dat. Pl. *den.*

44. → *wîgant* Held.- 48. *strâfen* tadeln, zurechtweisen.- 51. *wie man'z kêre* «wie man es wendet/auf was man hinaus will».- 56. *âne sînen danc* gegen seinen Willen, vgl. Eilhart v. Oberg, Tr. 2366 ff.: *sô grôz was die minne undir in âne iren danc: daz hâte gemachit der tranc* «so groß war die Minne zwischen ihnen gegen

ihren Willen: das hatte der Trank bewirkt».- 59. *græzer [. . .] dan sîn drî* «größer [. . .] als seiner drei/dreimal so groß wie er».- *Tiroldes* Gen. v. Tirol.- 67. *zarte* liebevoll.

76. Uneingeleiteter Konditionalsatz mit Anfangsstellung des Verbums.- 77. *dan/danne* allein als formales Kennzeichen eines exzipierenden Satzes: «sofern ich nur irgendwo einen Gesellen habe».

6. Hochhöfische Epik: Artusroman

Hartmann von Aue, ‹Erec› (um 1180/85)

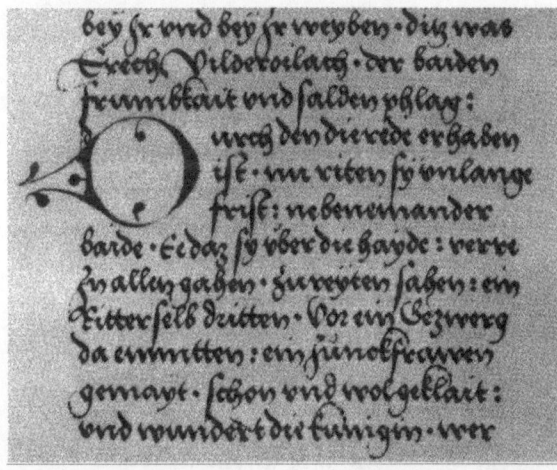

Abb. 10: Der Beginn des ‹Erec› (v. 1-12) im Ambraser Heldenbuch, fol.
XXX^{rb}

[Der ‹Erec› ist, von einigen kürzeren Fragmenten abgesehen, annähernd vollständig nur in einer einzigen Handschrift überliefert, dem Ambraser Heldenbuch (ÖNB. Wien, Cod. Vindob. ser. nov. 2663, fol. 30rb-50vb). H. Unterkircher (Hrsg.): Ambraser Heldenbuch. Vollständige Faksimile-Ausgabe u. Kommentar. Graz 1973 u. 1975 (Codices Selecti 42 f.).

Diese Prachthandschrift (243 Bll. in Großfolio) wurde im Auftrage Kaiser Maximilians I. zwischen 1504 und 1515 oder 1516 von Johannes Ried, Zöllner am Eisack bei Bozen, geschrieben. Die mit roten Überschriften, vergoldeten Initialen und Randdekorationen versehenen Textseiten sind dreispaltig beschrieben, in einer Kanzleikursive mit Elementen der Fraktur. Die Verse sind nicht voneinander abgesetzt, aber durch Punkt oder Doppelpunkt getrennt. Der Schreibdialekt ist der bairisch-frühneuhochdeutsche der Innsbrucker Hofkanzlei (vgl. Th. P. Thornton, Die Schreibgewohnheiten Hans Rieds im Ambraser Heldenbuch. In: ZfdPh 81, 1961, S. 52–82).

Die historisch-kritische Edition (hrsg. v. A. Leitzmann, 6. Aufl. bes. v. Ch. Cormeau u. K. Gärtner. Tübingen 1985, ATB 39) rekonstruiert auf der Folie der Literatursprache des 12./13. Jhs. und der Stileigentümlichkeiten Hartmanns einen mhd. Text durch Rückübertragung. Die lautliche Umsetzung bereitet in der Regel kaum Schwierigkeiten, z.B. im Hinblick auf die nhd. Diphthongierung und die Umlautbezeichnungen sowie bei der Einfügung und Streichung des unbetonten /e/. Problematisch ist die Handhabung der Negationspartikel, die zu Zeiten Rieds nicht mehr in Gebrauch war.

Um die Unterschiede und Gemeinsamkeiten synoptisch zu verdeutlichen, wird der diplomatischen Transkription der frnhd. Verse 1–73 der kritisch hergestellte mhd. Text zur Seite gestellt. Dabei werden aus drucktechnischen Gründen die diakritischen Zeichen der Handschrift für den Umlaut zu einem übergesetzten *e* vereinheitlicht. Das < z > wird als z mit Aufstrich, nicht als cz oder tz gelesen.]

a) Die Aufbruchsmotivierung im ‹Erec›, v. 1–149

[Im Ambraser Heldenbuch geht auf fol. XXX^rb der ‹Mantel› des Heinrich von dem Türlin nahtlos in den ‹Erec› über, wohl wegen eines Blattverlusts der Vorlage. Der fehlende Anfang des ‹Erec› läßt sich jedoch nach der afrz. Vorlage des Chrestien de Troyes rekonstuieren:

König Artus hält zur Osterzeit Hof in Karadigan. Er veranstaltet eine Jagd nach dem Weißen Hirsch. Wer ihn erlegt, darf die schönste Dame des Hofes küssen. Gawein befürchtet deshalb Streit am Artushof. Am nächsten Morgen bricht die Hofgesellschaft auf.- Königin Ginover folgt später nach, begleitet von ihren Hofdamen und von Erec, der in Hermelin, byzantinische Seide und Brokat gekleidet und nur mit einem Schwert bewaffnet ist:]

[Diplomatische Transkription]   [Kritisch hergestellter Text, v. 1–72]

[30rb:] bey Jr vnd bey Jr weyben · diz wás |	bî ir und bî ir wîben.
Erech Vilderoilach · der baiden |	diz was Êrec fil de roi Lac,
frumbkait vnd falden phlag : |	der vrümekeit und sælden phlac,

D urch den die rede erhaben \| durch den diu rede erhaben ist.
  ift · nu riten fy vnlange \| 5   nû riten si unlange vrist
  frift : nebeneinander \| neben einander beide,
baide · Ee daz fy v̊ber die hayde : verre \| ê daz si über die heide
Jn allen gahen · zureyten fahen : ein \| verre in allen gâhen
Ritter felb dritten · Vor ein Gezwerg \| zuo rîten sâhen
da enmitten : ein Junckfrawen \| 10   einen ritter selbedritten,
gemayt · fchon und wolgeklait : \| vor ein getwerc, dâ enmitten
vnd wundert die kunigin · wer \| eine juncvrouwen gemeit,
[30^rc:] der Ritter mŏchte fein : Er was ze \| schœne unde wol gekleit.
harnafch wol · als ein gŭt knecht fol : \| nû wunderte die künegîn
Eregk der iunge man · fein frawen \| 15   wer der ritter möhte sîn.
fragen began : ob ers erfarn folte · \| er was ze harnasche wol,

die fraw des nicht wolte : Sy bat Jn |
da bey Jr tweln · ein Junckfraw be= |
gund ſy auswelen: die ſy mochteſen= |
den dar · Sy ſprach reit vnd erfar : |
wer der Ritter můge ſein · vnd ſein |
geferte das mågetlein : |

Die Junckfraw hůb ſich an |
die fart · als Jr gepoten |
ward : da ſy das gezwerg |
reiten ſach · mit zůchten ſy zu Im |
ſprach : Got grůeſſe euch geſelle · |
Vnd vernemet waz ich welle : Mein |
fraw hat mich heer geſant · diu iſt ků= |
nigin v̄ber das landt : durch Jr zucht |
gepot ſy mir · daz ich euch grůeſte von |
Ir : vnd wiſte gern måre · wer der |
Ritter wåre : vnd diſe maget wolge= |
tan · mǔgt Jr mich das wiſſen lan : |
ån ſchaden Jr das tůt · mein fraget |
nur durch gůt: |

Das gezwerk wolt Jr nicht ſagn· |
vnd hieſs Sy ſtille dagen: |
vnd daz ſy Jn vermitte · Sy |
wiſte warnach ſy rite : die magt |
lie nicht vmb das · ſy wolt reiten |
furbas : den Ritter fragen måre · ſelbs |
wer Er wåre : das gezwerg weret Jr |
den weg · das ſach die kůnigin vnd |
Eregk: daz es ſy mit der gayſl ſchlůg· |
die es in der hannt trůg : v̄ber haubt |
vnd ůber hennde · ze ſeiner miſwende |
: | daz ſy mal dauon gewan · mit ſolher |
abentewr ſchid ſy dann : wider zu Jr |
frawen· vnd lies ſy ſchawen : wie ſere |
ſy was geſchlagen · das begunde ſy vil |
tewre klagen: daz es Jr ſo nahen was |
geſchehen · daz ſys mǔſte anſehen: |

als ein guot kneht sol.
Êrec der junge man
sîn vrouwen vrâgen began
20 ob erz ervarn solde.
diu vrouwe des niht wolde:
si bat in dâ bî ir tweln.
ein juncvrouwen begunde si ûz weln
die si möhte senden dar.
25 si sprach: ‹rît und ervar
wer der ritter müge sîn
und sîn geverte, daz magedîn.›

diu juncvrouwe huop sich an die vart,
als ir geboten wart,
30 dâ siz getwerc rîten sach.
mit zühten si zuo im sprach:
‹got grüeze iuch, geselle,
und vernemet waz ich welle.
mîn vrouwe hât mich her gesant,
35 diu ist künegîn überz lant:
durch ir zuht gebôt si mir
daz ich iuch gruozte von ir,
und weste gerne mære
wer der ritter wære
40 und disiu maget wol getân.
muget ir mich daz wizzen lân,
âne schaden ir daz tuot:
mîn vrouwe vrâget wan durch guot.›

daz getwerc wolde ir niht sagen
45 unde hiez si stille dagen,
unde daz si in vermite:
si enweste war nâch si rite.
diu maget lie niht umbe daz
si enwolde rîten vürbaz,
50 den ritter vrâgen mære
selben wer er wære.
daz getwerc werte ir den wec:
daz sach diu künegîn und Êrec
daz ez si mit der geisel sluoc
55 die ez in der hant truoc,
über houbet und über hende
ze sîner missewende,
daz si mâl dâ von gewan.
mit selher antwurt schiet si dan
60 wider zuo ir vrouwen
unde liez si schouwen
wie sêre si was geslagen.

                                    daz begunde si vil tiure klagen
                                    dazz ir sô nâhen was geschehen
                              65   daz siz muoste ane sehen.

E regk da achten began · der | Êrec dô ahten began,
  Ritter wår nit ein frůmb | der ritter wære dehein vrum man,
  man: daz Er es vor im ver= | daz er ez vor im vertruoc
trůg · daz ſein Gezwerg die magt | daz sîn getwerc die maget sluoc.
ſchlůg : Er ſprach ich wil reyten | 70 er sprach: ‹ich wil rîten dar,
dar · daz ich euch die måre erfar: die | daz ich iu diu mære ervar.›
fraw ſprach nu reytend weg · [. . .]   diu vrouwe sprach: ‹nû rîtet enwec.›

In der Edition wird die frnhd. Vorlage nicht nur dem normalisierten mhd.
Lautstand und Schriftbild angeglichen, sondern es finden sich auch syntaktisch-
semantische Eingriffe: *baiden* wird v. 3 aus metrischen Gründen getilgt; *vnd* wird
v. 14 durch *nû* ersetzt; *mågetlein* wird v. 27 in *magedîn* geändert; in v. 43 wird
nur durch *wan* ersetzt und das zweifellos fehlende *fraw* resp. *vrouwe* eingefügt;
abentewr wird v. 59 durch *antwurt* ersetzt. Die alte Negationspartikel wird eingefügt in v. 47 (Kurzsatz bei *wizzen*) u. in v. 49 (Objektsatz als Ergänzung zum
übergeordneten negativen Satz).

[Der kritische Text, v. 73–149:]

            zehant huop sich Êrec,
            unz er in sô nâhen kam
      75   daz daz getwerc die rede vernam:
            ‹muget ir wêniger mir gesagen,
            wes hânt ir die maget geslagen ?
            ir hânt sêre missetân.
            ir soldetz durch zuht lân.
      80   iuwern herren sult ir mir nennen:
            mîn vrouwe wolde in erkennen
            unde daz schœne magedîn.›
            daz getwerc sprach: ‹lâ dîn klaffen sîn.
            ich ensage dir anders niht
      85   wan daz dir alsam geschiht.
            waz wolde si der mære
            wer mîn herre wære ?
            ir ensît niht wîse liute,
            daz ir sô vil hiute
      90   gevrâget von mînem herren:
            ez mac iu wol gewerren.
            wiltû daz ich dichs erlâze,
            sô rît dîne strâze
            und schabe dich der sunnen haz.›

95   Êrec der wolde ouch vürbaz,
      wan daz getwerc imz niht vertruoc:
      mit der geisel ez in sluoc,
      als ez der maget hete getân.
      ouch wolde er sich gerochen hân,
100   wan daz er wîslîchen
      sînem zorne kunde entwîchen.
      der ritter hete im genomen den lîp,
      wan Êrec was blôz als ein wîp.
      er gelebete im nie leidern tac
105   dan umbe den geiselslac
      und enschamte sich nie sô sêre
      wan daz dise unêre
      diu künegîn mit ir vrouwen sach.
       als im der geiselslac geschach,
110   mit grôzer schame er wider reit.
      alsô klagete er sîn leit,
      schamvar wart er under ougen:
      ‹vrouwe, ich enmac des niht verlougen,
      wan irz selbe habet gesehen,
115   mir ensî vor iu geschehen
      eine schande alsô grôz
      daz ir nie dehein mîn genôz
      eines hâres mê gewan.
      daz mich ein sus wênic man
120   sô lasterlîchen hât geslagen
      und ich im daz muoste vertragen,
      des schame ich mich sô sêre
      daz ich iuch nimmer mêre
      vürbaz getar schouwen
125   und diese juncvrouwen,
      und enweiz zwiu mir daz leben sol,
      ez ensî daz ich mich des erhol
      daz mir vor iu geschehen ist.
      ich ensterbe in kurzer vrist,
130   sô sol ichz versuochen.
      vrouwe, ir sult geruochen
      daz ich in iuwern hulden var.
      der himelkeiser bewar,
      vrouwe, iuwer êre.
135   ir gesehet mich nimmer mêre,
      ichn gereche mich an disem man
      von des getwerge ich mâl gewan.

ist daz mich got sô gêret
daz er mîn heil mêret,
140   daz mir dar an gelinget
sô doch mîn muot gedinget,
sô kum ich über den dritten tac,
ob ich vor siechtuome mac.›
der küneginne was vil leit
145   daz er alsô junger reit
ûf sô grôze vreise:
si bat in lân die reise.
sô lange er dô urloubes gerte
unz daz si ins gewerte.

1. *bî ir* d.h. der Königin Ginover.- 3. →*vrümekeit* Tüchtigkeit, Tapferkeit, →*sælden* st. F. Gen. Pl. Glück.- 4. *erhaben* Part. Prät. v. *erheben*, st. Vb. V. (j-Präs.) - «um dessentwillen diese Geschichte begonnen worden ist»/«er ist der Held dieser Erzählung».
7. *ê daz* «bevor, ehe», z. Einl. temporaler Sätze.- 8. *verre* Adj., weit, fern (vgl. *von verren – von verne*), Adv., weit, viel, sehr; *in allen gâhen* (vgl. nhd. «jäh») in aller Eile.- 10. *selbedritte* «selbst als dritter».- 11. *vor* vorn, vorweg.- 16. *er was ze . . . wol* «er war mit dem Harnisch gut versehen», «seine Rüstung stand ihm gut» (vgl. nhd. «gut zu Fuß»).- 17. *ein guot kneht* ein rechter Ritter.- 22. *tweln* sw. Vb., sich aufhalten, verweilen, bleiben, vgl. engl. *dwell.*
29. *als* «wie», z. Einl. modaler Sätze.- 31. →*zuht* st. F., i-Stamm, *mit zühten* D. Pl. mit Anstand, höflich, artig.- 32. →*geselle* Freund.- 33. *welle* Konj. Präs. m. voluntativer Bedeutung.- 38. *weste* Prät. z. Prät. Präs. *wizzen;* →*mære* Neuigkeit, Nachricht, Auskunft.- 42. *wan (niwan)* exzipierende Partikel, «nur, außer, ausgenommen».
45. *dagen* sw. Vb., (vgl. lat. *tacere*) schweigen.- 46. *vermite* Konj. Prät. v. *vermîden* st. Vb. I. m. GW *d – t.*- 48 f. *lie niht . . . si enwolde rîten.* Nach übergeordnetem Satz mit verneintem Vb. *(lie niht)* erscheint im kunjunktionslosen konjunktivischen Nebensatz trotz positiver Aussage die Negationspartikel *(enwolde).* Auflösung im Nhd. ohne Negation mit Inf. + «zu»: «Das Mädchen ließ nicht davon ab, weiterreiten zu wollen/weiter zu reiten».- 57. *missewende* Schande, Schmach.- 58. *mâl* st. N., einerseits «Zeitpunkt» (vgl. nhd. *Mahlzeit –* engl. *meal*), anderseits «Zeichen, Merkmal, Fleck», hier: «Wundmale».
59. *dan* von dannen.- 62. *sêre* Adv., schmerzlich, heftig (vgl. *versehrt;* engl. *sore*).- 63. →*tiure* heftig.- 66. *ahten* erachten, erwägen.- 68. *vertragen* st. Vb. VI., zulassen, geschehen lassen.
73. *zehant* sogleich.- 76. *wêniger* (< *wênec, wênic*) «Kleiner», «Winzling» o. ä.- 81. *erkennen* sw. Vb., erkennen, kennen lernen.- 84 f. *anders niht . . . wan daz* «nichts anderes, als daß», «nur».- 91. *gewerren* st. Vb. III., Schaden bringen.- 94. «hebe dich hinweg, der du der Sonne verhaßt bist/du Abscheu der Sonne».
96. *wan daz* «nur daß», vgl. 107.- 99. *gerochen* Part. Prät. z. *rechen* st. Vb. IV.- 100. *wan daz* «nur daß», «wenn nicht» einschränkend-konditional.- 103. *wan, wande, want* kausal «denn, da, weil», vgl. 114; *blôz* ungepanzert.- 104 f. *dan* «als»

bezieht sich auf den attributiv. Komparativ *leidern tac* im übergeordneten Satz.-
111. → *leit* Leid, Beleidigung.
  115. *mir ensî [. . .] geschehen*: Dem übergeordneten Satz mit verneintem Vb.
(*ich enmac des niht verlougen*) folgt ein konjunktionsloser konjunktivischer Nebensatz mit Negationspartikel: «daß mir vor Euren Augen [. . .] zugefügt worden
ist [. . .]».- 117 f. *dehein mîn genôz* irgendeiner meiner Gefährten/meinesgleichen;
nie [. . .] eines hâres mê nicht um ein Haar mehr/nie eine größere.- 124. *getar* Sg.
Prät. z. Prät.-Präs. *turren/türren* wagen.- 126. *zwiu < ze wiu* wozu, weshalb,
warum (*wiu* Instr. des Interrogativpron. *waz* in Verbindung mit Präp.).- 127. *ez
ensî* dem übergeordneten Satz mit verneintem Vb. (*enweiz*) folgt ein konj. Nebensatz m. Negationspartikel von exzipierender Bedeutung: «es sei denn, daß»,
«wenn nicht». 129. *ich ensterbe [. . .] sô sol ichz versuochen* «wenn ich nicht ster-
be [. . .], so habe ich die Pflicht, es zu probieren.» (*ensterbe* Konj. Präs. im exzipierenden Vordersatz, der die Bedingung angibt, unter der eine Ausnahme vom
übergeordn. Nachsatz eintreten könnte).- 136. dem übergeordneten Satz m. verneintem Vb. (*gesehet [. . .] nimmer mêre*) folgt ein konj. Nebensatz m. Negationspartikel von exzip. Bedeutung: *ichn gereche mich* wenn ich mich nicht gerächt
habe.- 138. *ge-êret*.- 141. *gedingen* sw. Vb., hoffen.- 143. *ob* «wenn», als Einl.
konditionaler Sätze; *siechtuom/siechtag(e)* später durch *krancheit* verdrängt.-
146. *vreise* st. F., Gefahr.

b) ‹Erec›, v. 2924–2998: Verfehlung und Krise

     Êrec was biderbe unde guot,
2925 ritterlîche stuont sîn muot
     ê er wîp genæme
     und hin heim kæme:
     nû sô er heim komen ist,
     dô kêrte er allen sînen list
2930 an vrouwen Ênîten minne.
     sich vlizzen sîne sinne
     wie er alle sîne sache
     wante zuo gemache.
     sîn site er wandeln began.
2935 als er nie würde der man,
     alsô vertreip er den tac.
     des morgens er nider lac,
     daz er sîn wîp trûte
     unz daz man messe lûte.
2940 sô stuonden si ûf gelîche
     vil müezeclîche.
     ze handen si sich viengen,
     zer kappeln si giengen:
     dâ was ir tweln alsô lanc

2945 unz daz man messe gesanc.
    diz was sîn meistiu arbeit:
    sô was der imbîz bereit.
    swie schiere man die tische ûf zôch,
    mit sînem wîbe er dô vlôch
2950 ze bette von den liuten.
    dâ huop sich aber triuten.
    von danne enkam er aber nie
    unz er ze naht ze tische gie.
      dô Êrec fil de roi Lac
2955 ritterschefte sich bewac,
    der tugende er dannoch wielt,
    dâ er sich schône an behielt,
    swie er deheinen turnei suochte,
    daz er doch beruochte
2960 sîne gesellen alle gelîche
    daz si vil volleclîche
    von in selben mohten varn.
    er hiez si alsô wol bewarn
    als ob er selbe mit in rite.
2965 ich lobe an im den selben site.
      Êrec wente sînen lîp
    grôzes gemaches durch sîn wîp.
    die minnete er sô sêre
    daz er aller êre
2970 durch si einen verphlac,
    unz daz er sich sô gar verlac
    daz niemen dehein ahte
    ûf in gehaben mahte.
    des begunde mit rehte
2975 ritter unde knehte
    dâ ze hove betrâgen.
    die vor der vreude phlâgen,
    die verdrôz vil sêre dâ
    unde rûmten imz sâ:
2980 wan ez enhâte wîp noch man
    deheinen zwîvel dar an,
    er enmüeste sîn verdorben:
    den lop hete er erworben.
    ein wandelunge an im geschach:
2985 daz man im ê sô wol sprach,
    daz verkêrte sich ze schanden
    wider die die in erkanden:

in schalt diu werlt gar.
sîn hof wart aller vreuden bar
2990 unde stuont nâch schanden:
in endorfte ûz vremden landen
durch vreude niemen suochen.
des begunden vluochen
die in ane wunden
2995 und im guotes gunden.
si sprâchen alle: ‹wê der stunt
daz uns mîn vrouwe ie wart kunt !
des verdirbet unser herre.›

2926 f. *genæme, kæme* nach *ê* und *ê daz* ist der Modus im Temporalsatz oft der Konj.- 2928. *komen* wie 5354 ohne *ge-* im Part. Prät.- 2929. → *list* hier: Absicht, Trachten.- 2931. *sich vlîzen* st. Vb. I., sich befleißigen, bemühen.- 2933. → *gemach* st. M. N., Gemach, Zimmer; Gemächlichkeit, Bequemlichkeit, Ruhe (Gegenbegriff v. 2946. *arbeit*).- 2934. *site* st. sw. M., Lebensgewohnheit.- 2935. «als sei er nie ein Mann geworden» («der Mann geworden, der er war»).- 2938. *trûte* Prät. m. Rückuml. z. sw. Vb. *triuten* lieben, liebkosen; ebenso 2939. *lûte* z. *liuten* (Kontr. mit sw. Dentalsuffix bei Vb., die auf Dental enden; in der nhd. Schriftsprache rückgängig gemacht: mhd. *tœten – tôte* > nhd. *töten – tötete*).- 2941. *müez-ec-lîche* mit *muoze*, gemächlich. 2945. *gesanc* gesungen hatte.
2955. *bewegen* st. Vb. V. bewegen, reflex. m. Gen., sich abkehren, meiden, verzichten.- 2956. *wielt* Prät. z. *walten* st. Vb. VII., herrschen, besitzen, haben, gebrauchen, pflegen.- 2958. *swie* «wiewohl», «wenn auch», «obgleich», z. Einl. konzess. Sätze.- 2959. *beruochen einen* für einen sorgen.- 2961. *daz* konsek.- 2962. *von in selben* selbständig, aus eigenen Mitteln.
2966. *wente*, Prät. z. *wenen* refl. m. Gen., sich gewöhnen an (vs. 2933. *wante* zu *wenden* u. *wânde* zu *wænen*!).- 2970. *durch* Präp., um … willen, wegen, *durch si einen* allein ihretwegen; *verphlegen* st. Vb. V. vernachlässigen.

Auf diese Passage wird im ‹Iwein› v. 2787–2798 angespielt, als Gawein den Protagonisten auffordert:

geselle, behüetet daz enzît	Freund, seht Euch beizeiten vor,
daz ir iht in ir schulden sît	daß Ihr nicht mit jenen schuldig werdet,
die des werdent gezigen	die dessen bezichtigt werden,
daz sî sich <u>*durch ir wîp verligen.*</u>	daß sie sich wegen ihrer Frau verliegen.
kêrt ez niht allez an gemach;	Denkt nicht nur an Bequemlichkeit,
als dem hern Êrecke geschach,	wie es Herrn Erec geschah,
der sich ouch alsô manegen tac	der sich auch viele Tage
<u>*durch vrouwen Ênîten verlac.*</u>	wegen Frau Enite verlegen hatte.
wan daz er sichs erholte	Hätte er es nicht wieder gutgemacht,
sît als ein rîter solte,	seither, wie es sich für einen Ritter gehört,
sô wære vervarn sîn êre.	so wäre seine Ehre verloren gewesen.
der minnete ze sêre.	Der war allzusehr der Liebe verfallen.

2973. *mahte* ältere Form neben *mohte*.- 2976. *betrâgen* verdrießen.- 2979. *rûmen* räumen, verlassen (vs. *rüemen – ruomte* rühmen!); *sâ* sogleich.- 2982. *er enmüeste sîn* nach verneintem übergeordneten Satz (*deheinen zwîvel*) konj. Nebensatz m. Negationspartikel: «daß er ... sein müsse».- 2983. *lop* hier: Ruf.- 2987. *wider die* im Verhältnis zu denen, bei denen; *erkanden = kanden*.- 2994. *einen an winden* einem zugehören.- 2997. «daß wir unsere Herrin jemals kennenlernten.»

c) ‹*Erec*›, v. 5288–5371: Eine âventiure *unterwegs*

        nû reit der ritter Êrec
        als in bewîste der wec,
5290   er enweste selbe war:
        sîn muot stuont niuwan dar
        dâ er âventiure vunde.
        nû reit er dâ ze stunde
        ein wênige wîle,
5295   kûme eine mîle:
        dô hôrte er eine stimme
        jæmerlîchen grimme
        von dem wege wüefen,
        nâch helfe rüefen
5300   erbarmeclîchen ein wîp,
        der was bekumbert ir lîp.
        als er daz rüefen vernam,
        michel wunder in des nam
        waz diu rede möhte sîn.
5305   dô was doch sîn manheit schîn.
        er hiez vrouwen Ênîten
        sîn dâ ze stete bîten
        und tete si erbeizen ze wege.
        ir sorge ergap si in gotes phlege,
5310   als si der wille lêrte,
        dô er von ir kêrte.
            des endes huop sich Êrec
        durch rûhen walt âne wec
        unerbûwen strâze,
5315   wan daz er die mâze
        bî des wîbes stimme nam,
        unz daz er rehte dar kam
        dâ si von klage michel leit
        in dem wilden walde erleit.
5320   ir riuwigen hende
        hâten daz gebende

unschône abe gestroufet:
zekratzet unde zeroufet
hete sich daz lîplôse wîp,
5325 daz ir diu wât und der lîp
mit bluote was berunnen.
si hâte ouch gewunnen
von jâmer selhe swære
daz doch niemen wære
5330 alsô vestes herzen,
hæte er ir smerzen
zuo den zîten gesehen,
sît ich der wârheit sol jehen,
si enmüeste im erbarmen.
5335   als er dô die armen
in selher ungehabe sach,
vil nâch weinende sprach
Êrec der tugenthafte man:
‹vrouwe, durch got saget an,
5340 waz ist daz ir weinet
und wie sît ir sus vereinet
in disem walde ?
durch got saget balde
ob ich iu ze staten müge komen.›
5345 nû hâte ir benomen
diu bitter leides grimme
vil nâch gar die stimme:
ir herzen sûft daz wort zebrach
daz si vil kûme gesprach:
5350 ‹weinens gât mir michel nôt
herre, mir belîbet tôt
der aller liebiste man
den ie wîp gewan.›
    Êrec sprach: ‹vrouwe, wiest daz komen?›
5355 ‹herre, dâ hânt mir in benomen
zwêne risen, die vuorten in
des gevertes vor mir hin.
herre, si enlânt in niht genesen,
wan si sint im gewesen
5360 vîent nû vil manegen tac.
ouwê wie wol ich weinen mac!›
‹vrouwe, sint si iht verre?›
‹nein si, lieber herre.›
‹nû wîset mich nâch in.›

5365   ‹herre, hie riten si hin.›
        mit dem vinger wîste si in die vart
        dâ er hin gevüeret wart.
        Êrec sprach: ‹vrouwe, nû gehabet iuch wol,
        wan ich benamen sol
5370   bî im belîben tôt,
        oder ich hilfe im ûz der nôt.›

5289. *als(o)* (< *so* mit verstärkendem *al*) «[so] wie» Einl. Modalsatz.- 5292. *vunde* Konj. Prät.; *dar dâ* relat. «dorthin, wo».- 5297. «in jammervoller Heftigkeit/in wütendem Jammer».- 5298. *wüefen* sw. Vb., wehklagen.- 5301. *bekumbert* in Not.

5305. *schîn* augenscheinlich, offenkundig.- 5307. *bîten* st. Vb. I., warten.- 5308. *erbeizen* sw. Vb., absitzen.- 5310. «wie es ihr ihr Herz eingab».- 5312. *des endes* in dieser Richtung, dahin (woher die Stimme kam).- 5313. *rûch* rauh (vs. *ruowec, ruowic* ruhig!).- 5314. «auf ungebahnter Straße».- 5315 f. «nur daß er die Orientierung nahm an/und er richtete sich allein nach».- 5318. *dâ si von klage* wo sie in ihrer Not/ihrer Klage nach.- 5320. *riuwec* bekümmert, trauernd, hier: «schmerzverkrampft».- 5321. *gebende* st. N., Bandschleifen, Kopfputz.- 5322. *abe stroufen* sw. Vb., abstreifen.- 5324. *lîplôs* hier: fast leblos, halbtot.- 5327–34. *si hâte gewunnen … daz doch nieman wære* (daß es niemanden gegeben hätte) … *si enmüeste im erbarmen* (der sich ihrer nicht erbarmt hätte) … *hæte er … gesehen…* (wenn er … gesehen hätte).

5336. *ungehabe* st. F., Aufgelöstheit.- 5337. *vil nâch* beinahe.- 5341. *vereinet* < *ein(e)* ein, allein.- 5346. *grimme* st. F., Heftigkeit, Wut, Raserei.- 5348. *sûft* st. M., Seufzen; *zebrechen* st. Vb. IV., zerreißen.- 5350. «große Not veranlaßt mich zu weinen».- 5357. *gevert(e)* st. N., Weg, Fährte.- 5360. *vîent, vîant* st. M., Feind, adjektiv. feind sein.- 5369. *benamen, bînamen* Adv., wirklich.

7. Hochhöfische Epik: Heldenepik

Das Nibelungenlied (um 1200)

[Der Archetypus «des» Nibelungenliedes, so die These H. Brackerts, läßt sich nicht mehr zuverlässig rekonstruieren (s. H. W., Mediävistik, S. 40–43). Am nächsten kommt ihm gewiß die nach ihren Schlußworten (*daz ist der Nibelunge nôt*) sog. *nôt*-Fassung, die v.a. durch die St. Gallener Handschrift B repräsentiert wird. Auf B und auf d (Ambraser Heldenbuch) beruht denn auch in der Hauptsache die Ausgabe von K. Bartsch und H. de Boor.

Als Beispiel einer überlieferungsgeschichtlich authentischen Fassung soll hier zunächst die 1. Aventiure nach der Hohenems-Donaueschinger Handschrift mit der Sigle C zitiert werden (nach: Das Nibelungenlied nach der Handschrift C. Hrsg. v. U. Hennig. Tübingen 1977, ATB 83; vgl. dazu: Das Nibelungenlied und die Klage. Handschrift C der F. F. Hofbibliothek Donaueschingen. Faksimile u. Kommentar bearb. v. H. Engels, 2 Bde., Stuttgart 1968).

Diese zwischen 1220 und 1230 entstandene Handschrift ist die älteste in der Nibelungenlied-Überlieferung. Gleichwohl gehört sie bereits einer jüngeren Redaktion an, der sog. *liet*-Fassung. Sie bietet wie die ‹Klage› eine erste zeitgenössische Exegese, die das Geschehen schon aus christlich-moralischer Sicht umdeutet. Sie unterscheidet sich im Falle der 1. Av. nicht wesentlich von der Hauptfassung, aber ihre Verse sind geglättet und die Zäsurreime vermehrt (z.B. in der B fehlenden Str. 1: *mæren – lobebæren, hôchgezîten – strîten*).

C ist darum gut geeignet, sich in das Nibelungenlied einzuhören. Man sollte sich dabei die Bauform seiner Strophen vergegenwärtigen: Die Strophe besteht aus 4 Langzeilen, die jeweils durch eine Zäsur in An- und Abvers getrennt sind. Die vier Anverse enthalten je 4 betonte Silben (Hebungen), die ersten drei Abverse dagegen nur 3. Der Strophenschluß wird besonders betont durch 4 Hebungen im 4. Abvers. Ungewohnt ist v.a. , daß in einem Wort Haupt- und Nebenakzent begegnen können, vgl. nhd. «Backe, backe Kú-chèn» und mhd. *uns ist in alten máe-rèn*, aber auch Há-ge-nè. Schwachbetontes /e/ kann ausfallen (s. H. W., Mediävistik, S. 147–152).]

a) Die Eingangsâventiure mit Kriemhilds Falkentraum (Str. 1–13 C)

Aventiure von den Nibelungen.

1 C Uns ist in alten mæren   wunders vil geseit
   von heleden lobebæren,   von grôzer arebeit,
   von freude und hôchgezîten,   von weinen unde klagen,
   von küener recken strîten   muget ir nu wunder hœren sagen.

2 C Ez wuohs in Buregonden   ein vil edel magedîn,
   daz in allen landen   niht schœners mohte sîn,
   Kriemhilt geheizen: diu wart ein schœne wîp.
   dar umbe muosen degene   vil verliesen den lîp.

3 C Ir pflâgen drî künige   edel unde rîch,
   Gunther unde Gêrnôt,   die recken lobelîch,
   und Gîselher der junge,   ein wætlîcher degen.
   diu frouwe was ir swester,   die helde hetens in ir pflegen.

4 C Ein rîchiu küniginne   frou Uote ir muoter hiez.
   ir vater der hiez Dancrât,   der in diu erbe liez
   sît nâch sîme lebene,   ein ellens rîcher man,
   der ouch in sîner jugende   grôzer êren vil gewan.

5 C Die herren wâren milte,   von arde hôch erborn,
   mit kraft unmâzen küene,   die recken ûzerkorn.
   dâ zen Burgonden   sô was ir lant genant.
   si frumten starkiu wunder   sît in Etzelen lant.

6 C Ze Wormze bî dem Rîne   si wonten mit ir kraft.
   in dienten von ir landen   vil stolziu ritterschaft
   mit lobelîchen êren   unz an ir endes zît.
   si sturben jæmerlîche   sît von zweier frouwen nît.

7 C **Die** drî künege wâren, als ich gesaget hân,
von vil hôhem ellen. in wâren undertân
ouch die besten recken, von den man hât gesaget,
starc und vil küene, in scharpfen strîten unverzaget.

8 C Daz was von Tronege Hagene und ouch der bruoder sîn,
Dancwart der snelle, von Mezzen Ortwîn,
die zwêne marcgrâven Gêre und Eckewart,
Volkêr von Alzeye, mit ganzem ellen wol bewart.

9 C Rûmolt der kuchenmeister, ein ûzerwelter degen,
Sindolt unde Hûnolt: dise herren muosen pflegen
des hoves und der êren, der drîer künige man.
si heten noch manigen recken, des ich genennen nienen kan.

10 C Dancwart der was marschalc: dô was der neve sîn
truhsæze des küniges, von Mezzen Ortwîn.
Sindolt der was schenke, ein wætlîcher degen,
Hûnolt was kameræte. si kunden hôher êren pflegen.

11 C Von des hoves êre und von ir wîten kraft,
von ir vil hôhen werdekeit und von ir ritterschaft,
der die herren pflâgen mit freuden al ir leben,
des enkunde iu ze wâre niemen gar ein ende geben.

12 C In disen hôhen êren troumte Kriemhilde,
wie si züge einen valken, starc schœn und wilde,
den ir zwêne arn erkrummen; daz si daz muoste sehen,
ir enkunde in dirre werlde leider nimmer geschehen.

13 C Den troum si dô sagete ir muoter Uoten.
sine kundes niht beschaiden baz der guoten:
‹der valke, den du ziuhest, daz ist ein edel man.
in welle got behüeten, du muost in schiere vloren hân.›

1, 1 *wunder* st. N., hier: Wunderbares, Außergewöhnliches, Gen. *wunders*, abh.
von *vil*.- *geseit* < *gesaget*, Kontr.- **2** *lobebære* Adj., lobenswert, ruhmreich.-
→ *arebeit* st. F., Mühsal, Kampf.- **3** → *hôch(ge)zît* st. F., Fest.- **4** → *recke* sw. M.,
zunächst «Vertriebener», dann der einsam wandernde «Krieger» und schließlich
allgem. «Held».

Die Eingangsstrophe ist nicht nur metrisch durch Zäsurreim hervorgehoben,
sondern auch syntaktisch durch die Konstruktion des Apokoinu; *von heleden*
lobebæren (2 a) bis *recken strîten* (4 a) bezieht sich auf das vorhergehende *geseit*
(1 b) wie auf das folgende *muget ir nu wunder hœren sagen* (4 b).

2, 1 *in Buregonden*, Dat. Pl. des Stammesnamens wird zum Ländernamen (wie
ze Swâben «unter den Schwaben, im Schwabenlande» AH 31). Die Überschrift
von den Nibelungen greift über die 1. Av. hinaus, weil so die Burgunden erst
1523, 1 heißen. Im 1. Teil bezieht sich der Name noch auf die ursprünglichen
Hortbesitzer.- *magedîn* Mädchen, Diminutivform zu *maget*.- **2.** Zum konsek.

daz ist im Nhd. ein Zwischenglied zu ergänzen: «so schön, daß»; *schœners* Gen., abh. von *niht.*- 3 *wart* wurde (später), Prät. v. *werden* st. Vb. III. (vs. *was*, Prät. v. *wesen* sein!).- 4 *muosen*, Prät. v. *muozen/müezen*, Prät.-Präs. VI.- → *degen* Krieger, Ritter, Held vertritt wie *recke*, *wîgant* eine ältere Sprachschicht gegenüber *ritter*; *verliesen* verlieren st. Vb. II. m. GW (Rhotazismus *s* – *r*), vgl. 13, 4 *v(er)loren*; → *lîp* st. M., Leib, Leben.

3, 1 *pflâgen*, Prät. v. *pflegen* st. Vb. V. m. Gen., sorgen für, in Obhut haben, verwalten, innehaben; *rîch* mächtig, nicht nur «reich».- 3 *wætlîch* Adj., schön, stattlich, eigtl. «kleidsam» < *wât* st. F., Kleidung.- 4 *helde* N. Pl zu *helt*, *-des* st. M.- *pflegen* D. Pl. zu *pflege* st. F., Obhut.

4, 1 *Ein* – *küniginne*, vorangestellte Apposition zu *muoter.*- 3 *sîme* < *sîneme*; *ellen* st. N., Stärke, Tapferkeit, Gen. von *rîcher* abh.

5, 1 → *milte* Adj., freigebig; *von arde*, D. Dg. zu → *art*, von hoher Abstammung.- 2 *unmâzen* (erstarrter D. Pl. v. *mâze*) ungemein, höchst, sehr.- 3 *zen* < *ze den*, «ihr Land hieß Burgund».- 4 *frumen* sw. Vb. tun, vollbringen.

6, 1 *kraft* st. F., Körperkraft (wie 5, 2), Macht, Machtmittel.- 3 «bis zur Zeit ihres Todes».- 4 *nît* st. M. Haß, Streit.

7, 4 *scarpf* Adj., Affrikata /pf/ (< germ. p, vgl. engl. *sharp*) wird nach /l/ u. /r/ häufig zu /f/.

8, 1 *Daz was*, Einl. einer Aufzählung: «da war».- 2 *snel* Adj., tapfer, stark, behend, tatkräftig.- *marcgrâve* sw. M. Verwalter einer *marke*, eines Grenzgebiets.- 4 *wol bewart* gut ausgerüstet/versehen mit.

9, 1 Der Wormser Hofstaat wird in Str. 9f. als hierarchisch abgestuftes Gebilde vorgestellt: *kuchenmeister*, hier der Inhaber eines – vom Truchseßamt abgezweigten – repräsentativen Hofamts, der *des hoves und der êren*, nämlich «für eine angemessene Hofhaltung» zu sorgen hatte. In der 24. Av. gibt Rûmolt dagegen seinen *rât* noch aus der unheroischen Sicht eines Kochs.

10, 1 *marschalc*, ahd. *marahscalc*, vom «Pferdeknecht» aufgestiegen zum Aufseher über die Ställe und über das Beförderungswesen des Hofes.- 2 *truhsæze* (ursprünglich «der in der *truht* (Gefolgschaft) sitzt, ihr vorsitzt», lat. *dapifer*) oder *seneschalt* («Altknecht»), das Haupt der Hofverwaltung, mit Fürsorge für die Tafel.- 3 *schenke* (lat. *princeps pincernarum*), Verwalter der Keller und Weinberge.- 4 *kameræne* (lat. *camerarius*), zuständig für Schatzkammer und Finanzen. Den Dienst in diesen alten germ. Hausämtern verrichteten in der Stauferzeit die Ministerialen, bei feierlichen Anlässen, wie schon dem Krönungsmahl Ottos I. in Aachen, aber auch die vornehmsten Würdenträger des Reiches. Seit dem 12. Jh. bildete sich eine feste Ordnung der sog. Erzämter heraus, die z.Zt. des NL zu erblichen Reichslehen wurden.

11, 2 *werdekeit* st. F., Würde.- 4 *gar* Adv. ganz; *ein ende geben* m. Gen., vollständig angeben/berichten.

12, 1 *in disen hôhen êren* «in solch einer herrlichen Umgebung».- 2 *züge* Konj. Prät. zu *ziehen* st. Vb. II. (m. GW *h* – *g*) «aufziehen»; der Falke ist im donauländischen Minnesang – und in der frühen europäischen Liebeslyrik überhaupt – Sinnbild des Geliebten, vgl. S. 12 bes. das Falkenlied des Kürenbergers, dessen Strophenform ohnehin derjenigen des NL eng verwandt ist.- *starc* – *wilde*, unflektiert nachgestelltes Adj. in attributiver Stellung.- 3 *ar(e)* sw. M., Adler; *erkrummen* 3. Pl. Ind. Prät. st. Vb. III. (mit Sonantenverbindung) zu *erkrimmen*

«zerfleischen».- *dirre* < *diser(e)*; *werlt* st. F. (vgl. engl. *world*) Zeitalter, Welt – die
r-lose Form geht vom Alem. aus; *leider*, Komp. zu *leit* Adj., traurig, schmerzlich.
13, 2 *kundes* < *kunde es*, *kunde* Prät. z. Part.-Präs. *kunnen/künnen*, *es* Gen. zu
ez, bezogen auf den Trauminhalt; → *beschaiden* st. Vb. VII. unterscheiden, erklären, auslegen; *baz* Adv. Komp. zu *bezzer*.- **4** *in welle* (*enwelle* in anderen Hss.)
got behüeten, exzipierender Vordersatz ohne Negationspartikel: «ihn wolle denn
Gott behüten/wenn Gott ihn nicht behütet»; *schiere* Adv., bald.

b) Aus der 14. Aventiure: Wie die küneginne einander schulten

[Str. 815–822, 826–829, 838–840, 845–849. Nach der Ausg. von K. Bartsch – H.
de Boor, in der von H. Brackert 1970 revidierten Fassung.]

815   Zesamene dô gesâzen   die küneginne rîch.
       si gedâhten zweier recken,   die wâren lobelîch.
       dô sprach diu schœne Kriemhilt: «ich hân einen man,
       daz elliu disiu rîche   ze sînen handen solden stân.»

816   Dô sprach diu frouwe Prünhilt: «wie kunde daz gesîn?
       ob ander niemen lebte   wan sîn unde dîn,
       sô möhten im diu rîche   wol wesen undertân.
       die wîle lebt Gunther,   sô kundez nimmer ergân.»

817   Dô sprach aber Kriemhilt: «nu sihestu wie er stât,
       wie rehte hêrlîche   er vor den recken gât,
       alsam der liehte mâne   vor den sternen tuot?
       des muoz ich von schulden   tragen vrœlîchen muot.»

818   Dô sprach diu frouwe Prünhilt: «swie wætlîch sî dîn man,
       swie biderbe und swie schœne,   sô muost du vor im lân
       Gunther den recken,   den edeln bruoder dîn.
       der muoz vor allen künegen,   daz wizzest, wærlîche sîn.»

819   Dô sprach diu frouwe Kriemhilt: «so tiuwer ist wol mîn man,
       daz ich in âne schulde   niht gelobet hân.
       an vil manegen dingen   sô ist sîn êre grôz.
       geloubestu des, Prünhilt,   er ist wol Gunthers genôz.»

820   «Jane solt du mirz, Kriemhilt,   ze arge niht verstân,
       wande ich âne schulde   die rede niht hân getân.
       ich hôrte si jehen beide,   do ich si aller êrste sach,
       und dâ des küneges wille   an mînem lîbe geschach,

821   Unt dâ er mîne minne   sô ritterlîch gewan,
       dô jach des selbe Sîfrit,   er wære des küneges man.
       des hân ich in für eigen,   «sît ich es in hôrte jehen.»
       dô sprach diu schœne Kriemhilt: «sô wære mir übele geschehen.

822   Wie heten sô geworben   die edelen bruoder mîn,
       daz ich eigen mannes   wine solde sîn?

des wil ich dich, Prünhilt, vil friuntlîche biten
daz du die rede lâzest durch mich mit güetlîchen siten.»

826 «Du ziuhest dich ze hôhe», sprach aber des küneges wîp.
«nu wil ich sehen gerne, ob man den dînen lîp
habe ze solhen êren sô man den mînen tuot.»
die frouwen wurden beide vil sêre zornec gemuot.

827 Dô sprach diu frouwe Kriemhilt: «daz muoz et nû geschehen.
sît du mînes mannes für eigen hâst verjehen,
nu müezen hiute kiesen der beider künege man,
ob ich vor küneges wîbe zem münster türre gegân.

828 Du muost daz hiute schouwen, daz ich bin adelvrî,
unt daz mîn man ist tiuwerr danne der dîne sî.
dâ mit wil ich selbe niht bescholten sîn.
du solt noch hînte kiesen wie diu eigene diu dîn

829 Ze hove gê vor recken in Burgonden lant.
ich wil selbe wesen tiuwerr danne iemen habe bekant
deheine küneginne, diu krône ie her getruoc.»
dô huop sich under den frouwen des grôzen nîdes genuoc.

838 Zesamene si dô kômen vor dem münster wît.
ez tet diu hûsfrouwe durch einen grôzen nît,
si hiez vil übellîche Kriemhilde stille stân:
«jâ sol vor küneges wîbe niht eigen diu gegân.»

839 Dô sprach diu schœne Kriemhilt (zornec was ir muot):
«kundestu noch geswîgen, daz wære dir guot.
du hâst geschendet selbe dînen schœnen lîp:
wie möhte mannes kebse immer werden küneges wîp?»

840 «Wen hâstu hie verkebset?» sprach dô des küneges wîp.
«daz tuon ich dich», sprach Kriemhilt. «den dînen schœnen lîp
den minnete êrste Sîfrit, der mîn vil lieber man.
jane was ez niht mîn bruoder, der dir den magetuom an gewan.»

845 Prünhilt mit ir frouwen gie für daz münster stân.
si gedâhte: «mich muoz Kriemhilt mêre hœren lân
des mich sô lûte zîhet daz wortræze wîp.
hât er sichs gerüemet, ez gêt an Sîfrides lîp.»

846 Nu kom diu edele Kriemhilt mit manegem küenen man.
dô sprach diu frouwe Prünhilt: «ir sult noch stille stân!
ir jâhet mîn ze kebesen: daz sult ir lâzen sehen.
mir ist von iuwern sprüchen, daz wizzet, leide geschehen.»

847 Dô sprach diu frouwe Kriemhilt: «ir möhtet mich lâzen gân.
ich erziugez mit dem golde, daz ich an der hende hân:
daz brâhte mir mîn vriedel do er êrste bî iu lac.»
nie gelebte Prünhilt deheinen leideren tac.

848 Si sprach: «diz golt vil edele daz wart mir verstoln
und ist mich harte lange vil übele vor verholn.
ich kum es an ein ende, wer mir ez hât genomen.»
die frouwen wâren beide in grôz ungemüete komen.

849 Dô sprach aber Kriemhilt: «ine wils niht wesen diep.
du möhtes wol gedaget hân, und wære dir êre liep.
ich erziugez mit dem gürtel, den ich hie umbe hân,
daz ich niht enliuge: jâ wart mîn Sîfrit dîn man.»

Überschrift: *schulten*, Prät. zu *schelten* st. Vb. III., schmähen. (Vgl. die *senna* in der an. Thidreks- und in der Völsungensaga.)
815, 4 *daz* modal-konsek. «in der Weise, daß», «so beschaffen, daß»; *ze sînen handen* in seinen Händen, in seiner Macht. Es bleibt in der Schwebe, ob Kriemhild im Überschwang des liebenden Herzens Siegfried über alles stellt oder ob ihre Worte einen Machtanspruch darstellen – so faßt ihn jedenfalls Brünhild auf.
816, 1 *ob* kondit. «wenn».- 2 *wan sîn unde dîn* eigtl. Gen. «außer seiner und deiner Person», «außer ihm und Dir», «nur er und Du».- 4 *die wîle* adverbialer Akk. «dieweil, solange»; *kunde* Konj. Prät. z. Prät.-Präs. *kunnen/künnen*.
817, 1 *sihestu*, Imp. m. Spitzenstellung des Vbs. u. enklit. nachgestelltem Pron., «sieh doch»; vgl. 819, 4 *geloubestu*.- 3 *mâne*, Rundung mhd. *â* > nhd. *ô* .- 4 *von schulden* mit Recht; vgl. 819, 2 *âne schulde niht* nicht ohne Grund.
819, 4 *einem* → *genôz sîn* ebenbürtig, ranggleich sein.
820, 3 *jehen* st. Vb. V. (vgl. Prät. 821, 2 *jach*) sagen, gestehen, bekennen (im Nhd. ausgestorben).- 4 *des küneges wille ... geschach* Umschreibung für den Vollzug des Beischlafs.
821, 2 → *man*, hier: Vasall.- 3 *eigen* leibeigen, vgl. 822, 2 *eigen mannes*. Siegfried hatte sich bei der Werbung in der Tat als Gunthers «Vasall» ausgegeben, aber ein solcher begibt sich keineswegs seiner persönlichen Freiheit. Wenn hier Brünhild dem Lehnrecht zuwider einen *man* zum *eigen man*, zum Unfreien degradiert (und zu dieser Schicht zählten ursprünglich nicht nur Leibeigene, sondern auch Ministeriale), so ist zugleich Kriemhild in ihrer Standesehre *bescholten* 828, 3; denn die Ehefrau folgt stets dem Rechtsstatus des Ehemannes (s. S. 22: Ssp. Ldr. III 45 § 3). Deshalb *ich bin adelvrî* 828, 1.
822, 2 → *wine* Freundin, Geliebte, Beischläferin (veraltend unhöf.).- 3 *vriunt-lîche* auch «verwandtschaftlich» (→ *vriunt*).- 4 *durch – sîten* «mir zuliebe».
826, 1 «Du stellst Dich zu hoch»; → *lîp* Umschreibung für Person.
827, 1 *et* hebt – wie nhd. «nun, halt, eben» – einen Begriff hervor, *et nû* jetzt gleich.- 2 *verjehen eines für* von jemandem behaupten, daß er etwas ist, «nennen».- *türre* Konj. Präs. z. Prät.-Präs. *turren/türren* (vs. *tür, türe* st. F.,Tür!). Rangfragen können nur öffentlich entschieden werden.

828, 1 *adelvrî* «aus freiem Geschlecht» (aus edelfreiem Hochadel).- 2 *tiuwerr<*
tiuwer(e)r, tiurer Komp.- 4 *hînte < hînaht* heute nacht; *diu* st. F., Leibeigene,
Magd.
829, 2 *danne* «als», nach Komp.- 2f. *tiwerr – küneginne* «ranghöher als irgend-
eine Königin, die jemand kennengelernt hat».
838, 2 *hûsfrouwe* Ehefrau, Landesherrin, vgl. *wirt – wirtinne*.
839, 4 *mannes → keb(e)se* Beischläferin, Nebenfrau, nicht *küneges wîbe*; genauso verächtlich wie *eigen diu* u. *eigen mannes wine*.
845, 2 f. *mêre* gehört zu des; *zîhen* st. Vb. I. (m. GW *h – g,* Sg. Prät. germ. *ai >*
ahd. mhd. *ê*), zeihen, bezichtigen, vorwerfen; *wort-ræze* Adj., scharf in Worten,
scharfzüngig.
847, 2 *erziugen* sw. Vb., erweisen, bezeugen.- 3 *→ vriedel* Geliebter, Mann.
848, 1 *versteln* st. Vb. IV., stehlen.- 2 *verheln* st. Vb. IV., verhehlen, vorent-
halten.- 4 *ungemüete* st. N., Aufregung.
849, 1 *ine < ich ne* Proklise; *wils < wil es, es* von *diep* abh.- 2. *und* kondit.- 4
mîn S. dîn man: S. war Brünhilds *man*, aber nicht – wie sie meint – im lehnsrechtlichen, sondern – wie Kr. aus den Symbolen von Ring und Gürtel meint
schließen zu können – im sexuellen Sinne. Beide Frauen behaupten in diesem
Streit ihre Wahrheit, die doch objektiv unwahr ist.

c) Aus der 16. Aventiure: Wie Sîfrit erslagen wart *(Str. 969, 973, 976–981)*

969 Dô sprach von Tronege Hagene: «ir edeln ritter balt,
ich weiz hie bî nâhen einen brunnen kalt
(daz ir niht erzürnet) dâ sul wir hine gân.»
der rât wart manegem degene ze grôzen sorgen getân.

───────────────

973 Dô sprach von Niderlande der küene Sîfrit:
«daz muget ir wol versuochen, welt ir mir loufen mit
ze wette zuo dem brunnen. sô daz ist getân,
dem sol man jehen danne, den man sihet gewunnen hân.»

───────────────

976 Dô zugen si diu kleider von dem lîbe dan.
in zwein wîzen hemden sach man si beide stân.
sam zwei wildiu pantel si liefen durch den klê.
dô sach man bî dem brunnen den küenen Sîfriden ê.

977 Den prîs an allen dingen truoc er vor manegem man.
daz swert daz lôste er schiere, den kocher leite er dan,
den starken gêr er leinte an der linden ast.
bî des brunnen vluzze stuont der hêrlîche gast.

978 Die Sîfrides tugende wâren harte grôz.
den schilt er leite nider aldâ der brunne vlôz.
swie harte sô in durste, der helt doch niene tranc
ê daz der künec getrunke; des sagte er im vil bœsen danc.

979 Der brunne der was küele,   lûter unde guot.
     Gunther sich dô neigete   nider zuo der fluot.
     als er hete getrunken,   dô rihte er sich von dan.
     alsam het ouch gerne   der küene Sîfrit getân.

980 Do engalt er sîner zühte.   den bogen und daz swert,
     daz truoc allez Hagene   von im dannewert.
     dô spranc er hin widere   da er den gêr dâ vant.
     er sach nâch einem bilde   an des küenen gewant.

981 Dâ der herre Sîfrit   ob dem brunnen tranc,
     er schôz in durch das kriuze,   daz von der wunden spranc
     daz bluot im von dem herzen   vaste an die Hagenen wât.
     sô grôze missewende   ein helt nu nimmer mêr begât.

969, 1 *balt* Adj., attrib. unflekt. nachgestellt, «kühn» (engl. *bold*).- 4 *sorge* st. sw. F., auch «Gefahr».

976, 3 *pantel*, mhd. auch *panter, pantier; klê, -wes* st. M. N., Klee, auch «Wiese» als pars pro toto.

977, 2 *lôste*, Prät m. Rückuml. zu *lœsen; leite < legete*, Kontr.- 3 *leinen* sw. Vb. lehnen.- 4 *vluz* st. M., fließendes Wasser, Strömung, Quell.

978, 1 → *tugent* umfaßt alle Vorzüge, hier: «Zurückhaltung», «Selbstbeherrschung»; *harte* Adv., sehr.- 2 *aldâ* dort wo; *vlôz* Prät. (germ. *au* > ô vor Dental) zu *vliezen*, st. Vb. II.- 3 *sô* nimmt das konzess. *swie* auf; *niene* nicht, nichts.

979, 3 *rihte er sich von dan*, «richtete er sich (auf und ging) von dannen». 4 (lt. U. Pretzel vertritt *gerne* hier ein Verbum:) «ich wünschte, der kühne Siegfried hätte es auch tun können.»

980, 1 *entgelten* u. - m. Assimilation des /t/ an /g/ – *engelten* st. Vb. III., bezahlen, vergelten, büßen müssen, Schaden von etw. haben; *zühte*, Gen. Sg. v. → *zuht*, hier: «Zurückhaltung» (weil S. dem König den Vortritt gelassen hatte).- 2 *dannewert* Adv., fort (vgl. das Suffix in Zusammensetzungen wie «vor-, aufwärts»).- 4 → *bilde*, das von Kriemhild aufgenähte Kreuz.

981, 2 f. *daz – wât: daz* konsek., Subj. *daz bluot*, Präd. *spranc* usf., *vaste* Adv., heftig.- 4 *missewende* st. F., eigtl. schlimme Wendung, «Untat».

d) Aus der 36. Aventiure: Wie diu küneginne den sal vereiten hiez
(Str. 2086, 2111–2117)

2086 Ze einen sunewenden   der grôze mort geschach,
      daz diu frouwe Kriemhilt   ir herzen leit errach
      an ir næchsten mâgen   und ander manegem man,
      dâ von der künec Etzel   freude nimmer mêr gewan.

2111 Den sal den hiez dô zünden   daz Etzelen wîp
      dô quelte man den recken   mit fiuwer dâ den lîp.
      daz hûs von einem winde   vil balde allez enbran.
      ich wæne daz volc deheinez   grœzer angest ie gewan.

2112 Genuoge ruoften drinne: «ôwê dirre nôt!
wir möhten michel gerner   sîn in sturme tôt.
ez möhte got erbarmen.   wie sîn wir alle verlorn!
nu richet ungefuoge   an uns diu küneginne ir zorn.»

2113 Ir einer sprach dar inne: «wir müezen ligen tôt.
waz hilfet uns daz grüezen,   daz uns der künec enbôt?
mir tuot von starker hitze   der durst sô rehte wê.
des wæn mîn leben schiere   in disen sorgen zergê.»

2114 Dô sprach von Tronege Hagene: «ir edeln ritter guot,
swen twinge durstes nôt,   der trinke hie daz bluot.
daz ist in solher hitze   noch bezzer danne wîn.
ez enmac an disen zîten   et nu niht bezzer gesîn.»

2115 Dô gie der recken einer   da er einen tôten vant.
er kniete im zuo der wunden,   den helm er ab gebant.
dô begunde er trinken   daz vliezende bluot.
swie ungewon ers wære,   ez dûhte in grœzlîchen guot.

2116 «Nu lône iu got, her Hagene»,   sprach der müede man,
«daz ich von iuwer lêre   sô wol getrunken hân.
mir ist noch vil selten   geschenket bezzer wîn.
lebe ich deheine wîle,   ich sol iu immer wæge sîn.»

2117 Do die andern daz gehôrten,   daz es in dûhte guot,
dô wart ir michel mêre,   die trunken ouch daz bluot.
dâ von gewan vil krefte   ir eteslîches lîp.
des engalt an lieben friunden   sît vil manec wætlîchez wîp.

Überschrift: *vereiten* sw. Vb., verbrennen.
   (Das *brenna*-Motiv begegnet schon im an. Alten Atlilied. Dort setzt Guðrún
die Halle in Brand, um sich an Atli für die Ermordnung ihrer Brüder zu rächen.)
   2086, 1 *mort* hier nicht wie frz. *mort* bloß «Tod», sondern in der alten germ.
Bedeutung von «Mord» als heimlichem, absichtlichem Totschlag – ein eindeuti-
ges Verdikt des Erzählers.- 2 *daz* modal-konsekutiv; *errechen* st. Vb. IV.
(vollständig) rächen. (Das Präf. *er-* bezeichnet eine nichtdurative Aktionsart,
entweder den Beginn oder den Abschluß einer Handlung).- → *mâge unde*
→ *man* «Verwandte und Vasallen».
   2111, 1 *daz Etzelen wîp*: Personennamen werden stark oder schwach flektiert.
Männl. PN. wie *Hagene, Etzel(e)* sw., Gen. *Etzelen* usw., weibl. PN wie *Uote*
ebenfalls sw., Gen. *Uoten* usw. Die st. Mask. bilden den Akk. Sg. wie die Adj.
auf *-en*, z.B. *Sîfrit – Sîfriden.-*
   3 *enbran*, Prät. z. st. Vb. III. *enbrinnen* in Brand geraten, entbrennen (vs. *en-*
brennen - enbrante sw. Vb. m. Rückuml.; Präf. *ent-/en-*: nichtdurative Aktionsart, Beginn einer Handlung oder eines Zustands).- 4 → *volc* «Kriegerschar»,
→ *angest* «Bedrängnis».

2112, 1 *genuoge* manche, viele; *ruoften*, Prät m. Rückuml. z. sw. Vb. *rüefen* (vs. *riefen*, Prät. z. st. red. Vb. VII. *ruofen* > nhd. *rufen*).- 2 *sturm* Kampf(essturm).- 4 *richet* < ahd. *richit*, 3. Sg. Ind. Präs. z. st. Vb. IV. rechen (kombinator. Lautwandel idg. *e* > germ. *i* > ahd. mhd. *i* bei /i/ der Folgesilbe).- *ungefuoge* Adv., unmäßig, maßlos (Grundbedeutung von mhd. *füegen* «passend aneinanderschließen», Subst. *fuoge* das Passende, die «Angemessenheit, Schicklichkeit»).- Possessivpron. *ir* im Mhd. stets unflektiert.

2113, 4 *wæn(e)* zwischengeschaltet, ohne pron. Subj. «meine ich». Von Verben des Sagens, Meinens sind konjunktivische Sätze abhängig, die eine indirekte Aussage bezeichnen – hier *zergê*: «Deshalb meine ich, wird wohl bald mein Leben in dieser Bedrängnis zu Ende gehen.»

2115, 4 *swie ungewon ers*, wörtl. «so ungewohnt er dessen auch war»; *dûhte* Prät. (m. Dentalberührung u. Ersatzdehnung) zu *dunken/dünken*.

2116, 2 *lêre*, hier «Rat».- 4 *wæge* Adj., gewogen.

2117, 2 *ir* partitiv. Gen. Pl. in Verbindung mit *michel* mêre.- *eteslîch* Indefinitpron. «jeder beliebige, jeder».- 4 *wîp* Subj., *engalt* Präd. (vgl. Str. 980), *des* Gen.-Obj. usf.

8. Früher donauländischer Minnesang

[Der Minnesang ist erst in großen Sammelhandschriften des 14. Jhs. überliefert: zum einen in den drei oberrheinischen Hss. A (Kleine Heidelberger Liederhs.), B (Stuttgart-Weingartner Liederhs.) und C (Große Heidelberger Liederhs.), zum anderen in der mitteldeutschen Jenaer Liederhs. J (mit Noten) und schließlich in der ‹Carmina Burana›-Hs. M aus Benediktbeuren. Für den frühen donauländischen Minnesang kommen jetzt drei Bll. des 1985 entdeckten Budapester Fragments Bu hinzu.

In den Liederhandschriften des Minnesangs sind nur die einzelnen Strophen als optische Einheiten voneinander geschieden. Die Forschung muß entscheiden, welche Strophen jeweils zusammengehören und als mehrstrophige Lieder aufgeführt worden sein könnten. Die Kürenberger-Strophen z.B. werden teils als Einzelstrophen, teils wie das Falkenlied (s. S.12) als Lied oder wie MF 8,1 und 9, 29 als «Wechsel» verstanden. Die Texte werden zitiert nach *Des Minnesangs Frühling* in der Bearbeitung von H. Moser u. H. Tervooren, obgleich dieser die Alternativ-Ausgabe von G. Schweikle (Die mittelhochdeutsche Minnelyrik. I. Die frühe Minnelyrik. Darmstadt 1977) in manchem überlegen ist. Die folgenden Beispiele sollen v.a. den Unterschied zwischen frühem und hohem Minnesang verdeutlichen; vgl. dazu H. W., Mediävistik, S. 243 ff.]

a) Der von Kürenberg (um 1160)

II, 1 ‹Leit machet sorge,   vil liebe wünne.   7, 19 – 3 C, 3 Bu
eines hübschen ritters   gewan ich künde:
  daz mir den benomen hânt   die merker und ir nît,
  des mohte mir mîn herze   nie vrô werden sît.›

2 ‹Ich stuont mir nehtint spâte   an einer zinne,   8, 1 – *4 C,* 4 Bu
dô hôrt ich einen rîter   vil wol singen
   in Kürenberges wîse   al ûz der menigîn.
er muoz mir diu lant rûmen,   alder ich geniete mich sîn.›

4 ‹Swenne ich stân aleine   in mînem hemede,   8, 17 – *6 C,* 6 Bu
unde ich gedenke an dich,   ritter edele,
   sô erblüet sich mîn varwe,   als der rôse an dem dorne tuot,
und gewinnet daz herze   vil manegen trûrigen muot.›

10 Nu brinc mir her vil balde   mîn ros, mîn îsengewant,   9, 29 – *12 C*
wan ich muoz einer vrouwen   rûmen diu lant,
   diu wil mich des betwingen,   daz ich ir holt sî.
si muoz der mîner minne   iemer darbende sîn.

1 (7, 19) Frauenklage: 1 Opposition der Subj. *leit* u. *liebe.*- 2 *hübsch* Nbf. zu
→ *hövesch.*- 3 *merker/merkære* Aufpasser, → *huote,* die den Liebenden feindliche Mitwelt.

2 (8, 1) Frauenstrophe, bezogen auf 9, 29 Teil eines Wechsels: 1 *mir* Dat., «so
für mich»; *nehtint/nähten(t)* Subst.-Adv. im Dat., «in vergangener Nacht, gestern
abend».- 2f. «da hörte ich mitten aus der Menge (vgl. lat. *egregie*) einen Ritter
sehr schön in der Kürenberger-Melodie singen». Unklar bleibt, ob der Küren-
berger selbst oder ein anderer die Weise singt. – 4 *genieten,* Intensivum zu *nieten*
sw. Vb. streben nach, zu schaffen haben mit; *alder ich geniete mich sîn* «oder er
muß mein werden». Budapester Variante: 3 b – 4 b. al – sîn] mir enwerde der lip
sin · er mûz mir daz lant rovmen sprach daz magedin · «wenn er nicht mein wird,
so muß er mir das Land räumen, sprach das Mädchen».

4 (8, 17) Frauenstrophe, in einem einzigen Satz: 2 *gedenke* m. intensivierendem
Präf.- 3 *varwe* Farbe (Erröten); *rôse* st. sw. F. M., vgl. *diu rose* Bu.

10 (9, 29) Trutzstrophe des Mannes, der sich dem Werben der Frau versagt: 1
îsengewant Rüstung.- 3 *holt* geneigt, ergeben → *hulde.*

b) *Der Burggraf von Regensburg (um 1160/1170)*

16, 1 – *Seven 17 A,* 1 C

I, 1 ‹Ich bin mit rehter stæte   einem guoten rîter undertân.
   wie sanfte daz mînem herzen tuot,   swenne ich in umbevangen hân!
      der sich mit manegen tugenden guot
      gemachet al der welte liep,   der mac wol hôhe tragen den muot.›

1 (16, 1) Frauenstrophe, in A unter Lutolt von Seven überliefert. Zu *undertân*
vgl. Friedrich von Hausen, MF 46, 29!

c) *Dietmar von Eist (um 1170)*

34, 3 – *10* CB, Heinrich v. Veltkirchen 10 A

III, 4 Ûf der linden obene   dâ sanc ein kleinez vogellîn.
   vor dem walde wart ez lût.   dô huop sich aber das herze min

an eine stat, dâ ez ê dâ was.   ich sach dâ rôsebluomen stân,
die manent mich der gedanke vil,   die ich hin zeiner vrouwen hân.

34, 11 – *Heinrich v. Veltkirchen 9 A*, 11 BC

5 ‹Ez dunket mich wol tûsent jâr,   daz ich an liebes arme lac.
sunder âne mîne schulde   vremedet er mich menegen tac.
sît ich bluomen niht ersach   noch enhôrte der vogel sanc,
sît was mir mîn vröide kurz   und ouch der jâmer alzelanc.›

Dietmar von Eist zugeschrieben

IV Ez stuont ein vrouwe alleine   37, 4 – *12* C
und warte über heide
unde warte ir liebes,
sô gesach si valken vliegen.
5   ‹sô wol dir, valke, daz du bist!
du vliugest, swar dir liep ist,
du erkiusest dir in dem walde
einen boum, der dir gevalle.
alsô hân ouch ich getân:
10 ich erkôs mir selbe einen man,
den erwelten mîniu ougen.
daz nîdent schœne vrouwen.
owê, wan lânt si mir mîn liep?
joch engerte ich ir dekeines trûtes niet!›

III 4 (34, 3) Unter Ton III sind in MF 5 paargereimte Langzeilenstrophen vereint, die jedoch kein in sich geschlossenes Minnelied bilden. Str. 4 u. 5, die in A –
in Vertauschung der Strophenfolge – unter dem Namen Heinrichs von Veltkirchen überliefert sind, lassen sich als Wechsel verstehen.- 3 *dâ – was* «wo es früher
gewesen war».- 4 *manen* erinnern.
5 (34, 11) – 1 *liep* Geliebter.- 2 *sunder âne* doppelte Verneinung.
IV (37, 4) Frauenmonolog, paargereimte Vierheber: 2 *warten* ausschauen.- 4
valken als sw. M. Akk. Sg. oder Pl. – 5 *sô wol dir* wie gut für Dich (Ellipse durch
Prolepse).- *swar* wohin auch immer.- 13 *wan* < *wanne* < *wand* [< ahd. *hwanta*] +
ne «warum nicht».- 14 *joch* bekräftigende Interjektion, hier «doch auch»; *gern* m.
Gen., begehren; *trût* Geliebter (→ *triuten, triutinne*); *engerte* + Gen. *dekeines*
trûtes, davon abh. Gen. Pl. *ir* (der anderen Frauen).

9. «Hohe Minne»
unter dem Einfluß der provenzalischen Lyrik

a) Friedrich von Hausen (ca. 1170–1190)

V, 1 Sî darf mich des zîhen niet,   45, 37 – 6 B, 20 C
   ich enhête sî von herzen liep.
     des möhte sî die wârheit an mir sehen,   46, 1
     und wil si es jehen.
 5   ich kom sîn dicke in sô grôze nôt,
     daz ich den liuten guoten morgen bôt
       gegen der naht.
       ich was sô verre an sî verdâht,
         daz ich mich underwîlent niht versan,
10   und swer mich gruozte, daz ich sîn niht ver*n*an.

2 Mîn herze unsanfte sînen strît   46, 9 – 7*B*, 21 C
   lât, den ez nu mange zît
     hât wider daz alre beste wîp,
     der ie mîn lîp
 5   muoz dienen, swar ich iemer var.
     ich bin ir holt; swenne ich vo*r* gote getar,
       sô gedenke ich ir.
       daz geruoch ouch er vergeben mir:
        *ob ich des sünde süle hân,
10   wie geschuof er sî sô rehte wol getân?

3 Mit grôzen sorgen hât mîn lîp   46,19 – 8 B, 22 C
   gerungen alle sîne zît.
     ich hête liep, daz mir vil nâhe gie,
     daz verlie mich nie.
 5   *von* wîsheit kêrte ich mînen muot;
     daz was diu minne, diu noch manigem tuot
       die selben klage.
       nu wil ich mich an got gehaben,
         der kan den liuten helfen ûz der nôt.
10   nieman weiz, wie nâhe im ist der tôt.

4 Mîner vrowen was ich undertân   46,29 – 9 B, 23 C
   diu âne lôn mînen dienst nan.
     von der sprich ich niht wan allez guot,
     wan daz ir muot
 5   wider mich ze unmilte ist gewesen.
     vor aller nôt dô wânde ich sîn genesen,

> dô sich verlie
> mîn herze ûf genâde an sie,
> der ich dâ leider vunden niene hân.
>
> 10 nu wil ich dienen dem, der lônen kan.

Zu MF 45, 37 ist keine Melodie überliefert. Es gilt jedoch als sichere Kontrafaktur eines prov. Liedes; denn es gleicht im Strophengrundriß und im Motiv der Sinnverwirrung dem Lied *En chantan m'aven a membrar* von Folquet de Marseille.

Die Minneklage setzt ein mit dem Vorwurf der Dame, die Liebes- und Dienstbeteuerungen des Sängers seien nicht ernst gemeint. Nach dem Beweis des Gegenteils leitet die Berufung auf Gott einen Umschwung ein. In Str. 4 wird der Dienstwechsel von der Dame zu Gott angekündigt – eine Vorstufe jenes berühmten *Mîn herze und mîn lîp, diu wellent scheiden* MF 47, 9, das exemplarisch die Entscheidung gegen die Minne und für den Kreuzzug vorführt. Eine 5. Str. (28 B, 24 C) wird hier vernachlässigt.

1, 1 *zîhen* m. Gen., zeihen, bezichtigen.- 2 Negation + Konj. im Folgesatz nach negiertem Vordersatz, erläuternd «daß nicht».- 4 *und* «wofern nur», einschränkend-konditional mit nachfolgender Inversion.- 5 *sîn* Gen.- 8 *verdâht* in Gedanken verloren.- 9 *versinnen* st. Vb. III. mit den Sinnen wahrnehmen, besinnen.- 10 *vernan*, ausl. *m > n.*

2, 3 *alre* = *aller*, Metathesis des /r/.- 6 *swenne* wann immer; *getar* Präs. z. Prät.-Präs. *turren/türren*; Motiv der Sündenfurcht bei der Liebe.- 10 *wie* warum.

3, 2 *sîne*, bezogen auf 1 *mîn lîp* ich.- 3 *liep* Adj. oder Subst.

4, 3 f. *wan allez guot, wan daz* nur Gutes, ausgenommen daß.- 7 f. *ûf genâde an sie* auf ihre Gnade/in der Hoffnung auf Gnade.- 9 Part. Prät. *vunden* ohne Präfix *ge-; niene*, verstärktes «nicht».- 10 *dem*, d.h. Gott.

b) *Rudolf von Fenis (letztes Viertel des 12. Jhs.)*

I, 1 Gewan ich ze minnen ie guoten wân,   80, 1 - *1* BC
    nu hân ich von ir weder trôst noch gedingen,
    wan ich enweiz, wie mir süle gelingen,
    sît ich si mac weder lâzen noch hân.
  5 Mir ist alse dem, der ûf den boum dâ stîget
    und niht hôher mac und dâ mitten belîbet
    unde ouch mit nihte wider komen kan
    und alsô die zît mit sorgen hinne vertrîbet.

2 Mir ist alse deme, der dâ hât gewant   80, 9 – *2* BC
    sînen muot an ein spil und er dâ mite verliuset
    und erz verswert; ze spâte erz doch verkiuset.
    alsô hân ich mich ze spâte erkant
  5 Der grôzen liste, die diu minne wider mich hâte.
    mit schœnen gebærden si mich ze ir brâhte

und leitet mich als der bœse geltære tuot,
der wol geheizet und geltes nie gedâhte.

3 Mîn vrowe sol lân nû den gewin   80, 17 – 3 CB
  daz ich ir diene, wan ich mac ez mîden;
  *i*edoch bitte ich si, daz siz geruoche lîden,
  sô wirret mir niht diu nôt, die ich lîdende bin.
5 Wil aber si mich von ir vertrîben,
  ir schœner gruoz scheid et mich von ir lîbe.
  noch dannoch vürhte ich mêre, daz sî
  mich von allen mînen vreuden vertrîbe.

Diese Minneklage, die die Hoffnungslosigkeit des Minnenden zum Gegenstand
hat, entspricht formal und z.t. motivlich dem Lied *Sitot me soi a tart aperceu-
butz* des prov. Trobadors Folquet de Marseille. Kanzonenform; daktylische
Vierheber; Reimschema abba c cxc, Unregelmäßigkeiten im Abgesang.

1, 1 Minne hier personifiziert; → *wân* Hoffnung, vgl. → *gedinge*.- 3 *gelingen*
Erfolg haben.- 7 *mit nihte* mit nichts.

2, 3 *verswern* abschwören; *verkiesen* aufgeben.- 5 → *liste* Weisheit, Klugheit,
Zauberkunst.- 6 *gebærde* st. F. Aussehen, Benehmen.- 7 *leiten* führen, verleiten;
geltære Schuldner, Gläubiger (< *gelt* pflichtmäßige Zahlung, *gelten* zahlen).- 8
geheizen versprechen.

3, 3 *lîden* – 4 *lîdende*: Gegensatz zwischen dem Verhalten der *vrowe* und dem
des Minnenden; *werren* st. Vb. III verstören.- 6 *et* dient der Hervorhebung bei
Imperativ- u. Wunschsätzen – «halt», «eben», «doch»; *scheid et* wird nämlich in
MF als Optativ aufgefaßt: «dann möge fürwahr ihr freundlicher Gruß mich auch
von ihr scheiden» (näher liegt der Ind. *scheidet*, so G. Schweikle).- 7 *noch dannoch* dennoch… noch.

10. Walther von der Vogelweide, sog. Elegie (L. – K. 124, 1)

[Hist.-krit. Edition: Walther von der Vogelweide: Leich, Lieder, Sangsprüche.
14., völlig neubearb. Aufl. der Ausg. Karl Lachmanns mit Beitr. v. Th. Bein u. H.
Brunner hrsg. v. Christoph Cormeau. Berlin/New York 1996.- Faksimileausga-
be: Walther von der Vogelweide. Die gesamte Überlieferung der Texte und Me-
lodien. Hrsg. v. H. Brunner u. a., Göppingen 1977 (Litterae 7).

«Nur durch den Schleier der Überlieferung» (S. Beyschlag) gibt sich Walthers
Elegie als «eines der größten Wunder aus unserem deutschen Mittelalter» (C. von
Kraus) zu erkennen. Für die Textkritik bleibt der Text von unfester Gestalt,
nicht zuletzt wegen seiner metrischen Unebenheiten. Er ist in drei Handschriften
überliefert: vollständig in C (Gr. Heidelberger oder Maness. Liederhs., CPG 848,
fol. 164vb-165ra), fragmentarisch in E (Würzburg-Münchener Hs., 2° Cod. Ms.
731, fol. 180vb) und in w^x (Braunschweig-Wolfenbütteler Hs., H 1^a). Cormeau
hält sich enger an die Leithandschrift C als seine Vorgänger und macht bes. deren
metrische Eingriffe rückgängig. Allgemein akzeptiert sind die Besserungen von I,

10 *slac* statt *flac* C und II, 6 *schar* statt *iar*. Daß in I, 8 *gelogen* E statt *gelegen* C gelesen werden muß, ist evident. In I, 7 werden *danna(n)* C/*danne* E durch *dar inn* und *geborn* CE durch *erzogen* ersetzt. (Dagegen G. Schweikle, 1998: *danne ich von kinde bin gezogen* «von denen ich als junger Mann weggezogen bin»). Schwierigkeiten bereitet nach wie vor II, 2: Hier wird jetzt mit H. B. Willson *hô vil niuweclîche* gegenüber *ê vil hovelîchen* oder *ê vil wünneclîchen* konjiziert. III, 10 erhält *sigenünfte* C gegenüber dem leichter verständlichen *segenunge* des Wolfenbütteler Fragments den Vorzug. In III, 13 macht *selbe crône* C durchaus Sinn; gleichwohl bleibt Lachmanns Konjektur *sælden crône* bestechend.

Das Gedicht beginnt mit einem *Owê* und endet mit einem *niemer mêr ouwê*: Wo setzt die Kehrtwende (*revocatio*) ein? Was wird in der Klage einander entgegengesetzt, was nach dem Widerruf der Klage? Inwiefern signalisiert die *liebe reise über sê* am Schluß den aktuellen Anlaß und Zweck des Gedichts? Welche Funktion hat von dieser rhetorischen Wirkungsintention her der «elegische» Altersrückblick des Eingangs?]

97

C: I–III
E: I$_{1-9}$
w^x: III$_{4-12}$ Text nach C

I   Owê, war sint verswunden   alliu mîniu jâr!   124, 1
    ist mîn leben mir getroumet,   oder ist ez wâr?
    daz ich ie wânde, daz iht   wære, was daz iht?
    dar nâch hân ich geslâfen   und enweiz es niht.
5   nû bin ich erwachet   und ist mir unbekant,
    daz mir hie vor was kündic   als mîn ander hant.
    liute und lant, *dar inn* ich   von kinde bin *erzogen*,
    die sint mir frœmde worden,   reht als ob ez sî gelogen.
    die mîne gespiln wâren,   die sint træge unde alt.
10 bereitet ist daz velt,   verhouwen ist der walt.
    wan daz daz wazzer fliuzet,   als ez wîlent vlôz,
    für wâr, ich wânde, mîn   ungelücke wurde grôz.
    mich grüezet maniger trâge,   der mich bekande ê wol,
    diu welt ist allenthalben   ungnaden vol.
15 als ich gedenke an manigen   wunneklîchen tac,
    die mir sint enphallen,   als in daz mer ein *s*lac,
    iemer mêre ouwê.

II Owê, wie jæmerlîche   junge liute tuont,   124, 18
    den *hô* vil niuweclîche   ir gemüete stuont,
    die kunnen niuwan sorgen,   owê, wie tuont si sô?
    swar ic<h zer werlte kêre,   dâ ist nieman vrô,
5   tanzen, singen < . . >   zergât mi*t* sorgen gar.
    nie kristenman gesach   sô jæmerlîche *schar*.

nû merkent, wie den frouwen   ir gebende stât,
die stolzen ritter tragent   dörpellîche wât.
uns sint unsenfte brieve   her von Rôme komen,
10 uns ist erloubet trûren   und fröide gar benomen.
daz müet mich inneklîchen [ ],   wir lebten ie vil wol,
daz ich nû für mîn lachen   weinen kiesen sol.
die wilden vogel*lîn*   betrüebet unser clage,
waz wunders ist,   ob ich dâ von verzage?
15 waz spriche ich tumber man   durch mînen bœsen zorn?
swer dirre wunne volget,   der hât jene dort verlorn,
iemer mêr ouwê.

III Owê, wie uns mit süezen   dingen ist vergeben!   124, 35
ich sihe die bittern gallen   mitten in dem honige sweben:
diu welt ist ûzen schœne,   wîz, grüen und rôt,
und innan swarzer varwe,   vinster sam der tôt.
5 swen si nû verleitet habe,   der schouwe sînen trôst:
er wirt mit swacher buoze   grôzer sünde erlôst.
dar an gedenkent, ritter,   ez ist iuwer dinc.   125, 1
ir tragent die liehten helme   und manigen herten rinc,
dar zuo die vesten schilte   und die gewîhten swert.
10 wolte got, wær ich   der signünfte wert!
sô wolte ich nôtic man   verdienen rîchen solt.
joch meine ich nit die huoben   noch der hêrren golt,
ich wolte selbe crône   êweklîchen tragen,
die möhte ein soldener   mit sîme sper bejagen.
15 möhte ich die lieben reise   gevarn über sê,
sô wolte ich denne singen wol   unde niemer mêr ouwê,
< *niemer mêr ouwê* >.

97 I 439 *[462]* C, 212 E.
1 wa E. 2 mir min leben E. 6 hie] *fehlt* E.   7 dannan (danne E) ich
von kinde bin geborn CE. 8 gelegen C.   9 die mine *Ende der Überlieferung* E.   16 flac C.

II 440 *[463]* C.
2 hô] nv C.   4 ist ist C.   5 mit] mir C.   6 schar] iar C.   11 inneklichen sere
C.   13 vogel C.

III 441 *[464]* C, 1 *w*ˣ *(teilweise unleserlich)*.
4 varwe *Beginn der Überlieferung w*ˣ. 5 habe verleitet *w*ˣ. 7 ez] daz *w*ˣ.
úwer úwer C. 10 wær] wen wer *w*ˣ. segenunge *w*ˣ. 11 richen *Ende der les-
baren Überlieferung w*ˣ.   17 *fehlt* C.

I, 1 *alle mine CE* wird der normalmhd. (obd.) Form des Nom. Pl. N. angeglichen.- Die Altersrolle legt die Einordnung als Altersdichtung Walthers nahe, was bei einem rhetorisch strukturierten Text allerdings noch kein zwingendes Argument ist.- Dem Thema der *laudatio temporis acti* entspricht die archaische Form; denn die zäsurierten Langzeilen erinnern an das Nibelungenmaß.

2 *oder ist ez wâr* disjunktiv auf den Anvers bezogen: «Habe ich mein Leben (nur) geträumt oder ist es (mein Leben) wirklich?» Zum Motiv des Lebens als Traum vgl. *ist mir getroumet mîn leben* Iw. 3577.

3 *iht* kann sowohl positiv als auch negativ aufgefaßt werden: «dasjenige, von dem ich immer gemeint habe, daß es etwas sei, war das (überhaupt) etwas?» oder: «war das alles nichts?»- 4 *dar nâch* demnach.- 6 *kündic* «bekannt» (antithetisch zu 5 *unbekant*); *ander*, attribut. unflektiert; *als mîn ander hant* wie der einen Hand die andere/«wie die eigene Hand».- 7 *von kinde* von Kindheit an.

8 *worden*, Part. ohne ge- wie in II, 9 *komen*.- 10 *bereitet* bereit gemacht, bestellt, umgebrochen, parzelliert; *verhouwen* niedergehauen, gerodet.- 11 *wan daz* nur daß; *wîlent* weiland, einst (dem *nû* kontrastierend).- 13 *trâge* Adv., vs. 9 *træge* Adj.- 14 *ungenâde* Trübsal, Undank.- 16 *die* syntakt. Inkongruenz zwischen Präd. im Pl. u. Subj. mit kollekt. Bedeutung im Sg.- 17 *iemer mêre* für immer, immerdar.

II, 2 *hô, hôhe* Adv. hoch, stolz; *niuweclîche* neulich, vor kurzem.- 7 *merkent* 2. Pers. Pl. Imp., obd., vgl. III, 7 *gedenkent; gebende* Kopfputz (aus Bändern).- 8 → *dörpellîch* bäurisch, unhöfisch.

9 *unsenfte* unfreundlich; *brief* st. M. < lat. *brevis* (*libellus, littera, epistola*), urspr. kurze, schlichte, schriftliche Sendung privatvertraulicher Natur; als «offener Brief» (*littera patens*) veröffentlicht, nähert sich der Brief nach Form und Bedeutung der Urkunde. *Unsenfte brieve her von Rôme* sind Verlautbarungen aus der Kanzlei der Kurie, die nach der Art der Besiegelung genau unterschieden werden. Wenn hier die Enzykliken Gregors IX. an den Erzbischof von Magdeburg und an die dt. Reichsfürsten v. Okt. 1227 zum Bann über Friedrich II. gemeint sind, so wäre damit ein *terminus post quem* gewonnen (und mit der Anspielung auf den Kreuzzug von 1228-1229 obendrein ein *terminus ante*); es gab freilich in den ersten Jahrzehnten des 13. Jhs. noch andere *brieve* aus Rom.

11 *müet* betrübt.- 13 *die wilden vogellîn* adjektiv. Antizipation eines Gen.-Attributs (der Wildnis; *wilde* ist alles, was im Walde lebt, im Gegensatz zu *zam*, das bei den Menschen lebt).- 15 *tump* und *bœser zorn* mit religiöser Konnotation; denn das über die Veränderungen in dieser Welt klagende Ich droht der Todsünde der *tristitia* zu verfallen.- 33 *dirre* < *diser(e)*, Assim., dieser (hier auf Erden); *wunne* «Wonne», mit Senkung *u* > *o*.

III, 1 *vergeben* (zum Verderben schenken), vergiften.- 2 Galle im Honig als Topos für die trügerische Welt.- 3 *welt* hier als Frau Welt gedacht.- 5 → *trôst* auch Aussicht auf «Hilfe, Rettung».- 6 *swach* gering.- 7 *dinc* Versammlung, Verhandlung, Gegenstand der Verhandlung: Angelegenheit, Sache (nämlich die Kreuznahme).

8 *lieht* Adj., hell, strahlend, glänzend (vs. *lîht(e)* leicht!); *herte* Adj., hart; *rinc* Panzerring.- 9 *diu gewîhten swert*, geweiht durch den – seit dem 10. Jh. üblichen – kirchl. Schwertsegen.- 10 *sigenunft* st. F., eigtl. «Siegnahme», «Sieg» (vgl.

vernunft, Verbalabstraktum zu *ver-nemen*); in der geistl. Literatur belegt, aber doch eine lectio difficilior im Vergleich zu *segenunge* w^X - «(auch) ich wäre dieses Sieges würdig».

11 *nôtic* bedürftig, Denominativum von *nôt*; mit dem *rîchen solt* ist der himmlische Lohn gemeint, also der mit der Kreuznahme verbundene Nachlaß der Sündenstrafen.- 12 *joch* «doch», bekräftigende Interjektion; *huobe* (lat. *mansus*) «Hufe», in der mal. Grundherrschaft im Unterschied zum unmittelbar dem Fronhof unterstellten Salland ein Stück Land, das von den Hufenbauern (*casati*) selbständig – wenn auch gegen Abgaben an den Grundherrn – bewirtschaftet wurde.

14 *ein* deiktisch «jener bekannte»; *ein soldener* (*soldenære* Nomen agentis zu *solt*) *mit sîme sper* meint nicht nur irgendeinen Krieger im Kreuzzug, sondern auch und vor allem den bibl. Söldner, den Longinus der Legende, der mit seinem Speer die Seite Jesu öffnete. Zu den ältesten Reichskleinodien gehörte die heilige Lanze mit dem Nagel vom Kreuze Christi; ursprünglich dem Märtyrer Mauritius zugeschrieben, wurde sie später mit dem Longinus-Speer verwechselt.

15 *reise* Aufbruch, Reise, Zug, v. a. «Kriegszug» , daher «Reisläufer» als Bezeichnung schweizerischer Landsknechte (das Reisen um seiner selbst willen ist im 13. Jh. noch unüblich); *über sê* die Fahrt «übers Meer» (frz. *outre-mer*) zur Befreiung des hl. Landes.

Die Übertragung von Peter Wapnewski

[Walther von der Vogelweide, Gedichte. Mittelhochdeutscher Text und Übertragung. Ausgew. u. übers. v. Peter Wapnewski. Frankfurt a. M.: Fischer (1962) 1984, Nr. 33.- W. stützt sich auf die alte Fassung von L.-K.: Die Gedichte Walthers von der Vogelweide. 12. unveränd. Ausg. Mit Bezeichnung der Abweichungen von Lachmann u. mit seinen Anmerkungen hrsg. v. Carl v. Kraus. Berlin 1959. W. weicht von L.-K. nur in III, 2 und III, 10 ab.- Vgl. auch die Übersetzungen von Max Wehrli (1955), Friedrich Maurer (1972), Jörg Schaefer (1972) und Werner Höver/Eva Kiepe (1978).]

I   Oweh wohin entschwanden alle meine Jahre!
      War mein Leben ein Traum, oder ist es Wirklichkeit?
      Was ich immer glaubte, es sei – war all das etwas?
      Dann habe ich geschlafen, und weiß es nicht.
5   Nun bin ich erwacht, und ich kenne nicht mehr
      was mir zuvor bekannt war wie meine eigene Hand.
      Leute und Land, in deren Mitte ich von Kind an aufgezogen
         worden bin,
      die sind mir fremd geworden, als hätte es sie gar nicht gegeben.
      Mit denen ich gespielt habe, die sind jetzt müde und alt.
10 Bebaut ist das Land, gerodet der Wald.
      Liefe der Fluß nicht wie er einstens lief –
      glaubte ich wahrlich, mein Leid wäre groß.

So mancher grüßt mich überhaupt nicht mehr, der mich einst sehr
Die Welt ist überall voller Undank.   [wohl kannte:
15 Wenn ich so manchen strahlenden Tages gedenke,
   der spurlos mir entglitten ist – wie ins Wasser ein Schlag –
   immerdar: oweh.

II Oweh wie kümmerlich geben die jungen Leute sich,
   die einst fröhlich und wohlerzogen waren,
   die verstehn sich nur noch auf Sorgen – ach warum sind sie so?
   Wohin auch ich mich wende – niemand ist vergnügt:
5 Tanzen, Lachen, Singen vergehen ganz in Sorgen.
   Nie hat ein Christenmensch eine derart klägliche Gesellschaft
     gesehn.
   Man sehe nur, wie den Damen ihr Kopfschmuck steht;
   und stolze Ritter tragen bäurische Kleidung!
   Böse Briefe sind uns aus Rom gekommen.
10 Traurigsein ist uns gestattet, Frohsinn ganz genommen.
   Das schmerzt mich zutiefst, (wir lebten einst nicht übel),
   daß ich jetzt mein Lachen gegen Tränen eintauschen soll.
   Selbst die Vögel im wilden Wald werden bedrückt von unsrer
     Klage:
   was Wunder daß auch ich darob alle frohe Stimmung einbüße?
15 Aber ach, was sage ich Narr da in meiner schlimmen Empörung!
   Wer dem Glück dieser Welt nachgeht, hat das ewige schon
     eingebüßt,
   immerdar oweh.

III Oweh wie wir mit süßen Dingen vergiftet sind!
   Ich sehe die bittere Galle inmitten des Honigs schweben.
   Die Welt ist außen schön, weiß, grün und rot –
   und innen von schwarzer Farbe und finster wie der Tod.
5 Wen sie aber verführt hat, der sehe jetzt auf seine Rettung:
   mit geringer Bußleistung wird er von schwerer Sünde erlöst.
   Daran denkt, ihr Ritter; es ist Eure Sache.
   Ihr tragt die strahlenden Helme und die harten Kettenhemden,
   und dazu feste Schilde und geweihte Schwerter:
10 wollte Gott auch *ich* wäre solcher Segnung noch wert!
   Dann würde ich in meiner Dürftigkeit mir reichen Lohn erdienen.
   Doch meine ich keinen Landbesitz noch das Gold der Großen:
   die Krone der Seligkeit wollte ich ewig tragen!
   Die konnte einst schon ein Söldner mit seiner Lanze erringen.
15 Könnte ich den ersehnten Zug mitfahren übers Meer,
   dann würde ich freudig singen, und niemals mehr oweh,
   niemals mehr oweh!

Abkürzungen

Symbole und Abkürzungen von Termini

abh.	abhängig	md.	mitteldeutsch
Adj.	Adjektiv	mhd.	mittelhochdeutsch
Adv.	Adverb	mlat.	mittellateinisch
ae.	altenglisch	mndd.	mittelniederdeutsch
afrz.	altfranzösisch	N., Neutr.	Neutrum
ahd.	althochdeutsch	N./Nom.	Nominativ
A./Akk.	Akkusativ	ndd.	niederdeutsch
alem.	alemannisch	nhd.	neuhochdeutsch
an./anord.	altnordisch	obd.	oberdeutsch
as.	altsächsisch	Obj.	Objekt
Attr.	Attribut	österr.	österreichisch
bair.	bairisch	Part.	Partizip
D./Dat.	Dat.	Pers.	Person
demonstr.	demonstrativ	Pl.	Plural
dt.	deutsch	Präf.	Präfix
F., Fem.	Femininum	Prät.	Präteritum
frnhd.	frühneuhochdeutsch	Präs.	Präsens
Fg.	Festgabe	Pron.	Pronomen
FS	Festschrift für	refl.	reflexiv
G./Gen.	Genitiv	relat.	relativ(isch)
germ.	germanisch	Sg.	Singular
got.	gotisch	st.	stark
griech.	griechisch	St.	Stamm
GW	Grammat. Wechsel	sth., stl.	stimmhaft, -los
hd.	hochdeutsch	Subst.	Substantivum
hsl.	handschriftlich	sw.	schwach
I./Instr.	Instrumental	temp.	temporal
idg.	indogermanisch	Uml.	Umlaut
Imp.	Imperativ	urspr.	ursprünglich
Ind.	Indikativ	Vb.	Verbum
indef.	indefinit	vs.	versus/gegen
Inf.	Infinitiv	Wb.	Wörterbuch
Komp.	Komparativ	*	rekonstruierte Form
kondit.	konditional	>	wird zu
Konj.	Konjunktiv	<	entsteht aus
Kons.	Konsonant	[...]	Laut phonetisch
konsek.	konsekutiv	/.../	Laut phonematisch
Kontr.	Kontraktion	<...>	Graphem
konzess.	konzessiv	/	alternative Ausdrücke

lat.	lateinisch	→	Verweis auf Lexem in
Lit.	Literatur		den Worterläuterungen
M., Mask.	Maskulinum		

Abgekürzt zitierte Quellen und Zeitschriften

ABäG	Amsterdamer Beiträge zur älteren Germanistik
AfK	Archiv für Kulturgeschichte
AH	Hartmann von Aue, Der arme Heinrich. Hrsg. v. H. Paul, 16., neu bearb. Aufl. bes. v. K. Gärtner. Tübingen 1996 (ATB 3)
ATB	Altdeutsche Textbibliothek
BzNF	Beiträge zur Namensforschung
DVjs.	Deutsche Vierteljahrsschrift für Literaturwissenschaft und Geistesgeschichte
DWb.	Deutsches Wörterbuch. Begr. v. J. Grimm u. W. Grimm
DWg.	Deutsche Wortgeschichte, 2. Aufl. hrsg. v. F. Maurer u. F. Stroh, 1959–60; 3. Aufl. hrsg. v. F. Maurer u. H. Rupp, 1974
Er.	Hartmann von Aue, Erec. Hrsg. v. A. Leitzmann, 6. Aufl. bes. v. C. Cormeau u. K. Gärtner. Tübingen 1985 (ATB 39); Hartmann von Aue, Erec. Mittelhochdeutscher Text u. Übertragung v. Th. Cramer. Frankfurt a.M. 1972 (Fischer BdW 6017)
Euph.	Euphorion. Zeitschrift für Literaturgeschichte
FWB	Frühneuhochdeutsches Wörterbuch. Hrsg. v. R. R. Anderson, U. Goebel u. O. Reichmann. Berlin 1986 ff.
GGB	Geschichtliche Grundbegriffe. Hrsg. v. O. Brunner, W. Conze u. R. Koselleck
Greg.	Hartmann von Aue, Gregorius. Hrsg. v. H. Paul, 13. Aufl. bes. v. B. Wachinger. Tübingen 1984 (ATB 2)
GR	The Germanic Review
GRM	Germanisch-Romanische Monatsschrift
Iw.	Hartmann von Aue, Iwein. Text der 7. Ausg. v. G. F. Benecke, K. Lachmann u. L. Wolff. Übers. u. Anm. v. Th. Cramer. 2. Aufl. Berlin/New York 1974
HSK	Handbücher zur Sprach- und Kommunikationswissenschaft. Mitbegr. v. G. Ungeheuer, hrsg. v. H. Steger u. H. E. Wiegand
HSK 2	Sprachgeschichte. Hrsg. v. W. Besch, O. Reichmann u. St. Sonderegger, 2 Bde., Berlin 1984/85
HZ	Historische Zeitschrift
Krings	Handbuch philosophischer Grundbegriffe. Hrsg. v. H. Krings, H. M. Baumgartner u. C. Wild. Studienausgabe. München 1973 ff.
LiLi.	LiLi. Zeitschrift für Literaturwissenschaft und Linguistik.
LThK	Lexikon für Theologie und Kirche. Begr. v. M. Buchberger
MF	Des Minnesangs Frühling. Unter Benutzung der Ausgaben v. K. Lachmann u. M. Haupt, F. Vogt u. C. v. Kraus bearb. v. H. Moser u. H. Tervooren. 38., erneut revid. Aufl. Bd. 1: Texte. Stuttgart 1988 [die alte Zitierweise wird beibehalten]

MWB   Mittelhochdeutsches Wörterbuch. Hrsg. v. K. Gärtner, K. Grub-
             müller u. K. Stackmann. Stuttgart 2006 ff.
NL   Das Nibelungenlied. Nach d. Ausg. v. K. Bartsch hrsg. v. H. de
             Boor. 22. revid. u. v. R. Wisniewski erg. Aufl., Wiesbaden 1988 (Dt.
             Klassiker des Mittelalters)
PBB   Paul und Braunes Beiträge zur Geschichte der deutschen Sprache
             und Literatur
Pz.   Wolfram von Eschenbach, Parzival. In: Wolfram von Eschenbach,
             6. Ausg. v. K. Lachmann. Berlin/Leipzig 1926
RAC   Reallexikon für Antike und Christentum
RGG   Die Religion in Geschichte und Gegenwart
Rhein. VjBl. Rheinische Vierteljahrsblätter
Ritter   Historisches Wörterbuch der Philosophie. Hrsg. v. J. Ritter
RL   Das Rolandslied des Pfaffen Konrad. Hrsg. v. C. Wesle, 3. Aufl. bes.
             v. P. Wapnewski. Tübingen 1985 (ATB 69)
Tr.   Gottfried von Straßburg, Tristan. Nach dem Text v. F. Ranke neu
             hrsg., ins Nhd. übers., m. e. Stellenkommentar u. e. Nachw. v.
             R. Krohn, 3 Bde., 2. Aufl. Stuttgart 1981 (RUB, Nr. 4471–4473)
Wa.   Walther von der Vogelweide. Hrsg. v. K. Lachmann. 13., aufgrund
             der 10. v. C. v. Kraus bearb. Ausg. neu hrsg. v. H. Kuhn. Berlin 1965
WB   Weimarer Beiträge
WdF   Wege der Forschung
Wo.   Wolfram von Eschenbach, 6. Ausg. v. K. Lachmann. Berlin/Leipzig
             1926
ZfdA   Zeitschrift für deutsches Altertum und deutsche Literatur
ZfdPh   Zeitschrift für deutsche Philologie
ZfdSpr   Zeitschrift für deutsche Sprache
ZfdW   Zeitschrift für deutsche Wortforschung

Literaturauswahl

Diese Auswahl nennt nur die wichtigsten Darstellungen und Wörterbücher zur Geschichte der deutschen Sprache. Die ‹Mittelhochdeutsche Grammatik› von H. Paul bietet in der jüngsten Auflage ausführliche Literaturangaben zur mhd. Lautlehre, Formenlehre und Syntax. Zur Sprachwissenschaft im allgemeinen und zur germanistischen Linguistik im besonderen vgl. das Periodikum ‹Germanistik. Internationales Referatenorgan mit bibliographischen Hinweisen› sowie H. Bußmanns ‹Lexikon der Sprachwissenschaft›.

Zur Geschichte der Sprachwissenschaft

Arens, H.: Sprachwissenschaft. Der Gang ihrer Entwicklung von der Antike bis zur Gegenwart. Freiburg ²1969; Nachdr. 2 Bde. Frankfurt 1974

Terminologische Nachschlagewerke zur Sprachwissenschaft

Althaus, H. P., H. Henne, H. E. Wiegand (Hrsg.): Lexikon der germanistischen Linguistik.Tübingen ²1980
Bußmann, H.: Lexikon der Sprachwissenschaft. Stuttgart ⁴2008 (Kröners Taschenausgabe 452)

Historische Grammatiken

Indogermanische Sprachwissenschaft
Meier-Brügger, M.: Indogermanische Sprachwissenschaft. Unter Mitarb. v. M. Fritz u. M. Mayrhofer. Berlin ⁹2010

Germanische Sprachwissenschaft
Krahe, H.: Germanische Sprachwissenschaft. 3 Bde.; Bd. 1: Einleitung und Lautlehre; Bd. 2: Formenlehre. Berlin ⁷1969; W. Meid, Wortbildungslehre. Berlin 1967 (Slg. Göschen 238, 780, 1218/1218 a/1218 b)

Gotisch/Altnordisch/Altenglisch
Braune, W.: Gotische Grammatik. Mit Lesestücken und Wörterverzeichnis. 20. Aufl. bearb. v. F. Heidermanns. Tübingen 2004
Brunner, K.: Altenglische Grammatik. Nach der angelsächsischen Grammatik v. E. Sievers neubearb. Tübingen ³1965
Brunner, K.: Die englische Sprache. Ihre geschichtliche Entwicklung, 2 Bde. Tübingen ²1962, Nachdr. 1984 u. 1986
Heusler, A.: Altisländisches Elementarbuch. Heidelberg ⁷1967
Krause, W.: Handbuch des Gotischen. München ³1968
Ranke, F. u. D. Hofmann: Altnordisches Elementarbuch. Berlin/New York ⁵1988 (Slg. Göschen 2214)

Althochdeutsch/Altniederdeutsch

Besch, W. u. A. Betten, O. Reichmann, St. Sonderegger (Hrsg.): Sprachgeschichte. Ein Handbuch zur Geschichte der deutschen Sprache und ihrer Erforschung, 2. Halbbd. Berlin/New York ²2000, S. 1144 ff.: Das Althochdeutsche; S. 1241 ff.: Das Altniederdeutsche (Altsächsische). (HSK 2.2)

Braune, W.: Althochdeutsche Grammatik. I. Laut- und Formenlehre. 15. Aufl. bearb. v. I. Reiffenstein. Tübingen 2004 (Slg. kurzer Grammatiken germ. Dialekte, A/5)

Eggers, H.: Deutsche Sprachgeschichte. Bd. 1: Das Althochdeutsche und das Mittelhochdeutsche. Reinbek 1986

Gerdes, U. u. G. Spellerberg: Althochdeutsch – Mittelhochdeutsch. Grammatischer Grundkurs zur Einführung und Textlektüre. Weinheim ⁷1991 (FAT 2008)

Goossens, J. (Hrsg.): Niederdeutsch. Sprache und Literatur. Eine Einführung. Bd. 1: Sprache. Neumünster ²1983

Krogmann, W.: Altsächsisch und Mittelniederdeutsch. In: Kurzer Grundriß der germanischen Philologie bis 1500, hrsg. v L. E. Schmitt, Bd. 1: Sprachgeschichte. Berlin 1970, S. 211–252

Sonderegger, St.: Althochdeutsche Sprache und Literatur. Eine Einführung in das älteste Deutsch. Darstellung und Grammatik. Berlin/New York ³2003 (de Gruyter Studienbuch) [klar, systematisch, umfassend u. anschaulich]

Mittelhochdeutsch/Mittelniederdeutsch

Bergmann, R. u. C. Moulin, N. Ruge: Alt- und Mittelhochdeutsch. Arbeitsbuch zur Grammatik der älteren deutschen Sprachstufen und zur deutschen Sprachgeschichte. Stuttgart ⁸2011 (UTB) [Flexionsmorphologie als didaktische Ausgangsbasis]

Besch, W. u. A. Betten, O. Reichmann, St. Sonderegger (Hrsg.): Sprachgeschichte. Ein Handbuch zur Geschichte der deutschen Sprache und ihrer Erforschung. 2. Halbbd. Berlin/New York ²2000, S. 1295 ff.: Das Mittelhochdeutsche; S. 1409 ff.: Das Mittelniederdeutsche. (HSK 2.2)

de Boor, H. u. R. Wisniewski: Mittelhochdeutsche Grammatik, Berlin/New York ¹⁰1998 (Slg. Göschen 2209) [verständlich u. prägnant formulierte Darstellung, unter dezidiert historischem Aspekt mit Einbeziehung des Idg. u. Germ.]

Cordes, G. u. D. Möhn (Hrsg.): Handbuch zur niederdeutschen Sprach- und Literaturwissenschaft. Berlin 1983

Eggers, H.: Deutsche Sprachgeschichte. Bd. 1: Das Althochdeutsche und das Mittelhochdeutsche. Reinbek 1986

Gerdes, U. u. G. Spellerberg: Althochdeutsch – Mittelhochdeutsch, a.a.O.

Goossens, J. (Hrsg.): Niederdeutsch, a.a.O.

Hennings, T.: Einführung in des Mittelhochdeutsche. Berlin ³2012

Lasch, A.: Mittelniederdeutsche Grammatik. Tübingen ²1974

Mettke, H.: Mittelhochdeutsche Grammatik. Tübingen ⁸2000

Michels, V.: Mittelhochdeutsche Grammatik. 5. Aufl. hrsg. v. H. Stopp. Heidelberg 1979 [eine der besten Grammatiken des Mhd.; zahlreiche Belege, Landschaftssprachen]

Paul, H.: Mittelhochdeutsche Grammatik, 25. Aufl. Neubearb. v. T. Klein, H.-J. Solms, K.-P. Wegera. Mit einer Syntax v. I. Schröbler, neubearb. v. H.-P. Prell. Tübingen 2007 [unentbehrliches Nachschlagewerk]

Weinhold, K.: Mittelhochdeutsche Grammatik. Paderborn ²1883 [veraltet, aber mit wertvoller Materialsammlung. – Vgl. auch: K. W., Alemannische Grammatik. Berlin 1863; K. W., Bairische Grammatik. Berlin 1867]
Wolf, N. R.: Althochdeutsch – Mittelhochdeutsch. Heidelberg 1981 (Moser, H.; H. Wellmann; N.R.R.W.: Geschichte der deutschen Sprache, Bd. 1. UTB 1139) [betont die Sprachverwendung]

Frühneuhochdeutsch

Besch, W. u. A. Betten, O. Reichmann, St. Sonдеregger (Hrsg.): Sprachgeschichte, a.a.O., 2. Halbbd. Berlin/New York ²2000, S. 1513 ff.: Das Frühneuhochdeutsche
Eggers, H.: Deutsche Sprachgeschichte. Bd. 2: Das Frühneuhochdeutsche und das Neuhochdeutsche. Reinbek 1986
Hartweg, F. u. K.-P. Wegera: Frühneuhochdeutsch. Eine Einführung in die deutsche Sprache des Spätmittelalters und der frühen Neuzeit. Tübingen ²2005 [interessante u. gut lesbare Einführung]
Moser, V.: Frühneuhochdeutsche Grammatik. Bd. 1: Lautlehre. 1. H.: Orthographie, Betonung, Stammsilbenvokale. Heidelberg 1929; Bd. 1, T. 3: Konsonanten, 2. H. (Schluß). Heidelberg 1951
Moser, H. u. H. Stopp (Hrsg.): Grammatik des Frühneuhochdeutschen. Beiträge zur Laut- und Formenlehre. Bd. 1, T. 1: K. O. Sauerbeck: Vokalismus der Nebensilben I. Heidelberg 1970; Bd. 1, T. 2.: H. Stopp: Vokalismus der Nebensilben II., 1973; Bd. 1, T. 3: H. Stopp: Vokalismus der Nebensilben III., 1978; Bd. 3: K.-P. Wegera: Flexion der Substantive. 1987; Bd. 4: U. Dammers, W. Hoffmann, H.-J. Solms: Flexion der starken und schwachen Verben. 1988; Bd. 6: H.-J. Solms, K.-P. Wegera: Flexion der Adjektive. 1991; Bd. 7: M. Walch, S. Häckel: Flexion der Pronomina und Numeralia. 1988 [Nachschlagewerk]

Gesamtdarstellungen zur Geschichte der deutschen Sprache

Bach, A.: Geschichte der deutschen Sprache. Heidelberg ⁹1970
Besch, W. u. A. Betten, O. Reichmann, St. Sonderegger (Hrsg.): Sprachgeschichte. Ein Handbuch zur Geschichte der deutschen Sprache und ihrer Erforschung. 4 Teilbde. Berlin/New York ²1998–2004 (HSK) [das große Nachschlagewerk, gut verständlich]
Besch, W. u. U. Knoop, W. Putschke, H. E. Wiegand (Hrsg.): Dialektologie. Ein Handbuch zur deutschen und allgemeinen Dialektforschung. 2. Halbbd. Berlin/New York 1983 (HSK 1.2)
Eggers, H.: Deutsche Sprachgeschichte. I. Das Althochdeutsche. Reinbek ⁸1976; II. Das Mittelhochdeutsche, ⁷1976; III. Das Frühneuhochdeutsche, ³1975; IV. Das Neuhochdeutsche, 1977 (rde 375). Neubearb. 2 Bde. Reinbek 1986 [unter sprachsoziologischem Aspekt, gut lesbar u. lesenswert]
König, W.: dtv-Atlas zur deutschen Sprache. Tafeln und Texte. München ¹⁸2015
Polenz, P. von: Geschichte der deutschen Sprache. Erw. Neubearb. d. früheren Darstellung v. H. Sperber. 10. Aufl. bearb. v. N. R. Wolf. Berlin/New York 2009 (Slg. Göschen 2206) [konziser Überblick]

Polenz, P. von: Deutsche Sprachgeschichte vom Spätmittelalter bis zur Gegenwart. Bd. 1: Einführung. Grundbegriffe. Deutsch in frühbürgerlicher Zeit. 2. Aufl. Berlin/New York 2000; Bd. 2: 17. und 18. Jahrhundert, 1994; Bd. 3: 19. und 20. Jahrhundert, 1999

Schmidt, W.: Geschichte der deutschen Sprache. Ein Lehrbuch für das germanistische Studium. 11. Aufl. erarb. v. E. Berner, H. Langner u. N. R. Wolf. Stuttgart 2013 [methodisch sicher, ausführlich u. zuverlässig]

Schweikle, G.: Germanisch-deutsche Sprachgeschichte im Überblick. Stuttgart ⁵2002

Stedje, A.: Deutsche Sprache gestern und heute. Einführung in die Sprachgeschichte und Sprachkunde. München ⁶2007 (UTB 1499) [eine leicht faßliche, ansprechende Darstellung]

Teildarstellungen

- zur historischen Syntax

Behaghel, O.: Deutsche Syntax. Eine geschichtliche Darstellung, 4 Bde. Heidelberg 1923–1932

Ebert, R. P.: Historische Syntax des Deutschen. Stuttgart 1978 (Slg. Metzler 167)

Schröbler, I.: Syntax. In: H. Paul, Mittelhochdeutsche Grammatik, a.a.O., 20.-22. Aufl.; Neubearb. v. S. Grosse, 23. Aufl. 1989

Schrodt, R.: Althochdeutsche Grammatik. II. Syntax. Tübingen 2004

- zur Wortbildung

Erben, J.: Einführung in die deutsche Wortbildungslehre. Berlin ⁵2006

Fleischer, W. u. I. Barz: Wortbildung der deutschen Gegenwartssprache. Tübingen ⁴2012 [Standardwerk]

Henzen, W.: Deutsche Wortbildung. Tübingen ³1965

Klein, Th./H.-J. Solms/K.-P. Wegera: Mittelhochdeutsche Grammatik. T. III: Wortbildung. Tübingen 2009

Kluge, F.: Abriß der deutschen Wortbildungslehre. Halle ²1925

Krahe, H. u. W. Meid: Germanische Sprachwissenschaft, Bd. 3: W. M., Wortbildungslehre. Berlin 1967 (Slg. Göschen 1218/1218 a/1218 b)

Paul, H.: Deutsche Grammatik. Bd. 5 = T. IV: Wortbildungslehre. Halle 1920

- zur Wortgeschichte

Besch, W.: Sprachlandschaften und Sprachausgleich im 15. Jahrhundert. Studien zur Erforschung der spätmittelhochdeutschen Schreibdialekte und zur Entstehung der neuhochdeutschen Schriftsprache. München 1967

Maurer, F. u. H. Rupp (Hrsg.): Deutsche Wortgeschichte, 3. neubearb. Aufl., 2 Bde. Berlin/New York 1974 (vgl. bes. a.a.O., Bd. 1, S. 323–396: E. Öhmann, Der romanische Einfluß auf das Deutsche bis zum Ausgang des Mittelalters)

Saran, F.: Das Übersetzen aus dem Mittelhochdeutschen. Neu bearb. v. B. Nagel, 6. Aufl. Tübingen 1975

[Zur Wortgeschichte vom Standpunkt des Mhd. vgl. im übrigen die Literaturhinweise auf S. 92 und die zu den einzelnen Worterläuterungen. Es gibt mehr Darstellungen zur Semantik im allgemeinen und ihren Analyseverfahren als zu einer historischen Semantik des Deutschen. Zur Einführung u.a.:

Fanselow, G. u. P. Staudacher. Wortsemantik. In: Stechow, A. u. D. Wunderlich (Hrsg.): Semantik. Ein internationales Handbuch der zeitgenössischen Forschung. Berlin/New York 1991, S. 53–70

Fritz, G.: Historische Semantik. Stuttgart/Weimar ²2006 (Slg. Metzler 313)

Lyons, J.: Semantik. Bd. 1. München 1980; Bd. 2, 1993

Ullmann, S.: Grundzüge der Semantik. Die Bedeutung in sprachwissenschaftlicher Sicht. (The principles of semantics, 1951). Dt. Fassung. Berlin ²1972]

Wörterbücher

Indogermanisch/Gotisch/Altnordisch

Baetke, W.: Wörterbuch zur altnordischen Prosaliteratur. Berlin ⁸2008

Feist, S.: Vergleichendes Wörterbuch der gotischen Sprache mit Einschluß des Krimgotischen und sonstiger zerstreuter Überreste des Gotischen. 4. Aufl. Leiden 1939

Fritzner, J.: Ordbog over det gamle norske Sprog. 3 Bde. Oslo ⁴1973

Walde, A. u. J. Pokorny: Vergleichendes Wörterbuch der indogermanischen Sprachen. 3 Bde. Berlin/Leipzig 1927–1932; Nachdr. 1973

Althochdeutsch/Altsächsisch/Angelsächsisch

Althochdeutsches Wörterbuch [begr. v. E. Karg-Gasterstädt u. Th. Frings]. Auf der Grundlage der von Elias von Steinmeyer hinterlassenen Sammlungen i. A. d. Sächs. AkdW. zu Leipzig, Bd. 1, Berlin 1968 (u. 2007); Bd. 2, 1997; 3, 1985

Bosworth, J. u. T. N. Toller: An Anglo-Saxon Dictionary. Oxford 1898; Suppl. 1921. Nachdr. London 1972

Graff, E. G.: Althochdeutscher Sprachschatz oder Wörterbuch der althochdeutschen Sprache. 7 Bde. Berlin 1834–46, Nachdr. Hildesheim 1963

Holthausen, F.: Altsächsisches Wörterbuch. 2. Aufl. Münster/Köln 1967

Schützeichel, R.: Althochdeutsches Wörterbuch. Tübingen ⁶2006 [mit Verweis auf Belegstellen u. unter Einbeziehung der Glossen]

Schützeichel, R. (Hrsg.): Althochdeutscher und Altsächsischer Glossenwortschatz, bearb. unter Mitwirkung von zahlreichen Wissenschaftlern des Inlandes u. des Auslandes. 12 Bde. Tübingen 2004

Sehrt, E.: Vollständiges Wörterbuch zum Heliand und zur altsächsischen Genesis. 2. Aufl. Göttingen 1966

Starck, T. u. J. C. Wells: Althochdeutsches Glossenwörterbuch. Heidelberg 1972–1990

Mittelhochdeutsch/Mittelniederdeutsch/Frühneuhochdeutsch

Anderson, R. R./U. Goebel/O. Reichmann: Frühneuhochdeutsches Wörterbuch. Berlin 1986 ff.

Bachofer, W.; W. von Hahn; D. Möhn: Rückläufiges Wörterbuch der mittelhochdeutschen Sprache. Auf der Grundlage von Matthias Lexers Mittelhochdeutschem Handwörterbuch und Taschenwörterbuch. Stuttgart 1984

Baufeld, C.: Kleines frühneuhochdeutsches Wörterbuch. Lexik aus Dichtung und Fachliteratur des Frühneuhochdeutschen. Tübingen 1996

Benecke, G. F./W. Müller/F. Zarncke: Mittelhochdeutsches Wörterbuch. Mit Benutzung des Nachlasses von Georg Friedrich Benecke, ausgearbeitet von

Wilhelm Müller und Friedrich Zarncke. 3 Bde. (in 4 Tln.), Leipzig 1854–1861. Nachdr. 1866. Neudr. Hildesheim 1963 [Dem Nachdr. v. 1990 ist beigefügt: Koller, E./W. Wegstein/N. R. Wolf: Alphabetischer Index zum Mittelhochdeutschen Wörterbuch von Benecke/Müller/Zarncke. Stuttgart ⁴2001]

Gärtner, K./K. Grubmüller/K. Stackmann: Mittelhochdeutsches Wörterbuch. Stuttgart 2013 ff. (auch: mhdwb-online.de)

Gärtner, K. u. C. Gerhardt, J. Jaehrling, R. Plate, W. Röll, E. Timm: Findebuch zum mittelhochdeutschen Wortschatz. Mit einem rückläufigen Index. Stuttgart 1992 [Zu den Einzelglossaren neben den großen Wörterbüchern]

Götze, A.: Frühneuhochdeutsches Glossar. Berlin ⁷1967, Nachdr. 1971

Hennig, B. : Kleines mittelhochdeutsches Wörterbuch. In Zusammenarbeit mit C. Hepfer u. unter red. Mitw. v. W. Bachofer. Tübingen ⁵2007

Lexer, M.: Mittelhochdeutsches Handwörterbuch. Zugleich als Supplement und alphabetischer Index zum mittelhochdeutschen Wörterbuch von Benecke – Müller – Zarncke. 3 Bde. Leipzig 1872–1878. Nachdr. Stuttgart 1965 u. ö.

Lexer, M.: Mittelhochdeutsches Taschenwörterbuch. Stuttgart ³⁸1992 [ohne Belegstellen]

Lübben, A. u. C. Walther: Mittelniederdeutsches Handwörterbuch. (1888), Nachdr. Darmstadt 1989 u. 1995 [ohne Belegstellen]

Mittelniederdeutsches Handwörterbuch, begr. v. A. Lasch u. C. Borchling, hrsg. n. G. Cordes u. A. Hübner v. D. Möhn u. I. Schröder. Neumünster 1956 ff.

Schiller, K. u. A. Lübben: Mittelniederdeutsches Wörterbuch. 5 Bde. u. Nachtragsbd. Bremen 1875–1881

Verwijs, E. en J. Verdam: Middelnederlandsch woordenboek. 11 Bde. 's-Gravenhage 1885–1952

Wörterbuch der mittelhochdeutschen Urkundensprache (WMU). Auf der Grundlage des Corpus der altdeutschen Originalurkunden bis zum Jahr 1300, v. B. Kirschstein u. U. Schulze erarb. Berlin 1986 ff. (mit CD-ROM)

Deutsch von den Anfängen bis zur Gegenwart/
etymologische Wörterbücher

Deutsches Wörterbuch, begr. v. J. Grimm u. W. Grimm, 16 Bde. (in 32 Tln.), Bd. 33 Quellenverz. Leipzig 1854–1971, Neubearb. Stuttgart/Leipzig 1965 ff.

Duden. Das große Wörterbuch der deutschen Sprache in zehn Bänden. 3. Aufl. Mannheim 1999. [⁴2012 nur auf CD-ROM]

Duden. Das Herkunftswörterbuch. Etymologie der deutschen Sprache. Berlin ⁵2013 (Bd. 7)

Kluge, F.: Etymologisches Wörterbuch der deutschen Sprache. 11.–16. Aufl. bearb. v. A. Götze, 17.–21. Aufl. v. W. Mitzka, 25. Aufl. neu bearb. v. E. Seebold. Berlin 2011 [Buch u. CD, Kombi-Version]

Paul, H.: Deutsches Wörterbuch: Bedeutungsgeschichte und Aufbau unseres Wortschatzes. Neu bearb. v. H. Henne u. a., Tübingen ¹⁰2002 (2006 auf CD-ROM)

Verzeichnis der Abbildungen und Quellennachweis

Register

Das Register erschließt den darstellenden Teil und in Auswahl die Anmerkungen zu den Übungstexten. Die Belegstellen und Literaturhinweise zur Wortgeschichte werden nicht eigens aufgeschlüsselt. Das Sachregister enthält auch einige Namen aus der Sprachwissenschaft, das Wortregister auch Affixe. Fettdruck zeigt ausführlichere Behandlung an. Anmerkungsziffern sind mit einem A versehen.

Sachregister

Wortregister

schœne (Adj.), schône (Adv.) 39, 63
schrîben, schrift 30
schultheiz 26
sê 60
selp 65, 153
senden 47 f.
sene, senedære, senemære 88, 127
sen(e)f 25
setzen 47 f.
sich 64
siech, siechtuom, siechtag(e) 112, 163
sieden 52
sin 127 f.
sîn (verbum substantivum) 43 f., 57
singen 37, 44
sippe 23
sît (daz) 72–74
sitzen 25, 53
slâfen 54
slahen/slân 29, 54, 57
sleht 98
snîden 29, 51
sô 74, 156
soldier 87
spannen 54
spiegel 97
sprechen 52
stân/stên 56
stæte 121, 128
stat 99
sterben 48
stôzen 54
strâze 25, 142
süeze 128
sûgen 52
suln, süln, soln 44, 56, 75
sum 66
sumer 34
sun 34
sune 34
swach 98
swære 128
swâger 116
swanne, swenne, wanne, wenne 74
swarz 25
swer, swelih 66
swern 34, 54

swie 74
-t (Verbalabstr.) 61, 86
tac 14, 40, 59
tegelîch 43
-ter/-der 60
tiure, tiuren 128 f., 153
tiutsch s. diet
tjoste 85, 92
tœten 48
tragen 30, 54, 57
traht 30
treffen 52
trenken 47
triuwe 129
trôst 130, trœsten 48
truhsæze 171
truht, truhtîn, trehtîn 107
trût, triuten, triutinne 130, 165, 180
tugen, tügen 55
tugent 130 f., 137, 176
tump 131, 186
-tuom 88
tuon 56
turren, türren 56, 156

übel 63, 98
un- 86
unde, unt 74, 182
-unge 41, 87
urloup 131
ûz 23

vâhen/vân 29, 54, 57
vâlant 153
varn 53
vaste 63
vater 23, 28, 60, 116
vehten 52
veige 131
ver- 85 f., 147
verch 115
verderben 29
verliesen 29, 52
verlust 29
fest 109
veter 116
vil 63

C.H.Beck Studium

Hans Paul Bahrdt
Schlüsselbegriffe der Soziologie
Eine Einführung mit Lehrbeispielen
10. Auflage. 2014. 200 Seiten. Broschiert

Uwe Böker/Christoph Houswitschka
Einführung in das Studium der Anglistik und Amerikanistik
Von Uwe Böker, Brigitte Georgi-Findlay, Christoph Houswitschka,
Jürgen Kamm, Hans-Ulrich Mohr, Fritz-Wilhelm Neumann,
Hans Sauer, Bernd Voss
2., überarbeitete Auflage. 2008. Ca. 421 Seiten mit zahlreichen Abbildungen,
Tabellen und Graphiken im Text. Broschiert

Hartmut Boockmann
Einführung in die Geschichte des Mittelalters
8. Auflage. 2007. 168 Seiten mit 25 Abbildungen auf 16 Tafeln.
Broschiert

Frank Büttner/Andrea Gottdang
Einführung in die Ikonographie
3. Auflage. 2013. 304 Seiten mit 50 Abbildungen. Broschiert

Manfred Heim
Einführung in die Kirchengeschichte
2. Auflage. 2009. 234 Seiten. Broschiert

Wolfgang Kaschuba
Einführung in die Europäische Ethnologie
4. Auflage. 2012. 284 Seiten. Broschiert

Verlag C.H.Beck München

C.H.Beck Studium

Hartmut Leppin
Einführung in die Alte Geschichte
2. Auflage. 2015. 195 Seiten mit 10 Abbildungen im Text und 5 Karten.
Broschiert

John Lyons
Einführung in die moderne Linguistik
8. Auflage. 1995. 538 Seiten. Kartoniert

Matias Martinez/Michael Scheffel
Einführung in die Erzähltheorie
9. Auflage. 2012. 198 Seiten. Broschiert

Christian Wagenknecht
Deutsche Metrik
Eine historische Einführung
5., erweiterte Auflage. 2007. 176 Seiten.
Broschiert

Hilkert Weddige
Einführung in die germanistische Mediävistik
8., durchgesehene Auflage. 2014. 368 Seiten mit 24 Abbildungen
Broschiert

David E. Wellbery
Positionen der Literaturwissenschaft
Acht Modellanalysen am Beispiel von
Kleists «Das Erdbeben von Chili»
5. Auflage. 2008. 194 Seiten. Broschiert

Verlag C.H.Beck München